KB190784

에 드 워 즈
루 이 스
컬 렉 션

조나단 에드워즈 길라잡이

Jonathan Edouard

세움북스는 기독교 가치관으로 교회와 성도를 건강하게 세우는 바른 책을 만들어 갑니다.

에드워즈
루이스
컬렉션

조나단 에드워즈 길라잡이

교회와 학계를 위한 목회자 · 신학자

초판 1쇄 인쇄 2022년 6월 20일
초판 1쇄 발행 2022년 6월 25일

엮은이 | 심현찬 · 정성욱
지은이 | 알리스터 맥그래스 · 심현찬 · 정성욱 · 강웅산
펴낸이 | 강인구

펴낸곳 | 세움북스
등 록 | 제2014-000144호
주 소 | 서울시 서대문구 연희로 160 연희회관 3층 302호
전 화 | 02-3144-3500
팩 스 | 02-6008-5712
이메일 | cdgn@daum.net

교 정 | 류성민
디자인 | 참디자인

ISBN 979-11-91715-43-9(03230)

조나단 에드워즈

길라잡이

Jonathan Edwards

얼리스터 맥그래스 · 심현찬 · 정성욱 · 강웅산

Jonathan Edwards

에드워즈
루이스
컬렉션 I

교회와 학계를 위한
목회자·신학자

세움북스

추천사

본서는 지난 7년간 한국 조나단 에드워즈 컨퍼런스에서 발표된 논문의 선집으로서, 18세기 영국계 미국인 신학자, 철학자, 목사, 선교사, 교육가였던 조나단 에드워즈에 관하여, 점증하는 세계적 저술에 추가되고 환영받을 만한 작품입니다. 에드워즈의 사상은 세계 전역의 다양한 지역에서 그리고 다양한 방법으로 원용되고 적용되고 있습니다. 본서는 대부분 한국인과 한국계 미국인 학자들에 의해 저술된 선집으로서, 에드워즈가 어떻게 교회와 학계와 사회 등에 대한 이슈들을 고려했는가에 대한 증거 자료로서 기여할 것입니다.

❙ 케네스 민케마 교수 _ 미국 예일대, 조나단 에드워즈 센터 디렉터

본서는 탁월한 입문서로서, 역사상 가장 교훈적이고 독창적이며 매력적인 신학자인 조나단 에드워즈에 대해 다룹니다. 본서의 논문들을 통해서 에드워즈의 주님에 대한 사랑, 성경에 대한 사랑, 지혜로운 목회, 신학적 정통성 등이 잘 드러납니다. 그분은 교회와 학계에서 열정적 그리스도인들에게 지속적으로 영감과 교훈을 주고 있습니다. 하나님께서 본서를 통

해 여러분에게도 영감을 주시길 기도합니다.

┃ 더글러스 스위니 학장 _ 미국 샘포드대학교, 비손 신학교

18세기 미국 식민지 시대에 활동했던 조나단 에드워즈는 살아서도 영향력이 컸지만, 그의 출생 300주년이 지난 21세기에 살아가고 있는 하이 디지털 시대의 한국인들에게도 점점 더 영향력을 미치고 있습니다. 그는 청교도 신학 최고의 봉우리로서, 신학과 경건을 균형 있게 겸비했던 탁월한 목회자였으며, 노샘프턴 부흥이나 1차 대각성 시기에 하나님의 위대한 사역자로 쓰임을 받았던 인물입니다. 뿐만 아니라 성경적이면서도 섬세한 감성과 지성의 광휘를 뿜어내는 방대한 저술을 남김으로써, 후세대들은 하나님께서 그에게 부어 주신 지식과 지혜를 공유할 수가 있습니다. 국내에도 이미 에드워즈 연구로 박사 학위를 받은 학자들이 40명이 넘어섰으며, 적지 않은 문헌들이 번역되어 소개되었습니다.

한국에서 에드워즈에 대한 저변 확대에 기여를 한 도구 중 하나는, 2013년부터 정성욱 교수님과 심현찬 원장님이 기획 주최하여 시작된 '에드워즈 컨퍼런스'라고 믿어 의심치 않습니다. 그간에 에드워즈 전문가들과 에드워즈를 애독하는 연구자들에 의해 주옥같은 글들이 많이 발제되어 왔고, 본서는 그 가운데 7편을 선별하여 담았습니다. 본서에 실린 글들은 에드워즈의 문헌에 대한 연구에 근거하고 있을 뿐 아니라, 신앙과 교회 현장에 어떠한 유익을 줄 수 있는지에 대한 실천적인 관심을 가지고 있습니다. 에드워즈 연구로 박사 학위를 받고 오랫동안 에드워즈에 대해 강의해 온 추천자로서, 에드워즈의 글들이나 그에 관련된 모든 문헌들을 다 읽어 보라고 권독해 왔지만, 특히 본서는 에드워즈 연구자들 뿐만 아니라 신학도들과 목회자들, 그리고 건전한 신앙 성숙과 경건에 관심 있는 모든 일반

신자들에게 권독하는 바입니다. 에드워즈와 관련된 독서는 우리의 지성을 밝게 할 뿐만 아니라 우리의 가슴을 덥혀 주는 경건의 자양분을 가지고 있기 때문입니다. 본서가 많은 이들의 손에 들려져서 읽혀지고 널리 유익을 끼치게 되기를 바랍니다.

┃ 이상웅 교수 _ 총신대학교 신학대학원, 조직신학

여기, 지난 몇 년 동안 매년 에드워즈 세미나를 하면서 그중의 일부를 강연에 참여하지 못한 분들에게 소개하는 목적과 안내하는 역할을 하도록 제시하는 글들의 모음집이 나왔습니다. 이 귀한 일과 이 책은 순전히 심현찬 목사님과 정성욱 교수님의 열정으로 이루어지는 일입니다. 코로나 팬데믹으로 인해 몇 년 간 에드워즈 세미나를 못하는 이 상황에서 이렇게 책으로 한국 그리스도인들과 에드워즈를 연결시키는 작업이 이루어지는 것은 매우 의미 있는 일입니다.

후대의 청교도로서 자신이 살던 시대 가운데 정말 귀한 작업을 했던 에드워즈의 생각을 하나하나 정리하면서, 그의 좋은 점을 본받고 그의 지나치게 사변적인 점을 극복하는 일은, 그를 사랑하는 모든 사람이 지속적으로 해야 할 일입니다. 근자에 우리 나라의 일각에서 에드워즈를 전체적으로 부정하는 모습이 나타나는 것은 지난 세대에 에드워즈를 자기들 식으로 만들어 가서 어떤 분은 천주교 사상과 비슷한 사상을 가진 사람이라고, 어떤 분은 과정 신학의 선구자라고 하는 등 나름의 해석을 한 것과 함께 매우 안타까운 일이라고 생각됩니다. 항상 어떤 분이 말하는 바를 해석할 때는 그의 심정에서 이해하며 해석하려고 해야만 정확한 해석을 할 수 있습니다. 이 책과 또 앞으로 계속될 에드워즈 세미나가 계속해서 그렇게 그의 심정을 이해하면서 에드워즈에게 접근해 가는 일이 되기를 바

랍니다. 독자들도 이런 마음으로 이 책을 통해 에드워즈에게 접근하기를 바랍니다.

┃ 이승구 교수 _ 합동신학대학원대학교, 조직신학

지난 7년간 진행된 '서울 조나단 에드워즈 컨퍼런스'를 섬겨 왔던 심현찬 원장님과 정성욱 교수님이 그동안 컨퍼런스에서 발표된 논문들 가운데 한국 교회와 관련된 주제를 선정하여 귀한 책을 출판하심에 기쁘고 감사합니다. 18세기 뉴잉글랜드의 개혁주의 신학자이자 목회자인 조나단 에드워즈의 작품을 읽고 그의 사상을 알아 갈수록, 평생 그가 하나님을 얼마나 사랑했고, 주님의 피로 값 주고 사신 교회를 최선을 다해 섬겼던 신앙의 선배요, 하나님의 일꾼이었는지를 확인하게 됩니다. 그가 저술한 수많은 작품들을 읽고 있노라면 그의 작품 중에 '과연 교회와 성도들을 염두에 두지 않은 것이 있을까?' 하는 생각이 듭니다. 에드워즈를 깊이 이해하고자 한다면, 당시 그가 목회하던 교회와 성도들과의 관계성 가운데 그의 작품을 읽어 내는 것은 매우 중요합니다. 이 책은 이런 필요를 잘 수용하고 있습니다. 따라서 이 책에 대한 기대가 큽니다.

이 책에 귀한 연구 논문들이 수록되어 있습니다. 신학적으로 명성이 높은 알리스터 맥그래스 교수의 작품을 필두로 하여 강웅산 교수, 심현찬 원장, 정성욱 교수의 주옥같은 에드워즈 관련 논문들이 실려 있습니다. 이분들 모두 에드워즈를 한국 교회와 관련하여 깊이 이해하고 있는 분들이기에 더욱 신뢰가 갑니다. 구성 면에서도 교회를 섬기는 신실한 종이었던 에드워즈를 조망하면서 교회론, 설교론, 칭의론, 칼뱅과의 비교 연구가 잘 실려 있습니다. 에드워즈가 살던 18세기 뉴잉글랜드는 계몽주의의 영향 가운데 이신론, 알미니안주의, 소시니안주의 등이 개혁주의 기독교에 도

전하는 시대였으며, 이런 도전 속에서 양을 지키는 목자의 마음으로 그는 하나님께서 맡기신 교회와 성도들을 위해 방대한 양의 저술을 감당했습니다. 충성된 교회의 일꾼이었던 에드워즈를 통해, 코로나19와 여러 시대적 상황으로 고통받고 있는 한국 교회와 어려운 상황에서 교회를 섬기며 사역하는 귀한 목회자들에게 조금이나마 도움과 위로가 되기를 소망하며 이 책의 일독을 권합니다.

┃ **조현진 교수** _ 한국성서대학교, 역사신학

Contents

목차

Acknowledgement

감사의 말씀

본서의 편집자들은 다음과 같이 몇 가지 감사의 말씀을 드린다. 무엇보다도 본서기 출간될 수 있도록 인도해 주신 삼위일체 하나님께 모든 영광과 감사를 드린다. 또한 본서가 나올 수 있었던 것은, 2013년부터 2019년까지 있었던 서울 조나단 에드워즈 컨퍼런스[1]와 여기에 참여하여 발제해 준 강사진 덕분이다. 본서 편집자인 심현찬 원장과 정성욱 교수를 포함하여, 알리스터 맥그래스 교수, 서문강 목사, 정근두 목사, 김성봉 교수, 서창원 교수, 김남준 목사, 박영돈 교수, 이승구 교수, 강웅산 교수, 양낙홍 교수, 이상웅 교수, 조현진 교수, 이진락 교수, 이윤석 소장 등 모든 강사진에게 감사드린다.

지난 7년간 서울 조나단 에드워즈 컨퍼런스를 위해 장소와 재정을 협조해 주신 교회와 성도들께도 감사드린다. 특히 신반포중앙교회(김지훈 담임목사), 열린교회(김남준 담임목사), 남서울교회(화종부 담임목사) 등에 감사드린다.

본서와 서울 조나단 에드워즈 컨퍼런스를 위해 격려의 추천사를 보내 주신 미국 예일대 조나단 에드워즈 센터의 책임자 케네스 민케마 소장과

---

1 서울 조나단 에드워즈 컨퍼런스의 명칭은, 2013년도는 '서울 조나단 에드워즈 컨퍼런스', 2014, 2015년은 '서울 퓨리턴 컨퍼런스', 2016부터는 '서울 조나단 에드워즈 컨퍼런스'로 했다.

아드리언 니일 교수, 전임 트리니티신학교 에드워즈센터 소장이셨던 현 샘포드대학교의 더글러스 스위니 학장께 깊이 감사드린다. 또한 조나단 에드워즈 컨퍼런스를 위해 후원해 주시고 격려해 주신 여러 교회와 동역자들께 감사를 드리며, 서울 컨퍼런스를 위해서 봉사와 기도로 섬겨 주신 여러 상임 위원들과 집행부 멤버들께도 깊은 감사드린다. 아울러 한국과 미국 동역자들의 기도와 성원에 감사드린다.

출판과 관련해서, 무엇보다 본서가 세움북스를 통해서 출간되도록 적극 협조해 준 강인구 대표에게 감사를 드리며, 본서가 가능하도록 지난 7년간 서울 컨퍼런스의 발제 논문집을 위해 수고해 준 한국 개혁주의 설교 연구원(서창원 대표)과 참디자인(강인구 대표)에게도 감사를 드리고, 더불어 본서와 서울 조나단 에드워즈 컨퍼런스가 가능하도록 후원하고 주최해 온 미국의 워싱턴 트리니티연구원(심현찬 원장)과 큐리오스 인터내셔널(정성욱 대표)과 그 관계자 분들에게도 감사를 드린다.

마지막으로, 본서의 출간과 함께 미국에서 사역 중에도 한국 교회를 섬기고자 지난 7년간 서울 조나단 에드워즈 컨퍼런스를 창립하고 주최해 온 남편과 아버지들께, 한결같은 격려와 인내로 함께해 준 편집자들(심현찬 원장과 정성욱 교수)의 각각의 아내와 자녀들(심은숙과 심재헌, 심재서 / 정인경과 정요한, 정아영)에게 감사의 마음을 전한다.

서론: 에드워즈 이해를 위한 신학적 지도 그리기

조나단 에드워즈, 교회와 신학을 위한 목회자 · 신학자

심현찬

그는 흥하여야 하겠고 나는 쇠하여야 하리라 하시니라 _요 3:30

우리는 그가 만드신 바라 그리스도 예수 안에서 선한 일을 위하여 지으심을

받은 자니 이 일은 하나님이 전에 예비하사 우리로 그 가운데서 행하게 하려

하심이니라 _엡 2:10

에드워즈에 대한 학문적 동향

미국의 조나단 에드워즈를 넘어서 세계의 에드워즈로[2]

미국의 대표적 목회자요 신학자인 조나단 에드워즈(Jonathan Edwards, 1703-1758)는 그의 역사적 위치와 중요성 때문에, 미국을 넘어 한국을 포함 세계에서 왕성하게 연구되고 있다. 이런 학문적 동향은 미국의 예일대학

---

2 에드워즈의 수용론에 대한 세계와 한국의 상황에 대해 자세한 내용은 심현찬 원장의 다음 글을 참고하라. "다성학적 에드워즈 연구와 수용론을 향하여: 현대 에드워즈 연구의 지도 그리기와 한국의 수용론," 「퓨리턴 신학과 한국 교회」(서울 퓨리턴 컨퍼런스 논문집, 2014), 176-236쪽.

교의 에드워즈 센터를 중심으로, 트리니티복음주의신학교, 미국 프린스턴대학교, 그리고 예일 에드워즈센터의 세계 지부 등이 있는 유럽과 브라질, 호주와 일본 등 곳곳에서 세계적으로 왕성하게 진행되고 있다.

본격적인 학문 연구서로서, M.X. 레서(Lesser)와 페리 밀러(P. Miller)의 저작을 시작으로, 최근의 조지 마스던(G. Marsden)의 『조나단 에드워즈 평전』(Jonathan Edwards: A Life)과 마이클 맥클리몬드(M. McClymond)와 제럴드 맥더모트(G. McDermott) 공저의 『조나단 에드워즈 신학』(The Theology of Jonathan Edwards)등의 학문성과 대중성을 겸비하고 있는 탁월한 저작들이 있다. 물론 에드워즈 연구의 보다 광범하고 깊은 연구의 토대는 바로 예일대학교의 에드워즈 전집 시리즈와 온라인 전집 등을 통한 그의 작품들을 소개함에 있다.

이런 학문적 동향과 함께 주목할 점은 바로 목회와 신학의 가교를 놓는 미국 교계의 사역이다. 무엇보다 이런 가교 사역을 대표적으로 해 온 삼두마차로는 존 파이퍼(J. Piper)와 돈 카슨(D. Carson)과 팀 켈러(T. Keller) 등을 중심으로 한 '복음주의 연합'(Gospel Coalition) 사역과 스프롤(R. C. Sproul)을 중심으로 한 '리고니어 사역'(Ligonier Ministry) 등을 들 수 있고, 영국은 마틴 로이드 존스(M. Lloyd-Jones), 제임스 패커(J. I. Packer), 이안 머리(I. Murray) 중심의 '청교도 컨퍼런스'와 '진리의 깃발'(Banner of Truth) 출판 사역 등을 들 수 있다.

이런 세계적 에드워즈 현상은 한국에서도 매우 활발하게 진행되어 왔다. 물론 한국 상황에서 이를 수용할 때 유의할 점은, 무비판적 모방이나 수입 신학이 아니라 성경적이고 구속사적인 관점에서 수용해야만 한다. 한국 상황에서 고무적인 점은 에드워즈에 관한 연구와 연구자들이 최근 많이 배출되고 있다는 점이다. 한국 최초의 에드워즈 관련 신학 논문은 김의환 교수가 1969년 「신학지남」에 발표한 '조나단 에드워즈의 신앙의 개념'이다. 더글라스 스위니(D. Sweeney)와 올리버 크리습(O. Crisp)과 앙리 모리모토(A. Morimoto) 등의 지적대로, 최근 한국의 에드워즈 연구 동향은 '아시아에서 가장 인상적'이며, 나아가 '에드워즈 산업'(The Edwards Industry)이라 할 정도의 활발한 연구가 진행되고 있다. 본서의 필자들을 비롯해 지난 7년간 '서울 조나단 에드워즈 컨퍼런스'에서 발제해 온 목회자와 학자들이 바로 그것의 대표적인 예라고 할 수 있다. 이 컨퍼런스는 세계에서 유일하게 매년마다 개최되는 조나단 에드워즈 컨퍼런스로 서울과 부산, 대전 등지에서 개최되고 있다. 이 컨퍼런스는 예일대 에드워즈 센터 소장인 케네스 민케마(K. Minkema) 교수와 아드리언 니일 교수(A. Neale)의 평가대로, 한국 에드워즈 연구를 위한 '중요하고 시기적절한 사역'을 감당해 왔고, 동시에 스위니 교수의 평가대로 '에드워즈에 대한 국제적 · 학문적 대화에서 선도적 역할'을 해 오고 있다.

본서 취지와 목적: 에드워즈 이해를 위한 지도 그리기
에드워즈, 교회와 신학을 위한 목회자 · 신학자

본서의 전반적 목적은 에드워즈를 이해하기 위한 안내서요, 그에 대한 신학적 지도 그리기라 할 수 있고, 무엇보다도 에드워즈가 교회와 신학을 위한 목회자 · 신학자임을 초점으로 하고 있다. 이러한 본서의 목적은 이 책이 지난 7년간의 서울 에드워즈 컨퍼런스의 산물이자 선집이기 때문에, 다음과 같은 서울 에드워즈 컨퍼런스의 목적과 같다고 할 수 있다.

> 삼위일체 하나님의 영광과 한국 교회를 세우기 위해, 조나단 에드워즈를 통한 청교도적 개혁주의 경건의 신앙과 목회를 사모하는 동역자와 차세대를 격려하고, 나아가 갱신과 개혁을 도모한다.

이러한 본서의 전반적인 목적과 더불어, 보다 구체적인 본서의 취지이자 목적은 다음과 같다. 첫째로, 보다 넓은 독자들을 섬기기 위함이다. 지난 7년간의 서울 조나단 에드워즈 컨퍼런스 논문집은 발행 부수가 극히 제한적이라 많은 독자들의 요구를 만족시키지 못했다. 그리하여 본서를 통해서 보다 많은 한국의 독자들을 섬기고자 한다. 둘째로, 본서에서 보여 준 에드워즈의 지혜와 통찰을 통해서 한국 교회의 성도와 목회자를 섬기고자 한다. 셋째로, 에드워즈를 통해서 한국 교회의 갱신과 개혁 추구의 구체적 모델과 방향성을 제시하고자 한다. 최근 한국 교계의 심각한 문제점(리더쉽과 기독 본질에 대한 심각한 이탈 현상 등)에 대해서 많은 대안을 제시하고 있지만, 구체적인 모델과 방향성은 미흡하였다고 보기에 에드워즈의 (신앙과 신학과 목회의) 삼색의 영성을 대안적 모델로 제시하고자 하는 것이다. 마지막 네 번째 취지로, 현재와 차세대를 위한 '한국의 에드워즈적 평신도, 목회자, 신학자'를 격려하고 양성하기 위함이다.

에드워즈에 대한 이해에서 중요한 점은 입체적이고 포괄적인 이해를 하는 것인데, 이런 입체적인 이해 없이는 그에 대한 오해와 편견을 가져올 수 있기 때문이다. 이런 점에서 본서의 구체적 특징은 다음과 같다. 먼저 본서의 구체적 특징은 '교회를 위한 신학'을 추구한다는 것이다. 이런 교회를 위한 목회자·신학자의 관점은 에드워즈를 이해하고 연구하는 데 있어서 매우 중요하다. 왜냐하면 일부에서 에드워즈를 교회와 분리된 상태로 철학적, 문학적 등의 학문적 접근을 하며 편향된 태도를 보였기 때문이다. 본서의 글들은 이런 '교회를 위한 신학'을 추구해 온 서울 조나단 에드워즈 컨퍼런스에서 행했던 7년간의 강의 중에서 엄선한 논문들이다. 따라서 본서의 글들은 학문성과 함께, 에드워즈적 경건과 목회적 마음을 가진 '불타는 신학'을 추구한다.

둘째로, 본서는 에드워즈에 대한 안내서로서 신학적이고 목회적인 지도 그리기를 제공한다. 즉 입체적이고 포괄적 관점으로 그가 교회와 학계를 위한 목회자요 신학자임을 강조한다. 이런 점에서 본서는 에드워즈와 관련해서, 교회를 위한 신학자, 전체 작품 소개, 교회론, 설교론, 칭의론, 개혁주의와 칼뱅 비교 등에 관하여 매우 포괄적으로 알기 쉽게 소개했다. 이런 본서의 신학적 지도 그리기를 통한 포괄적 관점은, 그간 한국 교회에서 연구해 온 저술들의 한계점을 보완해 줄 수 있는 장점이다. 그간 한국 학계의 에드워즈 연구서들은 많은 부분에서 에드워즈에 대한 포괄적 평가보다는 그의 개별 작품에 대한 연구서들이 대부분이었고, 주제별로 접근한 저술들도 그의 저술을 전반적으로 다루지는 못하는 한계를 가지고 있었기 때문이다.

셋째로, 본서의 특징 중 하나는 최대한 독자의 눈높이에 맞춘 언어를 사용했다는 점이다. 본서는 에드워즈를 알기 원하는 일반 성도와 전문가 모두를 위해, 용어 면에서 전문적 깊이를 포기하지 않으면서도 동시에 일반 독자의 언어로써 저술하도록 노력했다. 이것은 서울 컨퍼런스가 그간 추구해 온 '목회적이고 대중적인 신학'의 일환이요, 어거스틴과 종교개혁자와 청교도 전통의 계승이기도 하다.

넷째로, 본서는 지난 2019년 서울 컨퍼런스 특별 강사로 섬긴, 현재 세계 신학계의 권위 중 한 분인 옥스포드대학교의 알리스터 맥그래스 교수의 '교회와 신학을 위한 신학자, 조나단 에드워즈'의 논문을 실었다.

다섯째로, 영국과 한국과 미국의 에드워즈 전문가들이 발제한 에드워즈 컨퍼런스에서 엄선된 논문들이다.

마지막 여섯째 특징은, 맥그래스 교수를 제외하면 모두가 한국계 집필진으로 구성된 최초의 포괄적 에드워즈 안내서라고 할 수 있다는 점이다.

본서의 주제 및 구성

먼저 주목할 점은, 본서의 주제와 구성이 앞서 살핀 본서의 특징으로서, '에드워즈 이해를 위한 신학적 지도 그리기이자 교회와 신학을 위한 목회자·신학자, 에드워즈'를 전제로 한다. 따라서, 본서의 주제와 구성으로, 먼저 주제는 "조나단 에드워즈, 교회와 학계를 위한 신학자"이다. 본서는 교회와 학계를 위한 에드워즈의 면모를 다루고, 나아가 우리 한국 교회와 성도 개인에 대한 적용점을 모색한다. 이 주제를 위해 본서는 구성상 세 부분으로 나뉜다.

첫 부분은 본서의 주제와 에드워즈의 작품을 전반적으로 개괄하는 두 개의 글이다. 먼저 본서의 핵심이라 할 수 있는 맥그래스 교수(영국 옥스포드대 석좌)가 "교회와 학계를 위한 신학자, 조나단 에드워즈"를 다룬다. 그는 이 글에서 먼저 에드워즈 사역의 발전을, 특히 미국 대각성 운동과 관련해서 살펴본다. 그리고 지난 40년 동안 에드워즈에 대한 새로운 신학적 관심에 대해 다룬다. 특히 에드워즈의 삼위일체론과 『신앙감정론』, 그리고 그의 신학의 목회적 중요성에 대한 강한 인식에 관하여 다룬다. 또한 이 글은 현대 설교와 영성에서 새로운 관심으로 부각된 청교도 작가들, 특히 제임스 패커의 『경건을 향한 추구』를 중심으로 다룬다. 마지막으로 같은 맥락에서, 에드워즈의 중요성에 관하여 존 파이퍼를 중심으로 다룬다.

둘째 부분은 에드워즈의 설교론과 교회론을 다루는데, 먼저 필자(심현찬, 미국 워싱턴 트리니티연구원장)가 청교도와 개혁주의 설교론의 대표로서 "조나단 에드워즈의 설교론: 에드워즈의 구원의 교향곡으로서의 설교"를 다룬다. 필자는 이 주제를 위해 네 가지를 다룬다. 첫째, 서론에서 현대 한국 교회 설교의 현주소를 진단하고, '왜 에드워즈와 그의 설교인가?', '그는 누구인가?'에 관해 다룬다. 여기서 필자는 에드워즈가 종교개혁과 개혁주의적 전통의 목회자로서 청교도적 설교의 정수임을 살핀다. 둘째, 필자 글의 핵심으로서, 에드워즈의 설교 신학을 '구원의 교향곡' 측면에서 다룬다. 여기서 먼저 에드워즈 설교의 일반적 특징, 즉 영향받은 저작과 멘토들, 설교 시기 구분, 설교의 중요성과 임무 등을 다루고, 그 다음 구원의 교향곡과 같은 설교의 특징이 가장 잘 드러나는 에드워즈의 청교도적 설교의 형식과 주제, 요소의 삼중 관점을 자세히 살핀다. 형식상, 삼형식으로 성경-교리-적용의 균형; 주제상, 성경적 통일성-통합성-우주성의 균형; 요소상, 이성-열정-이미지의 균형의 설교임을 차례로 살핀다. 셋째, 에드워즈 설교의 최고 백미인 세 편을 소개하고, 마지막이자 넷째로, 에드워즈의 '구원의 교향곡' 설교에서 현재 한국 교회를 위한 교훈과 적용점은 무엇인지 살펴본다. 또한, 정성욱 교수(미국 덴버신학교)가 "조나단 에드워즈의 교회론과 현대 한국 교회적 의미"를 다루는데, 그는 이 글에서 에드워즈의 교회론의 몇 가지 특징을 탐구한다. 그리고 그것이 현대 한국 교회를 향해 가지는 의미를 조명한다. 그는 에드워즈가 구속 언약 개념을 통해 교회의 기원을 영원으로 돌린 것이 매우 적절했다고 평가한다. 그는 에드워즈의 교회론이 현대 한국 교회를 향한 몇 가지의 신학적 의미를 제시한다. 즉, 먼저 참된 하나님의 백성이 유대인이 아니라, 영원부터 영원까지 하나님의 친백성인 교회임을 기억해야 한다. 교회가 예수 그리스도의 신부임을 기억하고 교회의 영광과 책임에 눈을 떠야 한다. 교회가 예수 그리스도의 몸임을 기억하고, 그리스도와의 친밀한 관계의 중요성을 강조해야 한다. 마지막으로 교회의 회원권에 대한 자격 기준을 강화하고 교회의 영적 수준과 윤리적 수준을 높여야 한다는 것이다.

셋째 부분은, 에드워즈와 종교개혁과 개혁주의 신학과의 관계성을 다룬다. 이 점에서 에드워즈와 종교개혁의 칭의론, 에드워즈와 칼뱅과의 관계, 에드워즈의 대표 작품인 『신앙감정론』을 다룬다. 이를 위해 먼저, 한국 에드워즈 연구에서 중요한 위치에 있는 강웅산 교수(총신대학교)가 종교개혁과 최근 수정주의적 칭의론에 대한 대안으로 "조나단 에드워즈와 칭의론"을 다룬다. 강 교수는 이 글에서 조나단 에드워즈의 이신칭의 교리를 분석하면서, 에드워즈가 칭의를 설명함에 있어 '그리스도와의 연합'을 논의의 틀과 방법론으로 사용하고 있음을 보이는 데 목적을 두었다. '그리스도와의 연합'은 에드워즈에게 있어 개인의 구원을 그리스도의 사역을 배경으로 이해할 수 있도록 한다. 이 분석을 통해서 강 교수는 주장하길 우리는 첫째, 그리스도의 의가 갖는 구속사적 의미가 어떻게 개인의 칭의의 근거가 되는지 보게 되며, 둘째, 그리스도와의 연합의 동작으로 정의되는 믿음은 오직 그리스도만이 칭의의 근거가 되기 때문에, 전적으로 어떤 행위의 개입도 배제하는 것을 보게 된다고 한다. 이처럼 강 교수가 에드워즈의 칭의론을 살피는 이유는, 그의 칭의 교리가 보여 주는 신학적 정교성을 배우는 목적도 있지만, 오늘의 한국 교회가 과연 종교개혁 교리를 방어하는 책임을 성공적으로 달성하였는지 반성하는 의미도 갖고 있다. 에드워즈의 그리스도와의 연합의 관점이 지닌 유효성은 그의 이신칭의 설교가 역사에 남는 노샘프턴 부흥 사건을 일으켰다는 사실을 통해서 검증된 바 있다. 강 교수는, 그런 의미에서 에드워즈의 칭의론이 종교개혁을 방어했을 뿐만 아니라 교회를 잘못된 가르침으로부터 지켰다고 평가한다.

또한, 정성욱 교수는 "장 칼뱅과 조나단 에드워즈-1: 신학적 대화" 주제를 통해서, 에드워즈와 칼뱅의 신학적 공통점과 차이점, 나아가 한국 교회의 적용점에 대해 다룬다. 정 교수는 이 글에서 개혁신학 전통의 두 신학적 거장인 칼뱅과 에드워즈의 신학적 대화를 모색한다. 우선 칼뱅 신학의 특징과 신학사적 의의를 다루고, 이어서 에드워즈 신학의 특징과 신학사적 의의를 다룬다. 아울러 몇 가지 주제를 중심으로 두 신학자를 비교하면서 두 신학자의 신학적 대화를 시도한다. 이런 과정을 통해서 현재 위기에 처해 있는 한국 교회가 칼뱅과 에드워즈로부터 반드시 배워서 현재의 상황에 적용해야 할 신학적 원리들을 천착해 보려고 한다.

마지막으로, 심현찬 원장은 "장 칼뱅과 조나단 에드워즈-2: 『기독교강요』와 『신앙감정론』 비교"를 경건의 관점에서 다룬다. 심 원장은 이 글에서, 특히 칼뱅과 에드워즈의 신학의 특징을 두 목회자 · 신학자의 대표작을 통해서, 궁극적으로 경건을 추구한 '경건의 한계 속에 있는 신학'임을 살핀다. 이를 위해서 그의 글은 세 부분을 다루는데, 첫째로, 칼뱅의 『기독교강요』 속에 나타난 경건의 신학의 특징을 살핀다. 둘째로, 『신앙감정론』에서 나타난 경건의 신학적 특징을 살피고, 셋째이자 마지막 결론으로, 칼뱅과 에드워즈의 '경건의 한계 속에 있는 신학'에서 배우는 교훈을 살펴본다.

결론적으로 앞에서 지적한 대로, 본서는 에드워즈 이해를 위한 안내서요 그에 대한 목회적 · 신학적 지도 그리기의 작업으로서, 교회와 학계를 위한 신학자로서 에드워즈를 주제로 다룬다. 이 주제를 위해 본서는 구성상 세 부분, 즉 첫째 부분은 본서의 주제와 에드워즈의 작품에 대한 전반적 개괄하는 두개의 논문이다. 둘째 부분은, 에드워즈의 설교론과 교회론을 다룬다. 마지막으로 셋째 부분은, 에드워즈와 종교개혁과 개혁주의 신학과의 관계성을 다룬다. 이 점에서 에드워즈와 종교개혁의 칭의론, 에드워즈와 칼뱅과의 관계, 에드워즈의 대표 작품인 『신앙감정론』을 다룬다. 아울러 각 저자들의 글에서 한국 교회를 위한 적용점은 각각의 글의 마지막에 다루어, 보다 실제적인 글이 되고자 했다.

본서에서 아쉬운 점은, 본서가 앞으로 출간될 에드워즈 연구 시리즈의 시작이자 에드워즈에 관한 보다 입문적인 내용을 우선적으로 선별했기 때문에, 에드워즈의 각 작품들에 대한 분석과 다양한 주제에 대한 심도 있는 내용을 다루기에도 지면상 한계를 가진다. 따라서, 본서에서 부족한 부분들은 추후 출간될 에드워즈 신학 시리즈에서 차례로 소개되길 소망한다.

바라기는, 본서가 '한국 에드워즈 컨퍼런스'와 함께 지속적으로 한국 교회를 격려하고, 갱신과 부흥의 목적을 도우며, 동시에 그것을 사모하는 모든 분들에게도 밀알이요 기쁨의 열매가 되길 기도한다. 무엇보다도, 우리 모두가 에드워즈처럼 오직 주님만 높이는(요 3:30) 주님의 명품(포이에마)(엡 2:10) 성도요 목회자와 신학자가 되길 소망한다.

조나단 에드워즈, 교회와 신학을 위한 신학자[3]

알리스터 맥그래스

요약 : 본 글에서는 에드워즈의 생애, 특별히 대각성 운동과 관련된 그의 생애를 돌아본다. 특히 그의 삼위일체 교리, '신앙 감정'에 대한 이해, 신학의 목회적 중요성에 대한 그의 확신 등에 집중하여, 지난 40여 년간 에드워즈에 대한 새로운 신학적 관심을 상고해 볼 것이다. 그런 다음, J. I. 패커의 고전적인 작품 『경건을 추구함』과 같은 저작에 집중하여 현대 설교와 영성에 나타나는 청교도 작가들에 대한 새로운 관심을 살펴본다. 마지막으로, '에드워즈의 중요성'을 존 파이퍼의 저작을 통해 살펴볼 것이다.

한국에서 미국의 위대한 청교도 작가인 조나단 에드워즈의 중요성에 대하여 이야기할 수 있게 된 것을 참으로 기쁘게 생각한다. 에드워즈는 기독교 신앙의 본질과 활력을 사역, 설교, 영성, 변증 등에 적용하는 것에 있

알리스터 E. 맥그래스(Alister E. McGrath)
영국 옥스포드대학교 과학과 종교 석좌교수,
이언 램지 과학과 종교 센터 디렉터,
(옥스포드) 해리스 맨체스터 칼리지 펠로우.

---

3 본 원고는 2019 제7차 조나단 에드워즈 컨퍼런스에서 행했던 강연 원고의 번역본이다. 번역에는 정인경 교수가 수고했다.

어 많은 점을 시사해 주고 있어 에드워즈의 저작에 대한 학자들과 목회자들의 높은 관심이 지속되고 있다. 이 글에서는 그러한 저작들에 드러난 몇 가지 주제들을 살펴보고, 우리가 직면하고 있는 도전 및 기회와 연관지어 설명해 보고자 한다. 그러나 먼저 에드워즈가 '청교도 작가'로 불리는 것이 과연 무엇을 의미하는지 숙고할 필요가 있다.

'청교도'라는 단어가 정의하기 힘든 용어로서 악명이 높다는 것은 많은 사람들이 잘 알고 있으리라 생각한다. 그 이유는 이 단어가 오명을 뜻하는 용어에서 기원하여 오랜 기간 동안 다양하고 광범위한 사회적 상황에서 무비판적으로 사용되어 왔기 때문이다. 1565년에 영국의 엘리자베스 여왕으로부터 망명한 로마 가톨릭교회 신자들은 '뜨거운 청교도 성직자들'에 대하여 불평하였다. 영국 시민 전쟁 이전에 있었던 광범위한 청교도 연구에서는 청교도를, 영국 성공회에 대해 다양한 정도의 적대심을 가진 사람들 혹은 다양한 이유로 소외되었다고 느끼는 사람들이 서로 겹쳐 모여 느슨한 연합체를 구성하고 있는, 별로 잘 정의되지 않는 운동 쯤으로 결론을 내리고 있다. 아마도 이들 가운데 가장 중요했던 것은 그들의 도덕적 · 영적 관심이 영국 국교인 성공회에 의해 적절히 채워지지 않는다는 공감대였던 것 같다.

오늘날 많은 학자들은 영국의 청교도 운동을 신앙의 체험적인 면과 선택에 있어서 하나님의 주권을 특별히 강조하는 개혁신학의 한 형태로 보고 있다. 따라서 어떤 학자들은 청교도 운동을 "체험적 예정주의"라고도 부른다. 물론 영국 청교도들과 북미의 개혁신학 사이에 밀접한 관계가 있었다는 것은 잘 알려진 사실이다. 그럼에도 불구하고, 영국의 상황이 목회적 실천을 중시하고 신학과 인간 경험 간의 상관관계에 집중하는 개혁신학의 매우 독특한 한 형태를 일으킨 것처럼 보인다. 청교도주의의 이러한 면이 초기의 학자들로 하여금 청교도를 경건주의의 한 형태인 것처럼 다루게 했다. 윌리엄 퍼킨스와 같은 청교도 작가들이 '뜨거운 심령의 신앙'을 통하여 진실한 경건을 개발하는 데 관심을 가졌던 것은 분명한 사실이다. 그러나 이러한 점이 공식적으로 '경건주의자'로 알려진 사람들의 신학과 일치하는 것처럼 여겨져서는 안 된다. 왜냐하면, 경건주의자들의 '경험 신학'과 '살아있는 신앙'에 대한 강조가 때로는 정통 신학의 내용과 상반되기 때문이다.

비록 영국의 청교도주의가 올리버 크롬웰(Oliver Cromwell)이 이끈 청교도 연합의 실패와 찰스 2세의 왕정 회복 이후, 다시 힘을 얻지는 못하였지만, 청교도는 1660년대와 1670년대에 영국에서 중요한 위치로 남아 있다. 1660년 후반에는 런던 인구의 절반이 주일 비국교도의 예배에 참석했다고 리처드 백스터(Richard Baxter)는 언급했다. 청교도주의가 16세기 후반과 17세기에 걸쳐 영국에서 중요한 세력이었지만, 북미에서 그 영향력이 가장 컸었다는 점에 많은 사람들이 동의할 것이다.

영국 내에서 성공회와 청교도주의 간의 긴장은 순례자들의 이동을 미국 식민지로 이끌었다. 순례자들은 1620년에 플리머스를 출항하였다. 그들이 떠나기 전, 위대한 청교도 신학자 존 로빈슨(John Robinson, 1575-1625)이 메이플라워호를 타고 신세계로 막 떠나려는 사람들에게 설교하였는데, 그는 순례자들을 한편으로는 미국의 신세계를 탐험하는 사람들로, 또 한편으로는 하나님의 나라를 그곳에 세우기를 추구하며 성경에서 그 영감을 찾아 떠나는 영적 · 신학적인 개척자들로 그리고 있다. (주님께서 그분의 거룩한 말씀을 통하여 더 많은 진리를 드러내 주시리라 믿어 의심치 않는다.)

1627년과 1640년 사이에 4,000여 명의 사람들이 험난한 대서양을 건너 메사추세츠만의 해안선에 정착하였다. 그들에게는 미국이 약속의 땅이었고, 자신들은 선택된 백성들이었다. 그들은 스스로를 이집트 왕 바로의 압제로부터 벗어나 하나님의 인도하심으로 젖과 꿀이 흐르는 새 땅에 정착한 자들처럼 여겼다. 청교도주의는 이미 확립된 종교의 형태들에 구애받지 않고 스스로의 독특한 교회의 관습들을 개발하면서 메사추세츠와 로드아일랜드 지역에서 상당한 존재감과 사회적 영향력을 얻을 수 있었다. 즉, 영국에서는 크게 보아 경건주의 전통에서 '복음주의 부흥'이 일어났던 한편, 비슷한 시기에 북미에서는 본서의 주제인 조나단 에드워즈와 같은 청교도 설교가들이 '대각성'을 일으키는 데 중요한 역할을 했다.

그러나, 18세기 초의 막바지에 이르러서는 뉴잉글랜드의 청교도주의가 그 길을 잃은 것처럼 보인다. 미국 식민지에서의 물질적인 풍요로움이 더해지면서 신앙에 대한 관심을 잃어 버렸다. 북미 개신교에서 가장 독특한 것 중 하나는 "각성 운동"이라는 현상이다. 지금까지 기록된 바로는 세 차례의 각성 운동이 있었는데(어떤 학자들은 네 번째도 있었다고 주장하지만), 각각의 각성 운동이 처음에는 종교적인 부흥에서 시작되어 결국에는 사회적인 변화를 가져오게 되었다. 따라서 이 글에서 필자는 이중에서 "대각성 운동"으로 널리 알려진 1734년 뉴잉글랜드 지역에서 일어났던, 가장 유명하고 가장 처음에 일어났던 각성 운동에 초점을 맞추려고 한다. 사회학자들은 그러한 종교적인 부흥이 문화적인 압박이나 불확실성의 시대에 자주 발생하며, 그것이 어떻게 근본적인 사회 개혁과 변화를 이끌게 되는지를 주목해 왔다. 본질적으로는 주로 종교적인 "각성 운동"이 문화 전체에 활력을 가져다 주는 힘을 가지고 있었던 것이다.

조나단 에드워즈 소개

그렇다면, 이제 '대각성 운동'이 일어나게 된 배경과 그 운동에서 조나단 에드워즈의 역할에 대해 생각해 보자. 1700년도까지 미국 개신교는 침체되어 있었던 것 같다. 유럽에서 온 청교도 이민자들의 1세대들은 강력한 종교적 동기를 가지고 있었지만, 그것이 그 후손들에게 오롯이 공유되지는 못했고, 교회의 멤버 수도 줄어들기 시작했다. 유럽으로부터의 이민이 증가하면서 대서양 연안 중부에 있는 주에서의 종교적인 다양성이 다른 곳과 비교할 수 없을 정도로 높아져 갔고, 초기 청교도들이 가졌던 "거룩한 연방"을 이루는 비전에 대한 불편한 질문들이 제기되기 시작했다. 더욱 심각했던 것은 일련의 스캔들이 청교도 기관들의 신뢰도를 흔들어 버렸다는 것이다. 이 스캔들 중에서 가장 심했던 것이 1693년의 "세일럼 마녀 재판"이었는데, 세일럼 마을의 목회자에 의해 선동되었던 이 재판에서 19명이 사형을 당했다. 결국 주지사였던 윌리엄 핍스(William Phips)가 이 광적인 선동을 멈추었지만, 이 사건으로 그 지역 목회자들의 존재감과 평판이 심각하게 타격을 입었다.

대각성 운동의 중요성을 이해하기 위해서는 18세기 초반 뉴잉글랜들에서의 개신교가 어떻게 마지막 쇠퇴기를 겪고 있었는지를 이해해야 한다. 뉴잉글랜드의 청교도 간에 교회의 멤버십에 대한 긴장이 일어나기 시작했다. 17세기 초반에 뉴잉글랜드 교회들은 개인적인 회심의 경험을 얘기할 수 있는 자들만 정회원으로 받아들이는 정책을 일반적으로 채택하고 있었다. 시간이 지나면서 그런 경험을 증언할 수 있는 사람들의 숫자가 점점 줄어들었다. 그러나, 많은 공동체에서 적어도 교회의 멤버십과 시민권이 긴밀하게 연결되어 있었기 때문에, 대부분의 사람들은 교회와 어떤 식으로든 관계를 가지고 교회와 연결되기를 원했다. 예를 들면, 자녀들이 세례를 받고서 기독교 식의 장례 예배를 하기 원했던 것이다.

교회에 출석하는 숫자가 감소하기 시작했을 때, 어떤 대가를 치르더라도 종교적인 순수성을 유지하려는 사람들과 기준을 완화하여 멤버십 기반을 넓히는 것만이 살아남는 길이라고 믿는 사람들 사이에서 긴장이 일어나기 시작했다. "중도 언약"(half-way covenant)의 형태로 타협안이 만들어졌고, 기독교 진리를 공식적으로 받아들이고 교회의 도덕적 징계를 수용하는 자들은 그 자녀들이 세례를 받을 수 있도록 하였다. 중도 언약 개념의 결과는 아마도 필연적이었을 것이다. 18세기 초반에 이르러서는 교회 회중의 많은 부분이 '명목상'이거나 '중도적' 개신교도가 되었다. 교회를 출석하고 자녀들은 세례를 받았다. 기독교가 진실되고 도덕적으로 도움이 된다고 생각했을지는 모르지만, 사실상 개종자들이 아니었다. 기독교인으로 자처하며 교회에 출석하는 것이 미국 사회의 일상적인 측면으로 보여졌다. 세례를 받고 교회에 출석하는 것이 사회적이고 문화적인 의무로 인식되었던 것이다.

그런 교회의 목회자들조차도 어떤 경우에는 개인적인 신앙이 없는 것처럼 보였다. 목회자들이 일반적으로 잘 교육되었다 할지라도, 복음과 현실의 관련성에 대한 감각이 부족했고, 점차적으로 기독교는 그저 도덕적, 사회적인 의미로만 여겨지게 되었다. 영국의 설교가 조지 휫필드(George Whitefield, 1714-1770)는 1720년대에 북미를 방문했을 때, 그가 목격했던 상황을 다음과 같이 요약하고 있다.

대부분의 설교자들이 자신도 알지 못하고 경험하지 못한 그리스도를 설교하는 것에 크게 놀랐다. 회중들이 그렇게 죽어 가는 이유는 죽은 자들이 그들에게 설교하기 때문이다.

청교도주의는 오늘날 우리가 부르는 "시민 종교", 즉 그 주된 기능이 신학적이고 영적이기보다는 사회적이고 도덕적인, 뉴잉글랜드 지역의 시민종교가 되어 가는 과정에 있었다. 그러나 1727년에 이르러 변화의 조짐이 보이기 시작했다. 뉴저지의 라리탄 벨리 지역의 교회를 목회하던 화란계 목사인 데오도르 프라이링하우젠이 '부흥의 증거'들에 주목하기 시작했고, 새로운 성장의 신호들이 뉴저지와 펜실바니아, 버지니아의 광범위한 지역에 걸쳐 나타나기 시작했다. 그러나, 우리가 집중하고자 하는 것은 1734년 메사추세트의 노햄튼에서 일어났던 범상치 않은 일련의 사건들이다. 그것은 오늘날 가장 위대하고 가장 영향력 있는 미국 신학자 중 하나로 널리 알려진 조나단 에드워즈의 설교에 대한 반응으로 일어났던 일들이다.

그럼 이제, 에드워즈 생애의 주요한 사건들을 먼저 살펴보자. 에드워즈는 1703년 10월 5일 코네티컷의 이스트 윈저에서 태어났다. 그의 아버지는 지역 교회의 목사였고, 그가 목회하는 동안 1720년대에 일련의 부흥이 일어났다. 1726년 9월 에드워즈는 뉴헤이븐에 있는 예일대학교에 입학하였고, 그 이후 1724년에서 1726년 사이에 그 대학의 강사로 섬겼다.

에드워즈는 17세쯤 되었을 때 회심을 경험했다. 그리고 디모데전서 1장 17절을 읽었을 때, 그는 말할 수 없는 하나님의 위대하심과 그분의 영광을 느끼게 되었다. 그는 나중에 그의 개인 일기장에 다음과 같이 쓰고 있다. "내가 말씀을 읽어 갈 때, 신적인 존재의 영광에 대한 감각이 나의 영혼 안으로 들어와 깊숙이 퍼져 나갔다. 내가 전에 경험했던 어떤 것과도 사뭇 다른 새로운 느낌이었다."

1726년에 에드워즈는 예일대학교를 사직하고, 노샘튼의 목사가 되어 그의 외조부인 솔로몬 스토다드(Solomon Stoddard)의 동료로 교회를 섬겼다. 스토다드는 코네티컷 벨리에서 지도적인 영적 권위자로 널리 알려져 있었는데, 사실 사람들은 뒤에서 그를 "스토다드 교황"이라고 부르곤 했다. 에드워즈는 1727년 2월 15일, 23세의 나이에 안수를 받았고, 같은 해 7월에 상당한 기간 동안 사랑했던 사라 피에르폰트(Sarah Pierrepont)와 결혼했다. 1729년 스토다드가 사망하고, 에드워즈는 그 지역의 가장 중요한 교회들 중 하나의 책임자가 되었다. 그 2년간의 목회를 회상하면서 에드워즈는 노샘튼 지역 사람들의 신앙에 대한 일반적인 무관심에 주목했다. 그 당시 북미 식민지의 거의 모든 지역이 그랬던 것처럼, 신앙에 관련된 것들에는 아무런 의식이 없이 다른 염려들과 추구들에 사로 잡혀 있는 것 같았다.

노샘튼의 그러한 상황은 1734년과 1735년에 걸친 겨울에 매우 급진적으로, 갑자기 변화하였다. 1734년의 마지막 몇 주간에 몇몇 갑작스러운 회심이 목격되었다. 부흥은 새해로 이어지면서 1735년 3월과 4월 동안 절정에 달하였다. 그 마을에 있는 대부분의 가정이 영향을 받았고, 300여 명에 달하는 사람들이 회심을 경험하였다. 한때는 낯설고 먼 외부의 것으로만 여겨졌던 기독교가 점차 내면적이고 살아 있는 현실적인 것이 되었다. 에드워즈는 노샘튼에서 일어났던 이야기들을 책으로 출판하였고, 그것은 각성 운동에 대한 국제적인 관심을 끌었다. 1737년에서 1739년 사이에 그 책은 세 번의 개정판을 거쳐 20쇄를 찍어 냈다.

1743년 12월 12일 보스톤에 있는 토마스 프린스에게 쓴 편지에서, 조나단 에드워즈는 이 놀라운 기간 동안의 사건들에 대한 그의 기억을 더듬으며, 영국에서 최근 도착했던 조지 횟필드의 네 번의 설교 시리즈에 대하여 쓰고 있다. 이 편지에 나오는 몇 줄을 읽어 보자.

조지 횟필드가 여기 가정 모임에서(우리 집에서 가졌던 개인적인 강의 외에) 네 번의 설교를 했습니다. – 한 번은 금요일, 다른 한 번은 토요일, 그리고 두 번은 주일. 매 설교때마다 교인들은 놀라울 정도로 녹아들었습니다. 거의 모든 회중들이 대부분의 설교 시간 동안 눈물을 훔쳤습니다.

북미와 영국에서 복음주의 부흥이 기세를 얻으면서, 노샘튼의 이야기가 새벽을 여는 선구자의 역할을 하였다. 뉴잉글랜드 지역에서의 부흥이 계속되면서 횟필드와 그 외의 사람들에게 새로운 방향 감각을 갖게 해 주었다. 에드워즈는 더 이상 자신이 부흥 운동의 최전선에 있지 않다는 것을 발견했다. 그는 또한 노샘튼 교회 내에서 특별히 교회 징계의 문제에 대한 분열 때문에 힘들어했다. 그는 스톡브리지에 있는 교회로 목회지를 옮겨, 비교적 가벼운 목회 일을 감당하면서 뉴잉글랜드 청교도주의에 지적인 근력을 키워 준 주요 신학 서적들을 집필할 수 있었다. 1757년에 그는 학자로서의 평판이 확고하게 자리 잡았으며, 그해에 프린스턴에 위치한 뉴저지대학교(現 프린스턴대학교)의 삼대 총장으로 초빙되었다. 그리고 그는 천연두 접종에 실패한 후, 1758년 3월 22일 프린스턴에서 사망하였다. 이 글을 읽는 독자들 중에서도 그의 무덤에 방문한 분들이 있으리라 생각한다.

에드워즈의 중요성: 삼위일체

이것이 에드워즈의 생애에 관한 간략한 요약이다. 더 많은 이야기를 할 수 있겠지만, 에드워즈 시대의 역사적인 배경에 대한 충분한 이해가 되었으리라 생각한다. 그렇다면, 에드워즈가 왜 그렇게 중요할까? 그로부터 무엇을 배울 수 있을까? 에드워즈에 관하여 출판된 많은 학문적인 저서들과 논문들이 분명히 보여 주는 것처럼, 그는 특별히 개혁신학 전통 안에서 매우 중요한 신학적 의미를 가지고 있다. 물론 그의 영향력은 개혁신학 전통을 훨씬 넘어서고 있다. 에드워즈는 광범위한 독자들을 갖고 있다. J. I. 패커나 존 파이퍼와 같은 북미의 영향력 있는 작가들도 확실히 에드워즈의 방식에 근거하여 설교, 영성, 개인의 영적 성장과 관련한 세련된 접근법들을 개발하였다. 이제 이 두 사람에 집중하여 학문과 교회에 있어서 에드워즈의 중요성에 관하여 논의하고자 한다.

지성 사학자들은 에드워즈의 생각이 복잡하다는 것을 인정하고, 에드워즈가 전통적인 청교도적 경건, 인간 의지의 가능성에 대한 계몽주의의 신념, 또한 자연의 아름다움에 대한 거의 신비주의적인 감상 등을 종합하는 것으로 제시하곤 한다. 에드워즈의 과학적인 합리주의와 살아 있는 믿음을 통합하는 흔치 않은 조합이 그가 청교도의 마지막 주자로 불려야 할지, 혹은 최초의 미국 낭만주의로 불리워야 할지에 대한 학문적 논쟁을 일으켜 왔다. 에드워즈는 마치 17세기의 청교도 문화의 측면과 18세기 계몽주의의 이상을 함께 지탱하고 있는 것 같다. 필자는 개인적으로 에드워즈가 일관되게 그렇게 했다고 생각한다. 에드워즈는 기독교 신학과 문화적 참여 두 부분 모두에 있어서 그 시대의 어느 누구보다도 풍부한 비전을 가지고 있었다고 생각하며, 우리는 그를 통해 많은 것을 배울 수 있다고 생각한다.

에드워즈는 종교적인 감정의 중요성을 강조하였다. 그러나, 그는 또한 신앙의 합리성을 강조하며, 그 당시 미국에 영향을 미쳤던 철학 형태들에 대한 신학적인 대응을 장려하기 위하여 많은 노력을 기울였다. 어떤 학자들은 이런 것들을 역사적인 우연으로 치부한다. 경건주의자의 뜨거운 심령의 종교에 대한 강조가 합리주의자의 합리적인 신앙에 대한 강조로 드러나던 시대에, 우연히도 에드워즈가 목회를 하고 있었다는 것이다. 다시 말해, 에드워즈가 그저 그의 역사적인 배경으로 인하여 그 두 가지를 통합할 수 있었다는 주장이다. 필자는 이 주장에 설득력이 없다고 생각한다. 에드워즈는 기독교 신앙의 이러한 측면들이 서로 연결되어 상호 보완적인 것으로 보았다. 그것은 C. S. 루이스가 이성과 상상을 함께 붙들어 풍부하고 매우 만족스러운 조합을 이루어 내고 있는 것과도 같다.

이제 그럼 완전히 신학적인 주제를 다루어 보자. 바로 삼위일체 교리이다. 이 교리는 에드워즈의 신학, 설교, 영성에 있어서 중심적인 역할을 하고 있다. 부분적으로는 칼 바르트(Karl Barth)의 신학적인 논의의 결과로 20세기에 이르러 이 교리에 대한 관심이 되살아났고, 21세기에도 그 관심은 지속되고 있다. 17세기 대부분의 지도적인 영국 신학자들은 삼위일체 교리를 그저 전통을 존중하는 의미에서 붙들고 있었고, 한편으로는 "기독교의 합리성"에 대한 강조가 점증하는 시대에 이 삼위일체 교리가 조금 비합리적인 것 같고, 영적이며 신학적인 유익에 공헌하는 것이 없는 것 같다는 점에서 개인적으로 동의하였다. 너무 단순화시키는 것이 위험하기도 하지만, 이 교리에 대한 변증은 그저 정통 신학자들의 공식적인 답변 정도로만 여겨졌던 것 같다.

이러한 관찰이 왜 중요한가? 그것은 삼위일체 교리가 살아 있는 하나님에 대한 개념을 보호하는 지적인 틀, 즉 하나님의 활동을 세상의 창조와 섭리에만 국한시켜 신성에 대한 일반적인 개념으로 환원시키려는 시도에 대항하는 보호벽을 제공하기 때문이다. 20세기의 신학자인 에밀 브루너(Emil Brunner, 1889-1966)는 삼위일체를 "보안 교리"라고 불렀는데, 그것은 하나님에 대한 잘못된 개념에 대항하여 기독교 신학을 보호하는 교리라는 의미이다. 17세기 후반과 18세기 초반의 개신교 신학자들은 공개적으로 기독교를 변증할 때 본질적으로 이신론적(deist notion) 하나님의 개념을 채택하는 경향이 있었다. 세상으로 들어 오신 성육신한 하나님의 개념이나 세상에서 일하시는 하나님의 성령에 대한 개념을 한쪽으로 미뤄 둠으로써, 세상을 디자인하고 창조하신 뒤에는 더 이상 세상에 관여하지 않으시는 하나님의 개념만 남게 된 것이다. 이러한 관점들은 당시 하버드 대학에 널리 퍼져 있었으며, 이 학교를 통해 뉴잉글랜드 지역에 있는 개혁주의 목회자들이 훈련을 받았다.

삼위일체 교리에 대한 무관심은 하나님께서 창조주시라는 점에 대한 강조와 맞물려 있는 것처럼 보인다. 이것은 영국 신학자 윌리엄 페일리(William Paley, 1743-1805)의 저작에서 가장 분명하게 찾아볼 수 있다. 그가 쓴 『자연 신학』(1802)에서 페일리는 하나님을 디자인하고 창조한 분으로,

그러나 자연 질서에는 더 이상 관여하지 않는 분으로 말하고 있다. 페일리는 인간 신체와 생물학적인 유기체들의 복잡 미묘한 구조에 매료되었다. 그럼에도 불구하고, 그는 이것을 하나님께서 과거에 행하신 일로 해석하며, 그것을 통해 하나님께서 계속 존재하신다는 것을 암시한다고 생각했다. 페일리가 삼위일체의 개념에 대한 관심이 부족했다는 것은(이것이 그 당시의 대표적인 현상이었음을 주목해야 한다.) 그의 하나님 개념에 잘 반영되어 있는데, 그것은 세상 안에 지속적인 신적 존재와 활동이 있다는 점을 간과하고 있는 것이다. 반면에, 에드워즈는 "대각성 운동" 당시의 회심과 부흥에 하나님의 역사가 있었음을 알았고, 하나님에 대한 우리의 지적인 사고를 1734년에 있었던 놀라운 사건들 속에 있는 신적인 존재와 활동의 증거들뿐만 아니라, 하나님의 성품과 활동에 대한 성경적인 증언들에 맞추어야 한다는 점을 깨달았다.

삼위일체는 에드워즈의 주요한 변증적 논문들에서 중요한 초점이 되지는 않았지만, 그럼에도 불구하고 그의 신학적, 철학적인 작업을 통해 삼위일체론이 분명하게 드러나고 있다. 그 당시의 많은 개혁신학자들에게서 공통적으로 드러나고 있는 것처럼, 에드워즈도 성경이 삼위일체 개념을 명시적으로 언급하고 있지 않으며, 삼위일체적인 어휘를 광범위하게 전개하지도 않는다는 것을 인정했다. 그러나, 에드워즈는 성경이 드러내고 있는 하나님에 대한 풍부한 관점을 제대로 이해하기 위하여 성경이 사용하고 있는 어휘를 넘어가야 한다고 주장했다.

물론, 오늘날 삼위일체 교리는 다시 기독교 신학의 담론에 중심이 되었다. 칼 바르트나 칼 라너(Karl Rahner, 1904-1984)와 같은 신학자들의 저작이 삼위일체 교리를 재확인하게 했고, 그와 더불어 이 세상 안에 하나님의 존재와 그분의 활동이 있음을 함축하고 있다는 주요한 신학적 회복 운동을 이끌었다. 기독교는 항상 하나님을 이 세상 안에서 활동하시는 분으로 알아 왔고, 그렇게 확언하고 있다. 그리고 20세기에 일어난 오순절 운동의 발현은 하나님을 부적절하게 이해하고 있는 것을 좀 더 교정해 주는 역할을 하고 있다.

그렇다면, 에드워즈가 어떻게 오늘날 우리에게 도움이 될 수 있는가? 로버트 젠슨(Robert William Jenson, 1930-2017)을 비롯한 다른 많은 저자들이 보여 준 것처럼, 우리가 삼위일체 교리의 성경적인 기초를 상고하고, 그것이 오늘날에 미치는 신학적인 중요성을 숙고하며, 무엇보다도 이 교리가 설교와 영성에 미치는 중요성을 고려할 때, 에드워즈는 우리에게 중요한 자원을 제공해 줌이 분명하다. 이 글의 후반부에 존 파이퍼가 "하나님을 갈망함"이라는 주제에 초점을 맞추어 어떻게 에드워즈를 높이 평가하고 있는지를 살펴볼 것이다. 그러나, 먼저 2011년에 출판된 파이퍼의 소책자 『상고함』(Think)에서 파이퍼가 에드워즈의 삼위일체 신학이 어떤 식으로 그에게 영향을 주었는지를 말하고 있는지 인용해 보려 한다.

에드워즈가 내게 준 선물들 중 하나는 다른 어떤 곳에서도 발견할 수 없었던 것인데, 그것은 삼위일체적인 하나님의 본질이 인간 사고와 감정의 기초가 된다는 것이었다. 인간의 본성이 하나님의 본성에 뿌리를 두고 있다는 점을 다른 사람들이 알지 못했다는 것을 말하는 것이 아니다. 에드워즈가 보았던 방식이 아주 특별했다는 것을 말하는 것이다. 그는 인간의 생각과 감정이 임의로 존재하는 것이 아니라는 점을 내게 가르쳐 주었다. 그것들은 우리가 하나님의 형상 안에 있기 때문에 존재하며, 하나님의 '생각'과 '감정'은 내가 알고 있던 것보다도 더욱 깊이 그분의 삼위일체적 존재의 한 부분이다.

필자는 하나님에 대한 삼위일체적 관점을 가지는 것이 얼마나 중요한지 강조하고 싶다. 이것은 또한 조나단 에드워즈가 이 주제에 대하여 할 말이 많고 목회적 관심을 가진 사상가였음을 확인하는 것이기도 하다. 미국에서는 정치적인 이유로 인해 18세기 "이성의 시대"와 비슷하게, 일반화되고 보편화된 신론이 새로운 각광을 얻고 있는 것처럼 보인다. 여기서 미국의 사회학자 로버트 벨라가 1960년대에 '미국 시민 종교'의 발현을 관찰했다는 점을 주목할 필요가 있다. 시민 종교는 공통점을 극대화시키는 현상으로, 결국에는 종교 간의 '최소한의 공통 분모'만 강조하며, 따라서 (예를 들어) 삼위일체 하나님의 개념과 같은 독특한 특징들은 무시하게 된다. 이러한 '시민 종교'는 기독교, 유대교, 이슬람교 등이 공통적인 신학적 틀 안에 공존하게 함으로써, 사회적인 포용을 극대화하려는 것이다.

이것은 문화적인 혁신이 아니다. 이미 17세기와 18세기 유럽에서 최소한의 이신론을 받아들였던 원래 동기 중 하나가 종교적으로 분열된 상황에서 종교적 · 사회적 응집력을 최대화할 수 있다는 가능성을 본 것이다. 이 '시민 종교'는 하나님을 자연적 과정이나 사회적 과정에 역동적으로 개입하는 어떤 분이 아니라, 도덕적인 입법자 정도로만 여기기를 선호한다. 이 점에 있어서 한국의 상황이 미국의 상황과 다를 수 있다. 그러나, 미국 대중 문화 안에서 전개되고 있는 또 다른 것이 있는데, 그것은 지금 한국 교회 성도들에게도 중요한 것이라고 생각한다. 그것은 바로 젊은 기독교인들 사이에서 점점 더 세력을 얻고 있는 소위 "도덕적 · 치유적 이신론"이다. 이 말은 2005년 미국 사회학자 크리스천 스미스(Christian Smith)와 멜리나 룬트퀴스트 덴튼(Melina Lundquist Denton)에 의해 소개되었는데, 종교를 삶에 있어서 긍정적인 도덕적 · 치유적 요소로 이해한다는 것은 신앙의 신조나 신학적인 차원을 축소시켜 주는 경향이 있을 뿐만 아니라, 하나님을 주로 삶의 질을 높이는 차원에서 말하도록 해 준다는 것을 가리킨다. 에드워즈는 인간 존재의 변화와 성취에 있어서 하나님의 역할에 대한 열정적인 옹호자였다. 그러나 이것은 하나님의 본질에 대한 강력하고도 독특한 관점과 연결되어 있으며, 그것은 바로 삼위일체 교리에서 표현되고 보호된다는 것을 에드워즈는 본 것이다.

에드워즈와 현대의 도전

기독교 신학에 공헌한 에드워즈의 많은 업적들 중 이 글에서 특히 주목하고 싶은 것은, 현대 문화의 발전이 복음 선포에 가져다 준 여러 도전들에 대한 그의 반응이다. 18세기의 뉴잉글랜드는 현재 한국을 포함한 북미의 많은 사람들 사이에서 보편화된 태도의 탄생을 목격하였다. 그중에 하나는 '자수성가한 사람'의 현상이다. 역사가 고든 우드(Gordon Stewart Wood)는 그의 책 『벤저민 프랭클린의 미국화』(2004)에서 에드워즈보다 한세대 후에 살았던 벤저민 프랭클린(Benjamin Franklin, 1706-1790)을 신생국의 문화적 규범 형성에 있어서 조지 워싱턴(George Washington, 1789-1797) 다음으로 중요한 인물로 인정하고 있다. 그렇다면, 프랭클린의 '빅 아이디어'는 무엇이었을까? 우드가 볼 때, 한마디로 이렇다. 즉 "사람은 열심히 일하면, 그의 사회적 배경이나 지위에 상관없이 이 세상에서 자기 운명을 만들어 갈 수 있다."는 것이다. 프랭클린 자신이 저술한 명예와 명성을 얻게 된 이야기는 다른 많은 사람들의 도움과, 심지어 하나님의 공헌이 있었다는 여지를 충분히 남겨 두고 있다. 그러나 후대에 개정된 프랭클린의 자서전에서는 그가 했던 말을 바꾸어, 이를 자수성가한 남성의 이미지로 만들어 버렸다. 미국에 있는 수많은 사람들의 상상력을 사로 잡았던, 또 지금까지도 세상의 많은 사람들에게 상징적인 말로 남아 있는 그의 편집된 말은 다음과 같다. 이 글에서 프랭클린은 스스로 출발하여 아무런 도움 없이 자신을 초월해 낸 사람으로 그려지고 있다.

내가 태어났던 가난과 어둠으로부터 나는 스스로를 일으켜 풍요함으로, 세상에서 어느 정도 유명세를 얻는 상태로 나아갔다.

조나단 에드워즈는 그 당시에도 이러한 전망이 힘을 얻고 있다는 것을 알아챌 수 있었다. 거기에는 하나님의 은혜가 자리할 수 없었다. 우리의 죄성을 인정하지도 않았다. 그것은 펠라기우스적 자수성가 윤리였다. 한국에도 오늘날 이런 태도가 있다는 것을 잘 알 것이다. 그렇다면, 에드워즈는 그러한 태도에 대하여 어떻게 대항하였는가? '대각성 운동' 시기 즈음에 에드워즈가 했던 설교를 통하여 그가 제시했던 몇 가지를 찾아 보고자 한다. 에드워즈는 설교를 통하여 시민 종교나 자수성가의 개념과 같은 문화적인 태도들에 대한 신학적인 지식의 비판을 제공했다.

먼저, 그 시기 즈음에 미국에서 일어나기 시작했던 시민 종교 (그 당시 이 이름으로 불리지는 않았지만)의 문제로 시작해 보자. 시민 종교는 부분적으로 '중도 언약'에서 시작되었는데, 그것은 교회 내에 명목상 그리스도인들을 받아들이도록 부추겼다. 노샘튼에 있는 그의 교회에서 에드워즈는 많은 수의 사람들이 사회적인 관습 때문에 세례를 받고, 교회에 출석하는 것을 시민의 의무쯤으로 여긴다는 것을 마주하게 된다. 그들이 '죄인'이라는 사실은 그렇게 올바른 시민들에게는 불쾌한 이야기로 들리는 것 같았다. 그들은 신앙의 '중도'에 서 있었다. 그렇다면, 어떻게 그 남은 길을 가도록 할 수 있겠는가? 그들이 어떻게 죄와 회개와 회심의 필요에 대하여 확신할 수 있겠는가?

한 설교 시리즈에서 에드워즈는 그 당시의 종교적인 실용주의에 대하여 격렬한 공격을 퍼부었다. 하나님은 인간의 업적에 의해 감명을 받는 분이 아니기 때문이다. 그분은 칭의를 판결할 때 그런 업적을 고려하지 않으신다. 세상에 대한 심판과 미국 사회에 대한 심판은 (그것이 18세기 노샘튼이든 현대의 뉴욕시이든) 하나님께 전적으로 달려 있다. 왜냐하면, 결국에 중요한 것은 하나님께서 우리를 어떻게 보시는가이지, 널리 퍼져 있는 사회적, 윤리적인 관습이 지지해 주는 것이 무엇이냐가 아니기 때문이다. 하나님은 **믿는 자**의 업적 때문이 아니라, **그리스도가** 십자가 상에서 이룬 것 때문에, 믿는 자들을 의롭다고 판결하신다.

그러므로 에드워즈는 인간의 죄인 된 현실을 강조한다. 이 주제는 그의 주요 저작인 『원죄론』에서 다시 장황하게 설명하고 있다. 중도의 그리스도인들에게는 이 죄의 문제가 불쾌할 것이다. 에드워즈가 다녔던 노샘튼 교회의 많은 교인들은 사회적인 기대에 부응하는 것과 의로움을 혼동했던 것처럼 보인다. 그런 사람들에게는 "죄인"으로 불리는 것이 "나쁜 이웃", "간통 중에 잡힌 자" 혹은 "용납될 수 없는 사업상의 관행을 채택하는 것" 등을 의미했다. 죄의 문제가 사회적인 결점 정도로 퇴화되어 버렸다. 하나님과의 관계에 관한 언급은 사라져 버렸다.

에드워즈는 이러한 풍조에 대하여 강력하게 반대했다. 그는 모든 인간이 하나님의 영광에 이르지 못한다고 주장했다. 사회적인 관행을 잘 따를지는 모르지만 (최소한 어느 정도로는), 그것이 하나님 앞에서 의로운 것과 같은 것은 아니기 때문이다. 건전하고 존경받는 시민이면서도 (혹은 최소한 이런 식으로 여겨지면서도), 동시에 하나님으로부터 심히 멀어지는 것은 엄연히 가능한 일이다. 그는 우리 모두가 "선천적으로 죄많은 타락된 마음"을 공유하고 있다고 주장한다. 죄 된 현실과 능력에 대한 이러한 인식이 없이는 구속도 그 관련성을 잃어 버리는 것이다. 죄에 대한 이해가 약할수록, 구원에 대한 이해는 더욱 궁핍하게 된다. 만일 죄가 그저 사회적으로만 이해된다면, 구속은 기껏해야 사회에서 적절한 자리를 찾도록 만들어 주는 것일 뿐이다. 하나님은 주제에서 완전히 빠져 버리고, 사회와 그것의 가치가 하나님의 자리를 대체해 버린다. 에드워즈의 노샘튼교회는 죄에 대한 이해가 심각하게 부족했고, 그 결과 구속에 대한 이해도 부적절할 수밖에 없었다.

신학적 회복: 과거의 부요함을 되찾기

이제 에드워즈와 관련하여 중요한 한 가지 주제로 들어가 보자. 그것은 '신학적인 회복'의 개념이다. 이 개념은 현대의 건설적인 목적을 위하여 교회의 역사적인 신학과 실천에서 배우려는 프로젝트를 일컫는 말로 널리 사용되고 있다. 우리의 과거로 돌아가서 우리에게 가르침을 줄 수 있고, 오늘날의 신학과 목회를 풍성하게 할 수 있는 아이디어와 실천들을 찾아내는 것이다. 오늘날 많은 사람들이 청교도의 유산이 그들의 신학과 목회적 사역에 새로운 질과 깊이를 더해 줄 수 있는 가능성이 있는 것으로 생각한다. 그래서 필자는 일반적인 청교도의 유산을 회복하려는 관심에 대하여 잠시 말해 보려고 한다. 신학자인 J. I. 패커가 어떻게 이 분야에 관심을 가지게 되었는지, 그의 유명한 저서들인 『하나님을 아는 지식』과 『경건의 탐구』 등을 참조하여 살펴본 뒤, 패커와 존 파이퍼가 특별히 그들의 설교와 영성을 접근할 때 어떻게 에드워즈를 사용하고 있는지를 살펴보겠다.

먼저, 1944년 10월 옥스포드대학에서의 학생 시절에 회심을 경험했던 패커부터 시작해 보자. 패커는 지적이고 심사 숙고하는 사람이었고, 곧 신앙이 자라는 것에서 어려움을 경험하기 시작했다. 그는 그의 삶에 지속적으로 현존하는 죄의 문제를 해결할 수가 없었다. 그렇다면 그는 어떻게 했을까? 패커는 그의 영적인 갈등의 위치를 파악하고, 그것을 이해하며, 나아가 그것에 대한 해결책을 찾을 수 있도록 신학적 틀이 필요하다는 것을 깨달았다. 패커의 해답은 그가 회심한 뒤 1년 후에 기대치 않게 그에게 찾아 왔다. 그때 그는 일본에서 선교사로 지내던 오웬 피카드 캠브리지가 옥스포드 대학 기독교 연합에 기증한 고서들을 정리하는 일을 맡게 되었는데, 그 책들 중에는 대표적인 청교도 사상가인 존 오웬(John Owen, 1616-1683)의 작품들도 포함되어 있었다.

오웬의 논문들 중에 두 논문이 패커 자신의 영적인 염려를 다루며 빛을 던져 주었다. "내재하는 죄에 관하여"와 "죄 죽임에 관하여"이다. 패커는 이 논문들을 읽으면서, 그것들이 자신의 상태를 말하고 있는 것처럼 보였다. 그는 이것이 그리스도인의 삶의 문제에 대하여 신학적으로 진지하면서도 목회적으로 뿌리내린 접근이라고 믿었고, 그것이 자신의 복음적인 신앙에 대한 비전의 일부가 될 수 있으리라 생각했다. 그것은 신학적으로 하나님이 현현한 것이었고, 그의 눈과 마음을 열어 신앙의 삶을 이해하고 그것을 살아 내는, 실천 가능하면서도 방어할 수 있는 방법을 보게 해 주었다. 그것은 그때 이후로 패커의 영성과 신학의 중심에 남아 있었다. 그의 옥스포드 박사 학위 때는 그가 특별히 관심을 가졌던 청교도 작가 리처드 백스터의 '구원 신학'을 연구했다.

패커가 1945년에 발견한 존 오웬의 저작이 가져다 주는 개인적인 영적 가치에 대한 발견은 그 자신에게도 놀라움으로 다가 왔음이 분명하다. 해묵은 문제에 대한 20세기의 적절하지 못한 반응에 직면하여, 그의 기본적인 본능은 더 입맛에 맞고 실행 가능한 다른 최근의 반응들을 찾아보는 것이었을 거다. 그러나, 패커가 우연히 만난 기독교의 과거는, 그로 하여금 기독교 신앙에서 일어나는 대부분의 문제는 이미 과거에도 있었다는 것을 깨닫는 데 도움을 주었다. 그렇다면, 그런 고전적인 반응이 오늘날에도 여전히 도움이 될 수 있을까, 여전히 우리의 생각을 안내하고 가르쳐 줄 수 있을까? 패커는 그의 전생애에 걸쳐 이러한 비판적인 차용과 회복의 전략을 유지하고 개발하였다. 그 자신을 과거의 목초지에서 부요한 것들을 모아 오늘날의 새로운 독자들이 이해하고 접근할 수 있도록 만들어 주는 사

람으로 생각했던 것이다. 다음은 그가 1966년에 신학에 대한 그의 접근법
을 기술하고 있다.

나는 내가 볼 때 진정으로 성경적인 주류 기독교라고 생각하는 것으로부터,
또 이 땅의 교회가 시작될 때부터 특징적으로 유지해 왔던 고백적이고 예전적
인 '위대한 전통'으로부터 신학적 작업의 원천을 찾는다.

패커에게 있어서, "과거의 (청교도와 같은) 위대한 교사들과 정기적인 만
남을 가지는 것"은 우리로 하여금 지나쳐 버릴 수도 있는 지혜에 눈 뜨는
데 도움을 준다.

청교도주의가 현대 그리스도인의 삶에 가져다 주는 관련성과 가치에
대한 패커의 이해는 그의 주요 저서인 『경건의 탐구: 그리스도인의 삶에
대한 청교도의 비전』(1990)에 잘 드러나 있다. 이 중요하고도 영향력 있는
작품은 패커가 주로 1950년대 후반과 1960년대 초반 동안 런던에서 있었
던 청교도 및 개혁주의 학회에서 행했던 강의에 기초하고 있는데, 그 강의
에서 패커는 그리스도인의 삶에 대한 청교도적 비전을 묘사하면서, 그것
을 오늘날의 교회에 적용하고 있다. 패커는 청교도주의의 본질을 주로 인
간의 변화를 통한 영적 '성숙'에 대한 비전에 있다고 보며, 이 성숙을 지혜,
선, 인내, 창조성 등의 복합체로 보고 있다. 그것은 근본적으로 "하나님과
경건에 대하여 열정적으로 관심을 가지는 영적인 운동"이었다. 비록 이러
한 비전이 신학에 깊이 뿌리박혀 있기는 했지만, 그것은 본질적으로 경험
적인 (혹은 과거의 언어를 빌리자면, 실험적인) 종교였다. "청교도주의는 본질적
으로 실험적인 신앙, '마음의 변화'를 가져오는 종교, 끊임없이 하나님의
얼굴을 구하는 실천이었고, 어떤 면에서 오늘날 우리 기독교가 잃어 버리
고 있는 점들이 많이 있다."

『하나님을 아는 지식』(1973)과 같은 저서에서 표현된 패커 자신의 영성은 그가 청교도들에게서 알게 된 주제들을 반복하고 있다. 그가 후에 묵상했던 것처럼, 청교도들은 "나로 하여금 모든 신학이 또한 영성임을 깨닫게 해 주었는데, 그것은 신학이 하나님과의 관계나 그 관계의 부족에 좋은 혹은 나쁜 영향을, 긍정적인 혹은 부정적인 영향을 끼치기 때문이다." 비록 청교도적 영성이 때때로 비평가들에 의해 일상의 삶에 있는 문제나 염려에 대해 관심을 두지 않는 내세적인 것으로 그려지기도 하지만, 패커는 이러한 판단이 다소 성급하고 미숙한 것이라는 점을 지적한다. "우리 삶의 한 가운데에서 우리가 죽음에 직면해 있고, 영원에서 단지 한 발짝 떨어져 있을 뿐이라는 청교도들의 인식은 그들에게 깊은 진지함을 가져다주었고, 삶의 문제에 대하여 고요하지만 열정적으로 만들어 주었다."

우리가 이 땅에서의 순례의 길을 가는 동안 "우리 눈 안에" 천국을 가져야 한다고 주장하는 반면, 이 "영광의 소망"은 또한 우리의 이생의 삶에 대해 가르치며 그 삶을 유지해야 하며, 우리가 다른 사람들과의 관계를 맺는 데 영향을 주고, 우리 주변의 세상에 대한 태도에도 영향을 주어야 한다고 주장한다. 그들은 이생을 "천국을 위해 준비하는 체육관 혹은 탈의실"로 보며, 죽음을 준비하는 것이 진정으로 살아가는 법을 배우는 첫 단계임을 가르쳤다.

패커는 조나단 에드워즈를 포함한 청교도 작가들에게서 발견되는 신학과 영성 간의 강력한 연결 고리에 대하여 특별히 주목하였다. 많은 다른 영성 작가들처럼, 패커도 에드워즈의 종교적인 감정에 대한 강조를 무미건조한 정통주의를 교정하는 데 꼭 필요한 것으로 환영하였다. 제 견해로는, 영성과 신학의 관계에 대한 패커의 관점을 가장 섬세하고 집중적으로 표현한 것은 그가 밴쿠버의 리젠트 신학 대학원의 첫 번째 상우유통치 교수로서 취임 강의를 한 것에서 찾아볼 수 있다. 1989년 12월 대학 예배에서 있었던 이 강의는 "조직 영성학 개론"으로 명명되었다.

그러나 패커는 초기에 에드워즈를 존경하는 많은 사람들이 그의 "가장 독창적인 신학적 공헌인, 소위 부흥의 주제에 대한 성경적 가르침에 대한 그의 선구자적인 설명"을 간과하는 경향이 있다고 지적하였다. 다행히도 이 점에는 변화가 있어 왔다. 에드워즈의 부흥 신학은 이제 많은 사람들이 현대의 부흥 현상을 신학적인 맥락에서 바라보는 데 중요한 자원으로 여기고 있다.

이제 에드워즈를 신학적으로 영성적으로 변화를 가져다 주는 인물로 발견한 또 다른 최근의 저자를 한 분 살펴보려 한다. 훌륭한 저서인 『하나님을 갈망함』의 저자 존 파이퍼는 에드워즈 영성의 중요한 주제에 대하여 말하고 있다. 파이퍼는 무엇보다도 종교적인 감정과 이성적인 논의들을 함께 붙들며, 에드워즈 신학의 핵심 주제들을 잘 파악하고 있다. 그런 다음에는 엄밀한 학문적 논의에 근거하여 좀 더 넓은 영적 중요성을 설명하며, 청교도의 유산이 현대의 관심과 문제들에 대해 조명하고 알릴 수 있는 놀라운 능력이 있음을 보여 준다. 패커와 파이퍼 모두, 과거를 지혜롭게 '회복'하여 현재의 개인적, 공동체적 '갱신'을 이끌어 내고 있는 것이다.

그러면, 파이퍼의 책 『하나님을 갈망함』을 살펴보고, 그것으로부터 무엇을 배울 수 있을지 물어 보자. 파이퍼는 미네소타주의 미니아폴리스시에 있는 베들레헴침례교회의 담임 목사로 1980년에서 2013년까지 33년간 목회했다. 파이퍼는 캘리포니아주 파사디나시에 있는 풀러신학대학원에서 공부했으며, 그 학교의 해석학 교수였던 다니엘 풀러로부터 조나단 에드워즈의 저작들을 소개받았다. 에드워즈를 읽은 후, 파이퍼는 자신이 설교와 목회에 잠재력이 있다는 점을 깨닫게 되었다. 그는 후에 이렇게 말했다. "성경을 제외하고는 그 누구도 조나단 에드워즈만큼 하나님과 그리스도인의 삶에 대한 나의 비전에 영향을 준 사람이 없다." 현재 파이퍼는 "오늘날 미국에서 에드워즈를 대중화 한 가장 유명한 사람"으로 알려져 있으며, 필자는 그 묘사가 정당하다고 믿는다. 그의 후기 저작에서, 파이퍼는 필자가 생각하기에 흥미롭고, 변호 가능하며, 잠재적으로 생산적일 수 있는 주장을 하는데, 그것은 C. S. 루이스와 에드워즈의 관계, 특별히 신앙의 기쁨과 관련하여 그들 간의 연결점을 본 것이다. 파이퍼는 일리노이주의 위튼대학 학생 시절에 루이스의 작품들을 발견하였고, 특별히 그의 설교 "영광의 무게"(1941)에 매료되었다.

그렇다면, 파이퍼가 에드워즈에게서 무엇을 찾아 내었는지 함께 알아보자. 우리는 왜 이런 질문을 던지고 있는가? 두 가지 이유가 있다. 첫째는 C. S. 루이스이든, 칼뱅이든, 조나단 에드워즈이든, 어떤 사상가를 이해하려 할 때, 다른 사람들이 그들의 저술에서 무엇을 발견했는지를 고려함으로써 그 이해를 자극하고 발전시킬 수 있기 때문이다. 두 번째로, 파이퍼는 우리에게 회복 전략의 모델을 보여 주고 있는데, 우리도 이것을 에드워즈을 읽을 때 사용할 수 있고, 또한 다른 작가들에게까지 적용할 수 있기 때문이다.

그렇다면, 이제 파이퍼의 에드워즈에 대한 이해를 살펴보자. 파이퍼는 독일의 뮌헨대학에서 신약신학으로 박사 학위를 하였고, 미네소타주의 베델대학에서 신약신학 부교수가 되었다. 뮌헨에 있을 때 파이퍼는 에드워즈의 『신앙감정론』에 심취해 있었다. 그 책의 통찰력에 감탄하며 천천히 읽으면서, 파이퍼는 그 책이 제시하는 그리스도인의 삶의 비전에 의해 도전받고 변화받는 자신을 발견하였다. 파이퍼가 1998년에 쓴 『하나님의 영광을 위한 그분의 열심』에 나오는 글이다.

이 책은 하나님에 대한 나의 감정이 미지근한 죄성에 머물고 있다는 것을 깨닫게 해 주었고, 내 안에서 하나님을 알고 그분을 사랑하려는 열정을 갖게 해 주었다.

파이퍼는 에드워즈가 두 세계, 즉 서로 함께 가야 함에도 불구하고 자주 분리되어 인식되는 두 세계를 하나로 묶었다는 점을 깨닫게 되었다. 그것은 바로 "부흥의 열기와 진리에 대한 이성적인 이해"이다.

필자의 견해로는 파이퍼의 이러한 판단이 정확하다고 본다. 또한 파이퍼는 에드워즈 안에서, 학문의 영역을 훨씬 넘어서 교회의 사역에까지 확장하여 적용하는 훌륭한 목회적·영적 영향력을 가진 사람이라는 것을 보았다. 1978년 파이퍼는 스코티쉬 신학 저널에 "신앙과 역사의 문제에 대한 조나단 에드워즈의 견해"라는 제목으로 에드워즈에 관한 학문적인 논문을 게재했는데, 개인적으로는 이 논문이 파이퍼가 에드워즈를 어떻게 영적으로 적용했는지에 대해 조명해 주고 있지는 않다고 본다. 그러나, 파이퍼가 에드워즈를 알고 그를 존경한다는 것은 분명히 드러나고 있다.

파이퍼는 베델대학의 교수로 6년간 일한 뒤에, 미네아폴리스 시내에서 목회자가 된다. 무엇이 그의 이러한 결정적인 변화를 이끌었을까? 파이퍼는 학문 세계의 방법이나 가치가 복음이 온전히 이해되고 선포되는 데 있어서 그 풍부함을 다 드러내 주지 않는다고 믿게 되었다. 그가 학문 세계를 떠난 결정에 대해 스스로 이야기하고 있는 말이다.

주님께서 "나는 그저 분석되어지는 것이 아니라 예배되어야 한다. 그저 생각만 하는 것이 아니라 선포되어야 한다."고 말씀하시는 것 같았다.

파이퍼는 그의 굉장히 영향력 있는 책 『하나님을 갈망함』을 통해 에드워즈의 저술에서 그가 발견한 것들을 말하고 있다. 비록 C. S. 루이스와 파스칼의 중요성을 인정하고 있지만, 그에게 지배적인 영향을 미친 것은 조나단 에드워즈인 것이 분명하다. 그 책의 서문에서 발췌한 그의 말을 읽어 보자.

> 만일 내가 온 우주에서 비교할 수 없이 가치로운 존재로서의 하나님께 영광을 돌리고자 한다면, 그분 안에 있는 기쁨을 추구해야만 한다. 기쁨은 그저 예배에 따라오는 선택 사항이 아니다. 기쁨은 예배의 본질적인 구성 요소이다.

비록 파이퍼가 그의 기독교 쾌락주의를 "주로 성경에 대한 묵상"으로 제시하고 있다 하더라도, 그것은 특별히 에드워즈에 의해 제시된 성경 묵상을 의미한다고 봐도 무방할 것이다.

이 글은 존 파이퍼에 대한 글이 아니다. 그러나 필자가 파이퍼에 대해 잠시 초점을 맞춘 이유를 이해할 수 있을 것이다. 그는 에드워즈 안에서 매우 중요하고 성경적인, 또 그리스도인의 삶에 적용할 수 있는 무언가가 있다는 것을 발견한 사람의 훌륭한 실례였던 것이다. 에드워즈의 저술들을 통하여 신학적으로 의미 있고 목회적으로 관련성에 있어 유익한 것들을 찾았다고 생각할 분들이 많이 있을 것이라고 확신한다. 필자가 하고 싶은 조언은, 그것을 따라 가라는 것이다. 그렇게 한다면, 우리의 묵상과 논의는 더욱 풍성해지고 그리스도의 교회를 잘 섬겨 나갈 수 있을 것이다.

조나단 에드워즈와 자연의 아름다움

에드워즈에 대해서 필자가 정말 흥미롭게 생각하는 것을 아직 언급하지 않았다. 그것은 바로 에드워즈의 자연의 아름다움에 대한 강조이다. 이 글을 마무리하면서, 이 부분에서 필자가 에드워즈에 대해 매우 흥미롭게 생각하고 있는 점을 조명해 보려고 한다. 영국 학자 패트릭 셰리(Patrick

Sherry)는 에드워즈가 기독교 사상사에서 히포의 아우구스티누스(Augustinus Hipponensis, 354-430)나 한스 우르스 폰 발타자르(Hans Urs von Balthasar, 1905-1988)를 포함한 그 누구보다도 신학에서 아름다움을 그 중심에 가져온 사상가라고 주장한다. 그렇다면, 아름다움이 에드워즈에게 왜 그렇게 중요했을까?

뒤에서 더 설명하겠지만 간단히 먼저 대답한다면, 에드워즈가 하나님의 창조 사역을 포함한 그분의 모든 사역을, 하나님의 아름다움을 더욱 견고하게 이해하는 한 방법으로 제시하고 있다는 것 때문이다. 에드워즈의 『미셀러니』에 나오는 인용문부터 시작해 보자. 이 소논문들은 에드워즈가 출판을 목적으로 쓴 것이 아니라 그의 초기 노트들을 모아 둔 것인데, 에드워즈를 연구하는 학자들에게는 매우 매혹적인 것으로 입증된 것이다. 하나님의 사역이 어떻게 그분의 어떠하심을 드러낼 수 있는지에 대하여 강조한 것에 주목하자.

> 무한히 지혜로우신 하나님은 그분의 작품 안에 자신의 목소리를 담아 질서를 만들어 내고, 그것을 통해 그분을 바라는 자들을 가르치시며, 신적인 신비와 자신과 자신의 영적인 나라에 좀 더 직접적으로 속한 것들을 그려 보여 주신다. 하나님의 작품들은 하나님께서 자신에 관한 것들을 지적인 존재들에게 가르치기 위한 하나님의 목소리요 그분의 언어일 따름이다.

먼저 에드워즈를 개혁신학의 전통 안에서 바라봄으로써, 그가 작업하고 있는 기본적인 틀을 이해해야 한다. 제네바의 위대한 개신교 신학자인 장 칼뱅의 『기독교강요』 1559년 판 도입 부분에 나오는 주요한 주제는 하나님께서 세상을 창조하셨고, 이 세상의 복잡성과 아름다움 속에, 또한 신적인 존재에 대한 우리의 개인적인 의식 속에 신적인 기원의 징조들이 있다는 것이다. 먼저 칼뱅이 "놀라운 하나님의 지혜"라 부르고 있는 우리 주변의 자연 세계의 증거에 대한 그의 논평에 집중해 보려 한다. 왜냐하면 칼뱅은 창조의 지혜와 아름다움을 인식하는 것이 더욱 깊이 하나님을 창조주로 인식하도록 이끈다는 점을 명확히 하고 싶어 했기 때문이다. 여기 칼뱅의 말을 읽어 보자.

> 하늘과 땅 위에 놀라운 하나님의 지혜를 선포하는 허다한 증거들이 있다. 천문학, 의학, 자연 과학에서 다루고 있는 미세 분자들뿐만 아니라, 가장 배우지 못하고 무식한 사람들의 시야에 들어오는 것들조차 눈을 뜨는 순간 그것들을 볼 수밖에 없도록 만든다.

에드워즈가 속했던 개혁주의 전통은 자연 세계를 "하나님의 영광의 극장"이라고 생각했던 칼뱅의 뒤를 잇고 있다. 자연은 하나님을 창조주로 드러내 주고 있고, 그것은 구속자이신 하나님에 대한 구원에 이르는 지식으로 나아가는 중요한 첫 걸음이다. 벨기에 신앙고백과 같은 개혁주의 신앙고백은 "우주가 당신의 눈 앞에 아름다운 책처럼 펼쳐져 있어서" 우리로 하여금 "보이지 않는 하나님에 대하여 사색하게" 만든다는 것을 확인하면서, 동시에 성경이 이러한 하나님에 관한 지식을 넓혀 주며 명확하게 해준다는 점에서 더욱 신뢰할 만한 기초가 된다는 것을 강조하였다. 자연 세계를 "아름다운 책"으로 묘사하는 이러한 이미지는 매우 중요한 것으로 드러나는데, 특별히 개신교 내에서 자연 과학이 발전하는 것을 부추겼다. 이것은 또한 에드워즈 자신에게도 분명하게 반영되고 있다. 그의 『미셀러니』에 나오는 인용문을 읽어 보자.

> 성경책은 두 가지 측면에서 자연의 책을 해석해 주고 있다. 한 가지는 우리에

게 자연 세계의 구성 안에 실제로 의미 있고 모형화되어 드러나는 영적인 신비를 선포함으로써, 두 번째로는 여러 가지 경우들을 통해 그러한 영적 신비를 대표하는 것으로서 자연의 책 안에 상징들과 모형들을 실제로 적용함으로써이다.

"두 책"에 대한 비유는 16세기 후반과 17세기 전반에 걸쳐 개신교 안에서 널리 사용되며, 한편으로는 자연 과학과 기독교 신학의 각각의 독특성을 확인·유지하고, 또 다른 한편으로는 그 둘이 서로 상호 작용 할 수 있다는 것을 확인해 주었다. 칼뱅은 자연 과학과 신학 간의 대화를 격려하였으며, 이 두 가지 책들 사이에 있는 평행성과 교차성을 인식하고 있었다.

하나님에 관한 지식은 세계와 모든 피조물 안에 있는 질서에서 분명히 드러나고 있지만, 그것은 하나님의 말씀 안에서 더욱 분명하고 익숙하게 설명되고 있다.

"하나님의 두 가지 책"에 대한 비유는 세상을 창조하신 하나님이 또한 기독교의 성경을 통해, 성경 안에서 드러나고 있는 그 하나님이시라는 근본적인 믿음에 기초하고 있다. 이러한 기본적인 가정이 없이는 "두 책"은 그저 아무런 관련이 없는 두가지의 개별적인 실재일 뿐이다. 성경에 계시된 창조주 하나님에 대한 기독교 신학의 가정에 의해 그 둘 사이의 연결고리가 이루어지고, 그 연결이 보호받을 수 있게 된다.

현대 미국 신학자인 로버트 젠슨(Robert W. Jenson, 1930-2017)이 쓴 그의 책 『미국의 신학자: 조나단 에드워즈를 추천함』에서도 비슷한 주장을 하고 있다. 젠슨은 에드워즈가 하나님의 거룩함과 하나님의 아름다움을 연결하고 있다는 점에 공감하면서, 에드워즈가 "자연의 책"을 만나는(혹은 읽는) 것이 가지는 매우 중요한 의미에 주목하고 있다. 에드워즈가 볼 때, 그리스도인들은 성경이 "거룩함의 아름다움"이라고 부르고 있는 신적인 것의 아름다움과 영광을 인식할 수 있기 때문이다(시편 29:2; 96:9).

기독교 신학에 대한 에드워즈의 비전은 한편으로는 하나님의 아름다움을 확인하면서, 다른 한편으로는 하나님의 뜻이 알려지도록 하는 것이었다. 하나님은 그분의 신적인 아름다움으로 인해 모든 다른 것들과 구분된다. 그러나 하나님은 자기 도취나 자기 사색으로 만족하지 않으신다. 에드워즈는 그리스도의 역할이 창조의 동작인(agent)이라는 점을 강조하면서, 세상이 신적인 아름다움을 반영하고 있다고 주장한다. 이 점을 분명하게 주장하고 있는『미셀러니』의 일부를 보자.

> 우리가 꽃이 핀 초원과 부드러운 바람을 즐거워할 때, 예수 그리스도의 달콤한 자비가 뿜어 나오는 것을 본다고 생각할 수 있다. 향기로운 장미와 백합을 들고 있을 때, 우리는 그분의 사랑과 순결을 보고 있는 것이다. 그렇다면, 녹색의 나무와 들판, 노래하는 새들은 그분의 무한한 기쁨과 은혜를 드러내는 것이다. 나무와 덩굴의 자유로움과 자연스러움은 하나님의 무한한 아름다움과 사랑스러움의 그림자다. 반짝이는 강들과 졸졸 흐르는 시냇물은 하나님의 달콤한 은혜와 부요함의 발자국들을 가지고 있다.

하나님은 피조물이 그분의 아름다움을 알고 즐기기를 원하시며, 그런 이유로 창조를 통하여 그 아름다움을 소통하기로 정하시고, 모든 사람이 그것을 보고, 알고, 또한 그것에 반응할 수 있도록 하신다. 에드워즈가 자연을 하나님의 "모형"으로서 상고하고 있는 것을 다시 보면, 여기서 "모형"이라는 것은 기독교 신앙의 관점 안에서만 온전히 이해되고 인정될 수 있는, 하나님을 표상해 주는 어떤 형태를 의미한다는 것을 알 수 있다.

언어가 어휘들로 이루어진 것처럼, 모든 우주와, 하늘과 땅, 공기와 바다, 그리고 성경의 신적인 구성과 역사는 신적인 것들로 가득 차 있다고 생각한다.

자연은 하나님의 아름다움을 드러내기 위한 것이며, 인간이 어떻게 하나님의 영광을 인식할 수 있는지, 어떻게 믿음과 경외함으로 반응하는지를 배울 수 있는 소망의 학교로서 기능한다.

그렇다면, 에드워즈가 하나님의 아름다움을 강조하는 것은 어떤 변증학적 의미가 있을까? 에드워즈에게 있어서 합리적인 논쟁은 기독교 변증학에서 매우 가치 있고 중요한 역할이 있다. 그러나, 합리적인 논쟁만이 변증가들의 자원이 되는 것은 분명히 아니며, 그것이 가장 중요한 자원인 것도 아니다. 정말 중요한 것은 성경을 통해 드러난 것이든, 자연 세계의 아름다움을 통해 드러난 것이든, 그 드러난 하나님의 아름다움을 인식하는 것이다. 에드워즈가 『신앙감정론』에서 쓰고 있는 이 중요한 말을 읽어보자.

외부적인 논쟁을 하는 것이 매우 유용할지라도 … 거기에는 판단에 대한 영적인 깨달음이 없다. 하지만, 신적인 것들의 영적인 아름다움과 영광을 인식할 때는 거기에서 나오는 영적인 깨달음들이 있다.

에드워즈의 주장은 중요하며, 신중하게 고려해야 할 필요가 있다. 그가 분석하는 것의 핵심은 합리적인 논쟁이 결코 회심을 가져다 주지 않는다는 것이다. 회심에 이르는 장애물들을 제거할 수는 있겠지만, 합리적 논쟁 그 자체로서는 인간을 변화시킬 수 있는 능력이 없다. 오히려 "신적인 것들의 영적 아름다움과 영광에 대한 이해"를 가져오고 그것을 전달하려는 데 우리의 목표를 두어야만 한다. 하나님의 계시는 단순히 인간의 합리성에 감명을 주어 생각을 설득시키는 것이 아니라, 인간의 상상력을 붙들어 영광의 일면이라도 볼 수 있도록 하는 것이기 때문이다. 자연의 아름다움에 주목하는 에드워즈의 변증학적 전략은 매우 칭찬할 만하다. 특별히 계몽주의와 연결된 합리성에 의해 지배받던 문화가 사라지기 시작하고 그 설득력을 잃어가는 이때에 더욱 추천할 만하다.

이 점은 그 자체로도 중요할 뿐만 아니라, 에드워즈의 현대적 중요성을 이해하기 위해서도 중요하기 때문에 조금 더 논의할 필요가 있다. 에드워즈가 변증학에 대한 공식적인 저술을 하지는 않았지만, 그의『미셀러니』는 변증학적인 숙고와 탐구로 가득 차 있다. 에드워즈는 최소한 두 가지 종류의 변증학적 논의를 펼친다. 첫째는 합리적인 접근법인데, 이것은 1720년대 미국에서 매우 보편화되었던 관점들과도 잘 부합되는 방식이다. 에드워즈는 자주 대표적인 영국 철학자 존 로크(John Locke)의 저술 등에서 나타나는 철학적 논의들을 다루곤 한다. 그는 또한 무신론자들의 관점을 도전하고, 신자들의 믿음을 강화하기 위하여 합리적인 논쟁의 중요성을 강조한다. 에드워즈는 변증학의 이러한 접근법에 있어서 중요한 자원으로 남아 있다고 생각한다.

그러나 그의 변증학적 접근에는 두 번째 방식이 있는데, 그것은 우리의 변화하는 문화 상황에서도 더욱 개발되고 적용될 필요가 있다고 생각한다. C. S. 루이스가 이성과 상상을 함께 붙들고 있었던 것처럼, 에드워즈도 이성과 마음을 함께 붙잡고 있었다. 우리가 부르는 "인간 마음의 감각"에 대한 그의 호소는 오늘날 우리에게 정말 중요하다. 제가 에드워즈의 탁월한 합리적 변증학을 부인하거나 평가 절하하는 것이 아니라는 점을 명확히 해 두고 싶다. 다만 그가 접근하는 다른 한 방법이 오늘날의 문화적 상황에 특별한 중요성과 실용성이 있다는 것을 주목하고자 하는 것이다. 에드워즈는 사람들로 하여금 그리스도의 영광을 이해하도록 하기 위해 변증학이 필요하고, 이 영광 자체가 죄인들을 돌이키고 변화시키는 능력이 있다고 믿었다.

에드워즈에게 있어서 이 영광은 복음에서 가장 분명히 계시되었고, 그 자체로서 진리의 증거가 되는 것이었다. 에드워즈는 『신앙감정론』에서 그 것을 다음과 같이 표현한다. "생각은 한 걸음씩 복음의 진리로 나아가고, 복음은 그 자체로 신적인 영광이다." 그러므로 에드워즈는 복음 선포를 칭송하며, 필자 또한 그러하다. 그러나 에드워즈는 두 번째 접근법이 있었다. 자연은 하나님의 창조이기 때문에, 하나님 영광의 어떤 부분이 자연 세계 안에서 인식될 수 있다. 『미셀러니』에 나오는 다음 본문을 읽어 보자.

> 감지할 수 없을 만큼 거대한 가운에 있는 보이는 세계의 엄청난 광대함, 다 알 수 없는 높은 하늘 등등은 영적인 세계에 있는 하나님 세계의 영광과 높이의 무한한 광대함을 나타내는 하나의 모형일 뿐이다. 즉 그분의 이해할 수 없는 능력과 지혜, 거룩하심과 사랑이 이 세계 안으로 드러난 가장 놀라운 표현, 그 세계에 소통되어질 그 무엇보다도 위대한 도덕적인 선과 자연적인 선, 빛, 지식, 거룩, 행복, 또 그것 때문에 더욱 위대한 세상.

그러므로 자연의 아름다움은 하나님의 위대한 아름다움을 발견하는 관 문이 된다. 에드워즈는 그의 중요한 저술 『참된 미덕의 본질』에서 이러한 생각을 더 발전시키고 있다.

> 하나님은 모든 존재와 모든 아름다움의 샘이며 근원이시다. 그로부터 모든 것 들이 완벽하게 이끌어져 나오고, 그에게 모든 것들이 절대적으로 완전히 의존 되어 있으며, 그로부터, 그에 의해, 그에게 모든 존재와 모든 완벽함이 있다. 그분의 존재와 아름다움은 모든 존재와 모든 탁월함의 총체요 완성이다. 즉

그것은 태양이 하루의 모든 빛과 밝음의 근원이요 완성인 것보다 훨씬 더 큰 의미이다.

여기서 어떤 이는 질문을 제기할지 모른다. 하나님의 아름다움보다는 복음의 합리적인 설득력에 집중해야 되지 않는가? 이러한 염려를 이해할 수 있다. 그러나, 우리는 하나님을 사랑하도록 부름받았고, 우리가 아름답다고 생각하는 것을 사랑하게 된다. 하나님의 아름다움을 발견하는 것은 우리로 하여금 그분과 함께하고 싶도록 만들고 그분께 더 가까이 가도록 만드는, 그분에게 있는 그 무엇인가를 찾아내는 것이다. 이런 점에서 아름다움은 그 자체가 스스로를 인증한다. 하나님은 그분의 아름다움으로 우리를 그분께로 이끌고, 이 아름다움은 창조의 아름다움에서 확실히 반영되지만, 그것이 완전한 것은 아니다. 아름다운 음악이나 예술 작품들이 우리를 그 작품에게로 더 가까기 이끄는 것에서 비슷한 경우를 보게 된다. 우리가 그 작품들의 아름다움을 보고 듣는 순간, 그것들을 더욱더 원하게 된다. 단순히 이성에 의해서가 아니라, 뭔가 더 깊고, 더욱 심오한 것에 의해서 그 작품들에 이끌리게 되는 것이다.

그리고 그것이 우리가 변증하는 방식에 영향을 미친다. 복음의 진리에 관하여 논쟁할 수 있다. 그러나 하나님의 아름다움을 보여 줄 수도 있다. 여기에 차이점이 보이는가? 자연은 거울과도 같아서, 하나님의 아름다움이 우리의 한계와 능력에 적응하여 반영되어 있다. 우리는 자연의 아름다움을 가리키면서 사람들로 하여금 그 자연의 창조주의 더욱 위대한 아름다움을 발견하도록 초청할 수 있다. 에드워즈는 이것이 결국 회심으로 이끌고 우리의 본성을 새롭게 해 준다고 주장한다.

그렇다면 에드워즈가 회심한 신자를 어떻게 묘사하고 있는지 살펴보고, 에드워즈가 하나님을 믿는 자들의 삶을 그려 내기 위해 사용하고 있는 놀랍고 눈에 띠는 이미지를 함께 상고해 보자.

그는 하나님으로부터 은혜와 혜택을 받는 것을 들판의 꽃이 태양의 빛과 열을 받는 것으로 묘사하고 있다. 이 본문을 쓸 때, 에드워즈는 그의 어린 시절을 회상하며, 들과 초원에서 시간을 보내며 그곳에 있는 꽃들의 아름다움을 음미하며, 그 아름다움이 태양의 빛과 열기에 완전히 의존하고 있음을 깨닫고, 이것이 그리스도인이 하나님의 은혜에 완전히 의존하고 있음을 그대로 반영하고 있다고 생각했다.

내가 묵상 노트에 쓴 것처럼, 진정한 그리스도인의 영혼은 우리가 한 해의 봄에 보는 조그만 흰색 꽃과도 같다. 땅바닥에 나즈막이 겸손하게 피어나 영광스러운 태양 빛을 가슴을 열어 즐거이 받아들이는 흰 꽃. 황홀함에 빠져 그 빛을 있는 그대로 기뻐하며, 달콤한 향기를 주위에 흩뜨리며, 주위에 있는 많은 꽃들 속에 둘러싸여 평화롭고 사랑스럽게 서서, 다시 한번 가슴을 열어 태양의 빛를 마신다.

이 멋진 이미지와 함께 글을 마치려고 한다. 우리는 하나님께서 비추시는 빛을 마시는 그분의 정원에 있는 꽃들이다.

에드워즈는 신학자로서, 또 목사로서 배울 점이 많다. 에드워즈의 기독교 신학의 넓고 풍부함을 충분히 다루지는 못했지만, 에드워즈에 관한 이 짧은 글이 여러분으로 하여금 에드워즈를 더욱 깊이 탐구하는 데 도움이 되기를 바란다.

조나단 에드워즈의 설교 신학 : 구원의 교향곡으로서의 설교

심현찬

요약 : 본 글의 목적은 미국 청교도의 대표자인 조나단 에드워즈(1703-1758)의 설교가 '성도를 위한 구원의 교향곡'임을 살핀다. 이를 위해서 본 글은 네 부분으로 구성된다. 첫째, 서론에서 현대 한국 교회의 설교의 현주소를 진단하고, '왜 에드워즈와 그의 설교인가', '그는 누구인가?'에 대해 다룬다. 여기서 그는 종교개혁과 개혁주의적 전통의 목회자로서, 청교도적 설교의 정수임을 살핀다. 그리고 둘째로, 이 글의 핵심인 에드워즈의 설교 신학을 '구원의 교향곡' 측면에서 다룬다. 여기서 1) 먼저 에드워즈 설교의 일반적 특징, 즉 영향받은 저작과 멘토들, 설교 시기 구분, 설교의 중요성과 임무 등을 다룬다. 2) 둘째로, 구원의 교향곡적 설교의 특징이 가장 잘 드러나는 그의 청교도적 설교의 형식과 주제들을 자세히 살핀다. 여기서 형식상 성경-교리-적용, 주제상 통일성-총체성-우주성, 요소상 이성-열정-이미지의 균형의 설교임을 차례로 살핀다. 셋째로, 에드워즈 설교의 최고 백미인 세 편을 소개하고, 마지막이자 넷째로, 에드워즈의 구원의 교향곡적 설교에서 현재 한국 교회에 교훈과 적용점은 무엇인지 살펴본다.

심현찬 원장
미국 워싱턴 트리니티 연구원 설립자 및 원장이며,
한국 에드워즈 컨퍼런스 및 C. S. 루이스 컨퍼런스 디렉터 및 공동 창립자이다.
본 원고는 '2017 서울 조나단 에드워즈 컨퍼런스'에서 강연한 원고이다.

서론: 한국 교회 설교 현실 진단 및 그 대안으로서 에드워즈와 그의 설교

먼저 잠시 한국 교회의 설교 현실을 진단해 보고, 그 대안으로서 에드워즈의 설교를 생각해 보자.

한국 교회 설교의 현주소 진단[1]

현대 한국 교회 설교에서 주목할 현실은 첫째, 복음의 본질에서의 이탈 현상이다. 복음의 순전성보다, 달콤한 유사 복음, '성경 본문에 대해 침묵' 하면서 만담으로 가득찬, 말 그대로 '웃기는 설교의 전성시대'를 보게 된다. 둘째, 복음의 총체성과 균형 부재의 부재를 들 수 있다. 설교에서 복음의 본질에 대해 침묵하고 그저 '변죽만 울리는 설교'로 가득하다. 거기에는 성경 66권의 충만한 복음의 메세지가 과연 총체적이고 균형 있게 전달되고 있는가 하는 점이다. 셋째, 설교에서 적용과 실천성 부재를 들 수 있다. 설교의 핵심 중의 하나는 적용과 실천성인데, 이런 점을 간과함으로써 설교를 통해 경건이 교회 안과 개인 영역에 머물도록 오도하고 공적 신앙으로 나아가지 못하게 하고 있다. 넷째, 설교자의 자격과 인성 등의 문제를 들 수 있다. 마지막으로, 포스트모던 시대에 설교의 유효성의 오해로, 설교에 대한 가치의 상실을 든다.

---

1 이 점에 대해 자세한 점은 다음을 참고하라. 박영돈, 『일그러진 한국교회의 얼굴』(서울: IVP, 2013); 강영안 외, 『한국교회, 개혁의 길을 묻다』(서울: 새물결플러스, 2013).

왜 조나단 에드워즈인가?

에드워즈의 교육 방법론: 교리와 교훈과 예증의 적절성

먼저 우리는 왜 에드워즈인가를 생각하면서, 그의 교육 방법론을 생각해 볼 수 있다. 그는 청년 선교사의 일생을 기록한 『데이비드 브레이너드 생애』의 유명한 "서론"에서 전기적 방법론의 가치를 높이 평가한다. 즉 그는 『브레이너드』의 전기적 방법론에 대한 가치와 사례를 성경과 예수님의 방법론에서 배운다.

세상에 참된 신앙과 가치를 제시하고 권하는 방법에는 두 가지가 있다. 하나는 교리와 말씀을 통한 것이고, 다른 하나는 예증과 본보기를 통한 것이다. 두 가지 모두 성경이 많이 사용하는 방법이다. 성경의 교리는 신앙의 근거와 본질, 의도와 중요성을 분명하게 제시한다. 성경의 명령과 권면은 실천을 명확히 보여 주고 강조한다. 신구약의 역사서에서 우리는 믿음의 능력과 실천을 보여 준 탁월한 예들을 수없이 만난다.[2]

에드워즈의 신학과 설교, 기독교의 정수와 무게를 보여 줌

아울러 우리가 에드워즈에 주목하는 것은 바로 기독교 정수(essence)와 무게를 보여 주기 때문이다. 이런 점에 대해 B.B. 워필드(Warfield)는 다음과 같이 평가한다. "그는 독창성을 나타내지 않으려고 노력했다. … 그는

---

2 조나단 에드워즈, 『브레이너드의 생애와 일기』 (서울: 복있는 사람, 2013), 51; "There are two ways of representing and recommending true religion and virtue to the world, which God hath made use of: the one is by doctrine and precept; the other is by instance and example: Both are abundantly used in the holy Scriptures. Not only are the grounds, nature, design and importance of religion clearly exhibited in the doctrines of Scripture, and its exercise and practice plainly delineated and abundantly enjoined and enforced in its commands and counsels: but there we have many excellent examples of religion, in its power and practice, set before us, in the histories both of the Old Testament and New." (*WJE* 7: 89)

자기에게 전해진 위대한 전통 속에 들어가서, 그 전통 속에 자신의 개성을 불어넣어 활력 있게 만든다."[3] 즉 에드워즈가 개혁주의 전통에 충실했다는 평가이다.

개혁주의 전통의 정수요 청교도 최고봉

개혁주의 전통의 신학자 에드워즈

현대 복음주의 신학계의 권위이자 조나단 에드워즈의 최고 전기서를 쓴 조지 마스든(George Marsden, 1939-)은 그의 『조나단 에드워즈 평전』에서, 에드워즈를 "미국 신학의 북극성"이라고 칭송했다.[4] 왜냐하면 그는 설교자요, 이성과 신학, 철학 제 분야에 탁월했기 때문이다. 마스든에 의하면, 에드워즈는 당시 지배 계층인 대륙의 '개혁주의' 또는 칼뱅주의를 잇는 신학에 충실했고, 18세기 세계 복음주의 출현에 중추적인 역할을 감당했다.[5] 그의 중심 사상은 칼뱅주의 전통인 '하나님 주권'이요, 실천적 동기는 '하나님과의 영원한 관계'였다. 그는 '사상가이자 실천가', '철저한 성경 학자요 칼뱅주의의 후예'다. 동시에 그는 '탁월한 영성의 소유자'였다. 아울러 그는 신학자요 목사요 설교자요 인간이기도 하다.[6]

청교도의 대표자 에드워즈

미국 조나단 에드워즈의 학문적 연구의 본격적 시작을 알린 하버드대학교의 페리 밀러(Perry Miller, 1905-)는, 그의 전설적인 에드워즈 전기에서 '청교도는 조나단 에드워즈다.'라고 할 정도로, 에드워즈를 미국 사상사에

---

3 이언 머레이, 『조나단 에드워즈: 삶과 신앙』 (서울: 이레서원, 2009), 669 재인용.
4 조지 마즈던, 『조나단 에드워즈 평전』 (서울: 부흥과개혁사, 2006), 719. 이하 『평전』으로.
5 위의 책, 25.
6 위의 책, 26-34.

서 매우 중요한 인물로 평가했다.[7]

교회사의 에베레스트 에드워즈

세계 신학계와 한국 청교도 연구, 특히 에드워즈의 중요성에 대해 가장 영향을 미친 인물 중 하나는 바로 영국의 대표적 설교가인 마틴 로이드 존스이다. 그는 중고 책방에서 에드워즈 전집을 발견하고는 보물처럼 여기고, 평생 그를 자신의 멘토 삼아 모든 부분에서 닮아 가려고 몸부림쳤다. 그의 평가가 다소 과장된 듯하기는 하지만, 만약 우리가 에드워즈를 좀더 진지하게 읽어 간다면, 로이드 존스의 평가는 무리가 없다고 할 수 있다. 한 마디로 그는 자신의 멘토를 다음처럼 '교회사의 에베레스트'로 평가한다.

참으로 어리석게도 청교도들을 알프스에 비유하고 루터나 칼뱅을 히말라야에 비유한다면, 조나단 에드워즈는 에베레스트산에 비유하고 싶은 시험을 받곤 합니다. 제게 있어서 그는 언제나 사도 바울을 가장 닮은 사람인 것 같습니다. 물론 휘필드도 다니엘 로랜드처럼 위대하고 능력 있는 설교자입니다. 그러나 에드워즈도 그러합니다. 그러나 휘필드와 다니엘 로랜드 두 사람은 다 에드워즈가 가졌던 이지나 지성이나 신학에 대한 이해력을 갖지 못했으며, 에드워즈처럼 철학적이지도 못했습니다. 제가 볼 때 조나단 에드워즈야말로 사람들 중에서 아주 빼어납니다.[8]

---

7 Perry Miller, *Jonathan Edwards* (Amherst: U of Massachusetts P, 1981), 194; 초판 1949년 출간.
8 마틴 로이드 존스, 『청교도 신앙: 그 기원과 계승자들』 (서울:생명의말씀사, 1990), 361; 'Indeed I am tempted, perhaps foolishly, to compare the Puritans to the Alps, Luther and Calvin to the Himalayas, and Jonathan Edwards to Mount Everest! He has always seemed to me to be the man most like the apostle Paul… Neither of them 『Daniel Rowland and Whitefield』 had the mind, neither of them had the intellect, neither of them had the grasp of theology that Edwards had; neither of them was the philosopher he was. He stands out, it seems to me, quite on his own among men'(Matyn Lloyd-Jones, *The Puritans*, 355).

에드워즈는 한국 교회에 대안적 인물

필자의 관점에서, 에드워즈의 삶과 신학과 목회에서 보여 준 균형과 탁월성은 현대 한국 교회에게 절실한 대안적 모델이라고 생각한다. 다시 말해서, 에드워즈의 개인의 경건과 목회와 설교 모든 면에서 균형과 탁월성 유지했다. 이런 점에서, 특히 앞으로 다룰 설교론에서 이런 대안적인 에드워즈의 모습을 생각해 본다.

왜 에드워즈의 설교론인가?

설교자 에드워즈

우리가 명심할 사실은 에드워즈의 최우선적 역할은 목회자이자 설교자였다는 것이다. 그는 철학자, 신학자, 교육학자, 문화 해석자, 심리학자, 구속사학자 등 이전에, 무엇보다도 평생 설교했던 목회자요 설교자였다. 이런 점에서 '에드워즈의 모든 사상은 먼저 설교단에서 나온 것'이다.[9] 다른 말로, 그의 사상의 모든 것은 그의 설교로 귀결되어 마치 그의 사상의 소우주처럼 집약되어 표현된다.[10]

교회사 최고봉이자 청교도 강해 설교자의 모범으로서 에드워즈

앞에서도 언급했듯이, 그는 교회사의 최고봉이자, 특히 청교도 강해 설교자의 모범이다. 앞으로 다루겠지만 청교도의 강해 설교의 삼 형식, 즉 성경 본문-교리-적용의 형식은 에드워즈에게서 전형적으로 드러나고,

---

9 김나크 외, 『조나단 에드워즈 대표설교선집』 (서울: 부흥과개혁사, 2005), 45.
10 이 점은 김나크의 분석에 의하면, 에드워즈의 모든 연구 자료들이 설교에 귀결되고 있음을 보여주는 다이어그램을 통해서 잘 알 수 있다. Wilson H. Kimnach, "General introduction to the Sermons: Jonathan Edwards' art of prophesying," *The Works of Jonathan Edwards*(WJE), vol. 10 (New Haven: Yale UP, 1957), 90.

이것은 한국 교회 현대 설교에 대한 대안적 모델이 될 수 있다.

개혁주의 설교자–신학자, 에드워즈

또한 우리가 에드워즈의 설교에 주목하는 이유는 바로 그가 개혁주의 전통에 충실한 설교자요 신학자였기 때문이다. 이런 점에서 에드워즈는 '신학적 설교자'였고 무엇보다도 '개혁주의적 신앙과 삶, 특히 하나님의 주권을 강조했다'고 평가된다.

> 20세기의 기준으로 보면 에드워즈는 아주 신학적인 설교자다. … 에드워즈는 오늘날의 일반적 칼뱅주의자 이상의 더욱 확실한 전통적 칼뱅주의자였다. 에드워즈는 초기의 현대적이고 '개혁주의적'인 개신교의 샘에서 자신의 사상에서 샘을 깊이 들이마셨으며, 개혁주의적 개신교의 중요한 신학적 원리에 전적으로 자신을 헌신했다. 에드워즈는 인간의 실존에 가장 중요한 것은 하나님의 주권이라고 보았으며, 자신의 삶과 사역을 하늘에 계신 하나님의 완전한 뜻에 복종하려고 했다. 에드워즈는 뿌리 깊은 인간 마음의 전적 타락을 믿었으며, 죄가 인간을 창조주에게 분리시켰음을 애통해했다.[11]

성도의 구원을 위한 복음의 본질과 총체성의 균형 유지

에드워즈 설교에서 기본적인 관심과 목적은 성도의 구원이다. 이를 위해서 복음의 본질에 집중했고, 동시에 복음의 총체성 즉 성경 66권이 온전히 균형 있게 증거되도록 노력했다.

에드워즈는 개혁신학의 전 범위를 아주 깊게 이해하고 있었지만 목회

---

11 김나흐 외, 위의 책, 43.

자로서의 그의 주요 관심은 사람들의 영혼을 천국으로 가도록 목양하는 것이었다. 그러므로 에드워즈의 설교를 읽으면 에드워즈가 인간의 구원에 대한 신학에 특별한 관심이 있음을 알게 된다.[12]

에드워즈는 누구인가?(간략한 전기)[13]

그는 1703년 10월 5일 코네티컷의 이스트 윈저(East Windsor)에 출생해서 1758년 3월 22일에 천연두 접종 결과 서거한다(54세). 매사추세츠주의 노샘프턴(Northamton)에서 외조부 솔로몬 스토다드(Solomon Stoddard)의 보조 목회자로 동역하다가, 1년 후 담임이 된 후 23년간 목회한다. 그 후 미국의 1차 대각성 운동의 중심에 있다가, 성찬 문제로 1750년 교회에서 파면된다. 그 후 스톡브리지(Stockbridge, MA)에서 인디언 선교 생활하며 저술작업을 하고, 말년에 프린스턴대 학장으로 초빙되었지만(1758년 2월 16일), 갑자기 서거한다. 대표 작품들로 『대표 설교 선집』을 비롯, 『신앙감정론』, 『의지의 자유』, 『참된 미적의 본질』, 『데이비드 브레이너드의 생애』등이 있다.

에드워즈 설교 신학: 성도의 구원의 교향곡으로서 설교

본 글의 핵심이라고 할 수 있는 이 부분을 몇 가지로 나누어 설명하고자 한다. 먼저 에드워즈 시대 예배의 배경과 특징을 살펴본다. 둘째로, 에드워즈 설교의 특징을 다룬다. 1. 일반적인 특징으로 그가 영향받은 저서와 멘토, 설교 시기 구분을 다룬다. 2. 또한 그의 설교의 구체적이고 독창적 특징으로 형식과 주제에 대해서 균형과 조화의 교향곡적 관점에서 다

---

12 위의 책, 44.
13 "A Chronology of Edwards' life and works." Compiled by K. P. Minkema 참고.

룬다. 3. 아울러 설교 요소에서의 특징으로 지성과 열정과 이미지의 균형에 대해 다룬다.

에드워즈 시대 예배의 배경과 특징: 에드워즈의 노샘프턴에서 목회 배경[14]

에드워즈 시대의 노샘프턴 목회 배경을 잠시 살펴보자. 당시 청교도들은 십자가와 스테인드글라스 창문을 피했고, 악기 없이 시편을 노래했다.

주일 예배 순서는 10개 부분으로 나뉜다. 1) 예배로의 부름을 알리는 성경 본문, 2) 공동의 기도로 나아감, 3) 구약 성경 읽기(목회자는 짧은 본문 의미 전달), 4) 본문의 의미와 함께 신약 성경 읽기, 5) 운율에 맞춰 시편 노래하기, 6) 고백과 중재의 기도, 7) 설교, 8) 목회자가 인도하는 공동 기도(30분까지 지속 가능), 9) 시편, 10) 축도로 마친다.

목회자는 가운을 입었으며, 주일 설교는 아침과 저녁 두 번 설교를 했고, 종종 주 중에 강연을 했다. 설교의 길이는 60분에서 90분 정도 했다. 성찬식 시기는 매 8주마다 인도했고, 1년에 두 번 특별 설교와 금식일을 가졌으며, 추수감사절을 가졌다. 당시 교인 수는 약 1300명, 700명 정도가 주일 예배에 참석했다.

에드워즈 설교의 일반적 특징들

에드워즈 설교에 영향을 준 저서와 사람들

먼저 에드워즈 설교에 영향을 준 3권의 저서와 2명의 멘토를 생각해

---

14 이 부분은 다음 책을 참고함. 마이클 맥클리먼드, 제럴드 맥더모트, 『한 권으로 읽는 조나단 에드워즈 신학』 (서울: 부흥과개혁사, 2015), 628-9; 이하 『에드워즈 신학』으로.

보자.[15]

영향받은 저서들

• 윌리엄 퍼킨스(William Perkins)의 『설교의 기술』(*Art of Prophesying*, 1592)

먼저 에드워즈가 영향을 받은 저서는 퍼킨스의 『설교의 기술』이다. 이 책은 에드워즈 당시 가장 유명한 칼뱅주의 설교 입문서였고 그 안에서 청교도 형식의 고전인 '본문-교리-적용'의 모델이 소개된다.

• 존 에드워즈(John Edwards)의 『설교자』(*The Preacher*, 1703).

이 책은 설교에서 사랑과 겸손을 가진 정서를 강조한다. 설교자는 설득의 은사가 있어야 하고 청중의 열정을 고양시켜야 한다. 또한 설교자는 인문학적 다양한 능력이 필요하다. 아울러 시대에 어울린 설교체를 사용해야 한다. 성경에 기초하고 명징해야 한다. 설교의 목적은 적용으로, 가장 어려운 작업이지만 동시에 가장 유익하고 필요한 것이라 강조한다. 또한 신앙에서 심령의 문제가 논리보다 중요하다고 강조한다.

• 코튼 매더(Cotton Mather)의 『목회 교범』(*Manuductio ad Ministerium*, 1726).

이 책에서 매더는 논리보다는 자연적 이성과 세련된 문체를 선호했다. 목회자 위한 영적 준비의 중요성을 강조한다. 즉 "서재에서 설교단까지 무릎으로 직접 갈 것"을 강조한다.

에드워즈의 설교 멘토들: 부친 티모시 에드워즈와 외조부 솔로몬 스토다드

먼저 티모시 에드워즈(Timothy Edwards)는 청교도 삼 형식인 본문-교리-

---

15 Kimnach, "General introduction."

적용을 강조하고, 교리의 소주제가 최소한 23개 이상, 적용은 최소한 44개 이상을 강조했다. 언어는 단순한 언어을 사용하고, 많은 성경 인용, 진지한 음정 등을 강조한다.

한편 스토다드(Solomon Stoddard)는 에드워즈 부친에 비해 더욱 조직적인 설교였다. 언어는 단순했고, 질문-대답 형식을 강조했다. 신학적으로는 정통주의였고, 아주 강력한 설교자요, 절제된 음정, 명징, 진지성 등을 매우 강조했다. 부흥 설교와 지옥불 설교, 질책 등을 강조했다. 보스턴 지역이 비교적 이성적 에세이적 설교였다면, 커네티컷 지역은 스토다드의 영향으로 청교도적이고 부흥 설교가 강조되었다.

두 멘토의 공통점은 '회심'과 '실천적 신앙'을 강조한 점이다.

설교의 시기별 구분과 특징들[16]

현재 에드워즈의 설교는 1250편이 남아 있고, 오직 200개만 출판되었다.[17] 설교와 관련해서, 에드워즈의 시기를 윌슨 킴나크는 다음처럼 세 시기로 구분한다.[18]

수련기(1722-1727)

먼저 수련기에는 뉴욕시와 코네티컷주 볼턴시, 그리고 스토다드 목사와 부목사 사역을 감당한 시기였다. 이때는 "세바스찬 바하의 음악처럼 형식의 구조면에서 분주했다." 특히 1720-23년대에는 십대 설교자의 열정과 이상을 표현했으며, 회심을 '거룩함을 맛보는 것'에 초점을 두고 설교

---

16 『에드워즈 신학』, 629-631.
17 위의 책, 630. 주 6번 참고. 물론 현재도 예일대의 희귀 문서 전문 도서관인 바이네키(Beineke) 도서관에 소장된 에드워즈 설교 원고들을 현대어로 정리 예일대 조나단 에드워즈 센터를 중심으로 출판 중에 있다.
18 위의 책, 629. 이하에서 재인용.

했다. 또한 성화를 강조했다.[19]

숙련기/중기(1727-1742)

각성과 목회적 지도 도구로서 설교. 둘째 시기는 숙련기로서, 각성과 목회적 지도 도구로서 설교를 강조한 시기였다. 형식은 다소 복잡한 시기였고 시리즈 설교를 했다. 특히 중요한 요점은 마지막에 남겨 두는 일종의 점강법 형식을 취했다. 좀 더 자세히 살펴보면, 1723-29년, 약 6년간 주제는 이신칭의, 인간 행복과 하나님 영광의 하나됨, 기독 신앙의 합리성, 삼위일체 논쟁 등이었다.[20] 1730-33년에는 사회 문제를 다루었고, 1730년대 중반에는 그리스도의 영광, 탁월성, 이신칭의와 기독 합리성 등에 대해 다루었다.

말기(1742-1758)

비범한 설교의 단계. 말기 약 15년 동안은 비범한 설교의 단계이다. 이때 형식상으로는 설교 소책자에 중앙 수직선을 그어 두 칸으로 나누어 사용했는데, 에드워즈는 죽기 전까지 이 형식을 사용했다. 대각성 이후 '단순한 목록' 같은 '개요' 형식을 갖는다.[21] 이것은 대각성 운동 때 함께 사역했던 영국의 조지 휘필드(George Whitefield)가 노트 없이 설교하는 것과[22] 티모시 에드워즈와 스토다드 목사의 영향을 받은 결과이다. 흥미로운 사실은 인디언 설교 187편은 원주민에게 일종의 맞춤 설교로서, 스토리, 이미지, 단순성을 강조했다.[23] 설교 주제면에서 이때는 국제적 지성인이 되면

---

19 위의 책, 634.
20 케네스 민케마 주장. 위의 책 634에서 재인용.
21 위의 책 630, 644에서 재인용.
22 위의 책, 630에서 재인용.
23 위의 책, 631.

서 점차 주관적 종교 체험보다 구속 사역 같은 객관적 종교 현상에 관심을 가졌다. 관심 있는 신학 논문 주제를 다루었고, 특히 부흥을 위한 세계 기도, 삼위일체, 하나님의 주권과 창조 목적 등에 주목했다.[24]

에드워즈가 본 설교, 설교자의 중요성, 임무, 목적, 그리고 그의 탁월성

현대 포스트모던 시대를 사는 현대인과 교회는 설교자와 설교에 대한 중요성을 간과하고 있는 듯하다. 반면 설교와 설교자의 중요성에 대해서, 20세기 최고의 설교가였던 영국의 마틴 로이드 존스(Martyn Lloyd-Jones)는 다음과 같이 고전적 진술을 했다. "설교 사역은 최고이자 가장 위대하고 가장 영광스런 소명이요, 현재 기독 교회와 세계에서 최고의 절실한 필요는 참된 설교이다."[25] 이런 로이드-존스가 평생 멘토로 여긴 에드워즈의 설교에 대한 관점은 무엇인가 잠시 생각해 보자.

먼저 에드워즈는 '구속 사역에서 설교를 최고 중요한 것으로 여겼다.'[26] 즉 설교는 하나님의 최고의 선인 구원을 베푸는 주된 방편으로 여겼다. 이런 점에서 설교자의 중요성에 대해 그 이미지로 제사장의 나팔, 씨 뿌리는 농부(마 13장), 빛(요 5:25), 등으로 소개한다. 즉 설교자는 세상의 빛의 광선을 전달하고 반사하는 거울과 같다. 또한 설교자들이 복음을 바로 전할 때 위대한 하나님의 목소리가 된다. 설교자의 임무는 청중의 이해에 맞게 진리가 실제가 되도록 만드는 것이어야 한다.[27] 설교의 목적에 대해서 에드워즈는 '신학적 설교자'였고 개혁주의적 삶과 신앙, 특히 하나님의 주권을

---

24 위의 책, 635.
25 "…the work of preaching is the highest and the greatest and the most glorious calling…I would say without any hesitation that the most urgent need in the Chrsitian Church today is true preaching; and as it is the greatest and the most urgent need in the Church, it is obviously the greatest need of the world also."(*Preaching & Preachers*, 9; John Piper, *Expostitory Exulattion: Christian Preaching as Worship* 참고.
26 『설교신학』, 635.
27 위의 책, 636.

강조했다. 동시에 목회자로서 성도의 구원에 관심을 가졌다.[28]

여기서 필자가 강조하고 싶은 점은 바로 설교자 에드워즈의 독특성과 탁월성으로, 모든 길은 로마로 통하듯, 그의 모든 저술은 설교로 통하고 설교에 귀결된다. 다시 말해서, 철저히 설교 중심의 목회, 저술, 사고를 경주했다. 그는 철저히 설교 중심적 목회자요 신학자라고 할 수 있다. 이런 점에서, 그의 다양한 저술들이 설교에 직접 혹은 간접으로 도움을 제공한다. 구체적으로 말하면, 킴나크가 탁월하게 제시한 다이어그램에 의하면, 에드워즈의 성경, 성경 노트, 신학 잡기(miscellanies), 그림자론(Shadows), 설교 노트, 질문 제목들, 마음(Mind) 등의 모든 저술들은 그의 설교와 직접 연결되어 있다.[29]

구원의 교향곡으로서 설교: 설교 형식과 주제 등에 나타난 교향곡

이 글의 핵심인 성도의 구원을 위한 교향곡으로서 설교에 관하여, 그리고 설교 형식과 주제 두 측면에서 다루어 보자.

설교 형식에 나타난 구원의 교향곡으로서의 특징: **성경-교리-적용의 조화와 균형**[30]
먼저 설교 형식에서의 그 특징을 살펴보자. 한마디로 그의 설교의 형식적 특징은 청교도 설교의 전형인 삼형식의 교향곡적 조화와 균형을 보여

---

28 『설교선집』, 43.
29 Kimnach, "General Introduction," 90. 예로 그의 『여백 성경』(Blank Bible)에는 신구약 5500개의 노트를 담고 있다; 아울러 다음을 참고하라. 더글러스 스위니, 『조나단 에드워즈의 말씀사역』(서울: 복있는사람, 2011)과 D. Sweeney, *Edwards the Exegete* (Oxford: Oxford UP, 2017).
30 『조나단 에드워즈 대표 설교 선집』, 백금산 역, 킴나흐, 민케마, 스위니 편집 (서울: 부흥과 개혁사, 2005), 15. 이하 『설교선집』으로; *The Sermons of Jonathan Edwards: A Reader,* ed. Kimnach, Minkema, & Sweeny (New Haven: Yale UP., 1999); Kimnach는 text-doctrine-application을 Explantion-Confirmation-Application과 같은 것으로 취급함, "General introduction," 28.

준다. 즉 퍼킨스를 통해 배운 '성경과 교리와 적용'의 조화와 균형을 보여 준다. 이런 점에서, 그의 설교는 어떤 점에서 청교도 강해 설교의 정수요 최고봉이라고 할 수 있다. 이런 에드워즈 설교의 특징은 성경 본문에 충실한 설교요 교리와 신학이 분명한 설교이다. 또한 적용면에서 실천과 소통을 강조한다.[31] 이런 적용의 측면은 실천과 공공 신학적 면을 보여 주는데, 성도의 변화, 나아가 청중과의 소통을 기대한다. 다른 말로, 에드워즈 설교의 형식인 청교도적 삼 형식에서 '개신교의 합리주의와 실천성'이 균형 있게 드러난다.

먼저 성경 본문에서는, 진리의 원천으로서의 성경을 확증한다. 그리고 교리에 서는, 성경을 통한 일반 원리를 도출하는데, 여기서 합리주의적 개신교의 특징을 보여 준다. 적용에서는, 성경 내용을 실천하도록 강조하며, 이런 실천적 특징은 바로 '에드워즈와 청교도 신앙의 유산'이기도 하다.[32]

무엇보다도, 에드워즈의 설교는 전체적 장르와 형식과 의미의 조화를 이루고,[33] "복잡하면서 매우 명확하고 논리적이며 혹독했다."[34]

설교 주제에 나타난 구원의 교향곡으로서의 특징: **통일성–총체성–우주성의 균형**
에드워즈 설교의 주제의 목적은 철저히 성도의 구원을 향하고 있다. 이런 목적을 위해, 그 주제는 통일성과 총체성, 동시에 우주성의 균형을 보

---

31 청중의 반응과 변화 촉구, 소통에 대해, 다음을 참고하라. 류응렬, "열정에 사로잡힌 설교자 조나단 에드워즈의 설교 연구", 「한국개혁신학회 논문집 제17권」 (서울: 도서출판 불과구름, 2005), 169–70.
32 『설교 선집』, 16. 실천성 관련해서는 에드워즈의 『신앙감정론』의 중요성, 특히 적극적 표지 12번을 참고하라.
33 Ibid.
34 마즈던, 『평전』,198.

여 준다. 먼저 통일성의 측면에서 기독교 본질 즉 성도의 구원을 위한 설교로 회심과 성화에 주목한다.

동시에 총체성과 포괄성의 측면에서는 성경 전체와 주제의 총체적인 포괄성을 보여 준다. 즉 죄와 지옥, 부흥과 경건, 율법과 복음, 회심과 성화 등을 보여 준다. 아울러 그는 하나님의 진노와 사랑과 아름다움에 관한 다양한 면모를 균형 있게 증거했다. 에드워즈에 대한 오해에 관하여, 최근한 저서에서 표하기를, "사실 에드워즈는 하나님의 진노가 아니라 하나님의 아름다움에 사로잡힌 사람"이라고 했다.[35] 이 말은 에드워즈의 총체성과 다양성의 개념을 오해한 것에 대한 탄식이다. 이런 에드워즈 설교의 통일성과 총체성과 포괄성에 대해 마스든은 지적하길, 그의 설교는 "어느 방향에서 보아도 온전하고 환상적인 원경을 보여 주는 르네상스식 천정 벽화"와 같고, "바흐의 푸가처럼 한 주제의 모든 다양성을 표현한다."[36]

또한 에드워즈 설교의 가장 독특한 것 중의 하나는 주제의 우주성이다. 그의 설교 주제는 우주적이고 3차원적 지평과 관점, 즉 지상-천국-지옥을 보여 준다. 단순히 성도의 지상 생활만을 다루는 것이 아니라, 지옥의 참담함과 천국의 아름다움에 관하여 균형 있게 제시한다. 지상과 지옥에 관한 설교의 예로는, 앞으로 다룰 "진노하시는 하나님의 손에 붙들린 죄인들"과 천국의 아름다움에 대해서는 "천국은 사랑의 나라"라는 유명한 설교

---

35 『에드워즈 신학』, 631; 진노와 두려움에 대한 설교 이유-1720-30년대, 1740년대-'지옥에 대한 설교는 영혼을 걱정하는 '진리의 문제요' '친절을 베푸는 것'이라 주장. 또한 '외과 의사의 거친 사랑과 같다.'고 주장한다(환자가 아파도 고치는). 『균형잡힌 부흥론』에서, 위의 책, 632쪽 재인용.

36 Ibid.; 여기서 푸가라 함은 '한 주제 우에 기초한 몇 개의 소리가 있는 모방 대위법 기술'로 일종의 폴리포니이다. 이 폴리포니는 한 주제가 다양한 소리를 보여 주는 것을 말한다. 이런 의미에서 필자는 에드워즈 설교를 '폴리포니적 설교', 즉 '교향곡적 설교'라고 부른 것이다; 포괄성과 관련해서, Kimnach는 에드워즈의 설교 노트에서 적어 놓은(노샘프턴과 스톡브리지 시기에) 25개의 주제를 리스트로 제시한다. 그 예 중에서 성례, 금식, 안수, 강의, 청년, 추수감사, 교육, 정의, 공헌, 언약, 정직, 교회 정치, 어린이, 평화, 부수적 의무 등을 적었다. Works 10:137;.

에서 잘 드러난다.

설교 요소에 나타난 구원의 교향곡으로서의 특징: 지성-열정-이미지의 균형

에드워즈 설교에서 구원의 교향곡으로서의 특징은 그의 설교 요소에서
도 잘 드러난다. 여기에서 그의 지성과 정서와 이미지의 균형을 보여 준다.

설교에서 빛과 열의 균형: '불타는 신학'의 설교

에드워즈에게 이상적인 신앙은 '빛과 열이 겸비한 신앙'이다. 이 점은
그의 목회적이고 부흥론적 신학이 가장 잘 드러난『신앙정서론』에서 볼 수
있다. 여기서 빛이라 함은 일종의 성경과 지성이라고 볼 수 있고, 열이라
함은 성령과 열정을 들 수 있다. 이런 점에서 그의 신앙과 설교는 지성과
열정, 성경과 성령이 잘 겸비되고 조화된 '불타는 신학이요 신앙'의 표현
이다.[37] 다른 말로, 설교에서 지식적 측면과 영적 혹은 '마음의 감각'(sense of
heart) 측면 둘 다를 강조했다.

『신앙정서론』의 적극적 표지 중에 넷째 표지는 하나님을 아는 지식이
다. 에드워즈는 "은혜로운 정서는 지성이 밝아져서 하나님의 일들을 바르
게 이해할 때 생긴다."[38]라고 했다. 이 표지에서 그는 빛과 열의 총체성의
문제를 다룬다. 참된 성도는 하나님에 대한 지식으로 충만하다는 것이다.
이런 점에서 그는, "거룩한 정서는 빛 없는 열이 아니다."라고 주장한다.[39]
여기서 주목할 에드워즈의 탁월성은, 거룩한 정서는 빛과 열의 총체성을
가지고 있음을 지적한 것이다. 따라서 신앙 정서에서 지식이 없다면 공허

---

37 이런 점에서 로이드 존스는 에드워즈를 '균형의 설교자'로 지칭한다.
38 『신앙감정론』, 존 스미스 편집, 정성욱 역 (서울:부흥과개혁사, 2005), 382; 이하 필자는
   『신앙정서론』으로 표기; WJE 2: *Religious Affections.* Ed. John E. Smith (New Haven: Yale
   UP, 1969), 266."Gracious affections do arise from the mind's being enlightened, rightly and
   spiritually to understand or apprehend divine things."
39 "Holy affections are not heat without light"(266).

할 수밖에 없다.

비록 참된 신앙에는 정서 외에 다른 것들이 반드시 있어야 하지만, 참된 신앙은 대부분 정서에 내재하기 때문에, 정서가 없이는 참된 믿음도 없다. … 다른 것은 없이 정서만 있는 곳에 참된 믿음이 없는 것처럼, 신앙 정서가 없는 곳에 참된 믿음은 없다. 진리를 이해시키는 곳에는 심령 속에 열정적인 정서가 작용하나, 차가운 빛은 없이 뜨거운 열정만 있는 심령에는 신령하거나 하늘에 속한 것이 있을 수 없다. 마찬가지로 뜨거운 열정이 없이 차가운 빛만 있는 곳, 곧 머리는 개념들과 사변들로 가득 차 있지만 심령은 뜨거움이 없이 차디찬 상태로 있다면, 그 빛 속에는 신적인 것이 존재할 수가 없다. 왜냐하면 그런 지식은 신적인 것들에 대한 참된 영적 지식이 아니기 때문이다. 만일 신앙에 속한 위대한 일들을 바르게 이해하면, 심령은 반드시 감정적으로 영향을 받게 된다.[40]

이처럼, 참된 신앙 정서에서 영적인 지식은 매우 중요하다. 에드워즈의 정서론에 기초한 참된 지식은 사변적인 지식이 아니라, 열정과 통합된 지식이다(요일 4:7; 골 3:10; 눅 24:32).

주의해야 할 사실은 에드워즈에 관한 오해이다. 그는 과연 지루한 설교

---

40 위의 책, 382쪽; "…yet true religion consist so much in the affections, that there can be no true religion without them. He who has no religious affection, is in a state of spiritual death, and is wholly destitute of the powerful, quickening, saving influences of the Spirit of God upon his heart. As there is no true religion, where there is nothing else but affections; so there is no true religion where there is no religious affections. As on the one hand, there must be light in the understanding, as well as an affected fervent heart, where there is heat without light, there can be nothing divine or heavenly in that heart; so on the other hand, where ther is a kind of light without heat, a head stored with notions and spectulations, with a cold and unaffected heart, there can be nothing divine in that light, that knowledge is no true spiritual knowledge of the divine things. If the great things of religion are rigly understood, they will affect the heart"(120)(『만약 사람들이 성경을 읽고도 정서적 영향을 받지 못하면, 영적으로 눈이 멀었기 때문이다』. 신앙정서에 대한 부정적인 편견은 매우 두려운 결과를 초래한다.

자였는가? 일부에서는 그의 일정한 목소리 톤, 지나치게 학문적인 내용, 설교 원고만 바라보고 청중과 눈을 마주치치 않는 것 때문에 그가 지루한 설교자였다고 평가했다.[41] 그러나 더글라스 스위니 교수(Douglas A. Sweeney)에 의하면 사실은 결코 그렇지 않고, 그는 매우 '열정적 설교자'였다고 주장한다.[42] 물론 한때는 원고를 읽었지만 대각성 이후 1740년대 이후에는 요약 설교나 원고 없이 설교했기 때문에, 앞의 평가는 잘못된 평가요 오해인 것을 알게 된다.[43]

이상에서처럼, 에드워즈의 설교는 지성과 열정의 균형과 조화를 보여준다.

지성과 이미지의 균형

또한 그의 설교 요소 중에서 주목할 사실은 바로 지성과 이미지의 균형이다. 특히 설교 "신학 공부의 필요성과 중요성"과 "진노한 하나님의 손에 붙들린 죄인들", "천국은 사랑의 나라" 등에서 바로 이런 특징이 잘 드러난다. 에드워즈의 설교는 '논리적 논증의 대가'답게 매우 지성적이며 논리적이다.[44] 이런 에드워즈의 본문 중심의 논리성에 대해, 존 거스너는 바로 '독수리 같다고' 평가한다.

에드워즈는 핵심을 찾아 설교의 먹이를 낚아채고 모두가 온전히 볼 수 있도록 올려 잡기 위해 깊숙이 강하하는 독수리처럼 에드워즈는(성경 본문의) 맥락의 주변을 맴돌았다. 다음 한 시간 또는 그 이상 동안 조나난 에드워즈의 유일한

---

41 William Edwards Park의 평가, 스위니, 『조나단 에드워즈의 말씀 사역』, 87쪽에서 재인용; 류응렬 교수는 사무엘 홉킨스의 에드워즈 전기의 영향이라고 지적한다(174).

42 스위니, 『말씀사역』, 88.

43 위의 책, 90-91; 류응렬 교수 또한 Baily의 견해에 의거해서 열정적 설교자로 인정한다(174-5).

44 『에드워즈 신학』, 643.

관심은 본문을 분해하고 분석하고 배고픈 사람들에게 먹이는 것이었다.[45]

다른 한편으로 이런 논리를 완화하고 성도들의 눈높이로 안내하는 이미지나 그림을 통해서 설교에 보다 강렬한 효과를 가져다 주기도 했다. 이런 그의 이미지 접근에 대해서 김나크는, 이것이 에드워즈 설교의 은밀한 무기로서 '갑옷을 뚫는 감각적 이미지의 장치'(armor−piercing device of sensational imagery)라고 높게 평가한다.[46]

여기서 주목할 점은, 이런 이미지와 비유의 사용은 바로 현대 포스트모던 시대의 감성적 현대인에게도 유효한 방법론이자 전략일 수 있다. 이런 점에 대해 전문가들도 평가하길, "신앙의 의미를 상실한 시대에 신앙을 현실화하기 위한 방도로 이미지를 사용"하는 것이라고 말한다.[47]

구원의 교향곡의 관점에서 본 에드워즈 대표 설교 세 편

1. "진노하시는 하나님의 손에 붙들린 죄인들"(1741)
2. "신적이고 초월적인 빛"(1734)
3. "천국은 사랑의 나라입니다"(1738)

앞에 살펴본 구원의 교향곡 관점에서, 에드워즈의 대표 설교 세 편을 생각해 보자. 세 편의 대표 설교를 통해, 청교도 강해 설교와 에드워즈 설

---

45 Ibid., 재인용.
46 위의 책, 640/504.
47 『설교선집』, 27. 이런 점에 대해서, 앨리스터 맥그래스 교수의 루이스에 대한 평가와 비교하라. 즉 루이스가 이성과 이미지를 통해서 모던니즘과 포스트모더니즘의 시대에 효과적으로 접근했다고 지적했다. 필자는 이런 루이스에 대한 평가가 에드워즈의 이미지 접근과 관련하여 같은 맥을 유지한다고 생각한다.

교의 특징을 살펴보고자 한다. 첫째 설교는 에드워즈의 청교도적인 각성 설교요 일종의 지옥 설교라고 알려진, "진노하시는 하나님의 손에 붙들린 죄인들"(이하 진노; Sinners in the Hands of an Angry God)이다. 둘째 설교는, 그의 부흥론에 대한 가장 신학적이고 탁월한 설교 중의 하나인 "신적이고 초월적 빛"(이하 신적 빛; A Divine and Supernatural Light)이다. 셋째 설교는『고전 13: 사랑과 그 열매』의 설교 시리즈 중 마지막 설교인 "천국은 사랑의 나라입니다"(이하 천국; Heaven is a world of love)이다.

이 세 설교에서 주목할 점은 앞의 교향곡으로서의 특징에서 보여 준 형식상 청교도의 삼 형식, 즉 본문-교리-적용의 균형과 조화를 잘 보여 준다. 여기서 성경 중심, 교리 중심, 적용 중심의 삼중적 균형과 조화가 잘 드러난다.

아울러 주제면에서도, 통일성-총체성-우주성의 균형이 잘 드러난다. 즉 성도의 구원이라는 목적의 통일성을 위해서 주제의 총체성과 포괄성을 보여 준다. 즉 하나님의 진노와 부흥의 달콤함, 나아가 천국의 아름다움을 다양하게 보여 준다. 동시에 우주성으로, 지상과 지옥과 천국의 3차원적 세계를 교향곡처럼 보여 주고 있다. 특히 둘째 설교(신적 빛)는 그의 부흥론의 백미 중의 하나인『신앙정서론』(Religious Affections)과 함께, 그의 참된 부흥과 성도의 모습은 무엇인가에 대한 성경적이고 신학적인 안내를 보여 준다. 동시에 이 세 설교는 청교도 설교의 특징인 '뜨거움과 지성의 균형'을 잘 보여 준다.

그럼 세 편의 설교를 간단히 살펴보자. 먼저 첫째로, "진노하시는 하나님의 손에 붙들린 죄인들"를 살펴보자.[48] 조지 마스든은 이 설교에 대해서, 엔필드에서의 에드워즈의 설교로서 그 태도와 그 영향력에 대해서 단순하

---

48 『설교선집』, 121-144.

고 엄숙, 진지, 풍부한 사상, 청중을 끄는 힘을 가진 설교였다고 말한다.

한 성도는 그의 설교에 대해 "쉽고 수수하며 매우 엄숙했다. 그는 강력하고 우렁찬 목소리는 아니지만, 더할 나위 없이 진지하고 엄숙한 모습이었으며, 분명하고 똑똑하며 정확하게 이야기했다. 그의 설교는 풍부한 사상을 담고 있었으며, 꾸밈 없고 인상적인 빛과 같아서 그만큼 청중을 끄는 힘을 가진 설교자가 거의 없을 것 같았다."라고 묘사했다. … "그의 설교는 큰 소리나 감정을 겉으로 드러내지 않으면서도 탁월한 수준의 내적 열정을 이끌어 냈으며, 듣는 사람들의 마음에 엄청난 무게를 느끼게 했다. 그는 설교단에 서서 머리나 손을 거의 움직이지 않았으나, 마음의 동작을 드러내는 듯 호소했다. 그것은 가장 자연스럽고 효과적으로 다른 사람들에게 감동을 주는 방법이었다." 절제되면서도 솔직한 감정의 조화, 훈계와 불쌍히 여김 모두에서 가슴 깊이 다가오는 신실함, 빈틈없는 논리, 그리고 철저하게 성경에 근거한 주제들은 성경의 개념들의 실재를 인식하도록 하는 데 충분했다.[49]

이런 점에서 이 설교의 특징은 일종의 지옥 설교요, 대각성 설교였다. 설교의 주제는 '이 순간 하나님이 죄인들을 그분의 손에 붙잡으시고 그들의 반역 행위로 말미암아 마땅히 받아야 할 무서운 멸망을 연기시키고 계신다'는 것이다.[50] 전체 요점 중의 하나는, 죄인들이 자신의 전적 무능력을 깨닫게 하는 것이요, 동시에 역설적으로 전적인 하나님의 은혜만 의지하게 하려는 것이다.[51] 이 설교의 특징 중의 하나는 강력한 비유적인 표현과 이미지들이다.[52]

---

49 마즈던. 『평전』, 327-8.
50 위의 책, 330.
51 위의 책, 334.
52 위의 책, 333.

좀 더 구체적으로 말하면, 형식상, 성경 본문은 신명기 32장 35절로 "그들이 실족할 그 때에 갚으리로다"이다. 여기서 교리는 "지옥에서 악인을 구원하는 것은 하나님의 순전한 기쁨 외엔 아무것도 없다."이다.[53] 여기서 하나님의 순전한 기쁨이란 하나님의 주권적인 기쁨이나 의지이다. 따라서 이 교리를 한마디로 정리하자면, '하나님의 주권적 의지로만 악인을 구원할 수 있다'는 것이다.

이 교리를 통한 고려 사항들 중에서 여섯 번째, "악인의 영혼엔 지옥의 원리들이 가득합니다."에서 지옥에 대한 이미지를 탁월하게 보여 준다.

> 죄란 영혼의 파멸과 초라함이요, 본질적으로 파괴적입니다. … 마치 타락한 심령은 죄의 싱크와 같고, 죄가 제어되지 않으면, 이것은 우리 영혼을 뜨거운 오븐이나 불의 용광로로 인도하게 됩니다.[54]

적용에서는 거듭나지 않은 사람들을 위한 각성의 방법들에 대해 다룬다. 예를 들면, "예수님을 믿지 않으면 오직 지옥의 불연못의 고통뿐입니다. 여러분의 악독은 지옥으로 인도할 뿐입니다. 인간적인 노력들은 결코 지옥에서의 탈출을 돕지 못합니다. 불신자들은 하나님의 진노만을 경험할 뿐입니다."라고 설교한다.[55] 무엇보다도 가장 유명한 '하나님의 진노는 거대한 저수지 물과 같다'에 대한 내용에서, 다음처럼 지옥 불에 대한 이미지를 보여 준다.

> 하나님의 진노의 활은 당겨져 있고, 화살은 곧장 날아가 여러분의 심장을 관

---

53 『설교 선집』, 126; "There is nothing that keeps wicked men, at any one moment, out of hell, but the mere pleasure of God."

54 Ibid.

55 위의 책, 129-30.

통할 준비가 되어 있습니다. … 어떤 사람이 거미나 혐오스러운 벌레를 불 위에서 쥐고 있는 것처럼, 지옥 불구덩이 위에서 여러분을 붙잡고 있는 하나님은 하나님의 진노를 불러일으키는 여러분을 싫어하십니다. 여러분을 향한 하나님의 진노는 불처럼 타오르고 있습니다. 하나님은 여러분을 지옥 불 속에 집어넣기 합당한 존재로 간주하고 있습니다. … 가장 혐오스러운 독사가 우리 눈에 비치는 것보다 여러분은 하나님의 눈에 천 배나 더 혐오스럽게 보입니다. 그러나 매순간 지옥 불 속에 떨어지지 않도록 붙잡고 있는 것은 하나님의 손뿐입니다. 오 죄인들이여! 여러분이 처해 있는 무서운 위험을 생각해 보십시요. 여러분이 하나님의 손에 매달려 있는 곳은 진노하는 큰 용광로요, 넓고 바닥이 없는 구덩이며, 진노의 불로 충만한 곳입니다. 하나님의 진노는 지옥에 있는 저주받은 많은 사람에게 타오르듯이 여러분에 대해서도 타오르고 있습니다. 여러분은 가느다란 실에 매달려 있는데 하나님의 진노의 불이 타오르면서 매순간 그 실을 끊어 채워 버리려 하고 있습니다.[56]

이러한 하나님의 진노의 손길에 있는 인간은, 독사보다 만 배나 나쁜 존재라고 강조한다. 따라서, 진노 전에 회개하고 나와야 한다고, 하나님의 부르심에 순종하고 나아오라고 초청한다. 적용 대상도, 청춘 남여, 어린이, 불신자들이다.

에드워즈의 대표 설교 중 두 번째는 "신적이며 초월적인 빛"이다. 이 설교는 에드워즈 부흥 설교의 백미 중의 하나이다. 형식상 성경 본문은 마태복음 16장 17절 "예수께서 대답하여 가라사대 바요나 시몬아 네가 복이 있도다. 이를 네게 알게 한 이는 혈육이 아니요 하늘에 계신 내 아버지시니라"이다. 여기서의 교리는 "하나님께서 인간 영혼에게 즉각적으로 주신 영

---

56 위의 책, 132-4; 마즈던 『평전』 332.

적이고 신적인 빛이 있는데, 이 빛은 자연적 방법으로 얻어지는 어떤 것들과는 본질이 다르다."이다.[57] 한마디로, 하나님께서 인간에게 성령을 통해 영적이고 신적인 빛을 주신다는 것이다.

설교의 대지는, 첫째, 신적 빛은 무엇인가?(정의) 둘째, 어떻게 하나님께서 이 빛을 주시는가?(방법론) 셋째, 이 교리의 진리를 설명하고 적용으로 마무리한다. 먼저, 영적이고 신적인 빛에 대한 '정의'에서, "영적이고 신적인 빛이란, 하나님의 말씀 안에서 계시된 '종교적인' 것들의 하나님의 탁월성에 대한 참된 감각이요, 그 진리와 '영적인' 것들에 대한 확신이라고 말한다."[58] 즉 하나님에 대한 영적 감각이요 확신을 의미하는 것이다. 둘째 대지, 방법론에서는 '어떻게 하나님께서 이 영적 빛을 주시는가?'에 대해 다룬다. 이에 대한 답변으로 "신적 빛을 받는 방법은 인간적이고 자연적인 방법이 아닌, 하나님의 직접적인 방법을 통해 받는다."라고 하는데, 이는 중생을 통해 감각을 가지는 것이다.[59] 셋째로, 영적 빛에 대한 성경적이고 이성적인 증거들에 대해서, 특히 이 설교에서 중요한 영적 감각과 지적 감각의 차이점에 대해서 증거한다. 이성은 이성적 이해에 그치나, 영적 감각은 하나님의 탁월성을 감각한다. 그 예로 꿀의 달콤함에 대해 설명한다. 즉 하나님의 은혜를 체험한 사람은 꿀의 달콤함을 맛보듯 이성적 이해를 넘어 영적 감각을 경험한다는 것이다.[60] 마지막 적용 부분에서 격려하기를 "이 영적인 빛을 찾으라"고 한다. 아울러 이 빛은 성도의 생활 전체의 거룩함에서 열매를 맺게 한다고 격려한다.

에드워즈의 대표 설교 중 세 번째이자 마지막 설교는 "천국은 사랑의

---

57 There is such a light, as a spiritual and divine light, immediately imparted to the soul by God, of a different nature from any that is obtained by natural means)(123).
58 위의 책, 219.
59 위의 책, 224.
60 위의 책, 137-8.

나라입니다"이다. 이 설교는 앞에서 지적했듯이, 특히 에드워즈의 우주론적 주제, 즉 지상-천국-지옥에 대한 3차원적 지평을 잘 보여 주는 설교이다. 설교 형식으로는 청교도 삼 형식을 따른다. 먼저 성경 본문은 고린도전서 13장 8-10절, "사랑은 언제든지 떨어지지 아니하나 … 온전한 것이 올 때에는 부분적으로 하던 것이 폐하리라."이다.

교리는 "천국은 사랑의 나라이다."이며, 소주제들로는 1.천국에서 사랑의 이유와 원천으로 하나님 자신을 둔다. 2.사랑의 대상들로, 1) 천국에는 사랑의 대상만 있고, 2) 모든 대상이 완벽하게 사랑스럽고, 3) 천국에는 성도가 가장 사랑한 것들이 모두 있다고 증거한다. 3.천국의 주체들, 4.천국에서의 사랑의 원리, 즉 1) 본질적으로 거룩하고 신적이며, 2) 사랑의 정도에서 완전함을 다룬다. 5.탁월한 환경에서. 천국의 사랑은 언제나 상호적이고, 천국 성도들은 완전한 사랑을 누린다고 증언한다. 6.사랑의 열매들에서는 천국 성도들은 완벽한 행동한다고 지적한다.

적용에서는 1.싸움은 천국 성도에게 어울리지 않고, 2.천국에 들어갈 자는 행복하다 증언한다. 천국 성도의 특징 세 가지로 1) 사랑의 원리나 씨앗을 가지고 있는 사람들이요, 2) 자진해서 선택한 자들이며, 3) 거룩을 추구하는 자들이라고 지적한다. 아울러 경고와 각성으로, 1) 회개치 않은 자들에게 비참한 생각을 제공하고, 2) 이들이 위험한 상태(지옥은 미움의 나라)임 각성시킨다. 여기서 에드워즈의 우주론적 삼차원, 지상-천국-지옥에 대한 주제를 잘 보여 준다.

여러분은 위험한 상태에 있습니다. 지옥은 미움의 나라입니다. 세 종류의 세상이 있습니다. 첫째는 이 세상입니다. 이 세상은 중산 세상으로서 선과 악, 사랑과 미움이 섞여 있는 세상입니다. 이 세상은 계속 지속되지 않을 것입니다. 둘째는 천국입니다. 천국은 사랑의 나라로서 사랑만 있고 미움은 없습니다. 셋째는 지옥입니다. 지옥은 미움의 나라로서 사랑은 전혀 없으며, 그리스도가 없는 상태로 계속 있는 사람은 이 지옥에 속해 있습니다. 천국이 하나님의 사랑을 나타내는 나라이듯이 지옥은 하나님의 진노를 나타내는 곳입니다. … 지옥에 있는 모든 것은 혐오스러운 것입니다. … 말하자면 지옥은 거대한 독사의 굴입니다. 지옥은 하나님의 진노를 표현하기 위해 준비된 세상입니다.[61]

그리고 마지막 두 가지 권면으로 첫째, 천국을 추구하라. 둘째, 사랑의 삶, 즉 하나님과 사람 사랑을 사랑하며 살라고 증거한다.[62]

에드워즈의 대표 설교 세 편은 이렇게 구원의 교향곡으로서의 특징을 잘 보여 준다. 형식상 청교도 설교와 강해 설교의 모범, 즉 본문-교리-적용의 삼 형식 통해, 그의 설교는 하나님 말씀과 교리 중심이었고, 실천적 적용을 강조하며 균형과 조화를 보여 준다. 주제상, 통일성-총체성-우주성을 동시에 조화롭고 균형 있게 보여 준다. 즉 죄의 각성과 부흥의 균형, 율법과 복음의 균형, 하나님의 진노와 사랑과 달콤함을 조화롭게 보여 준다. 아울러 지상-천국-지옥의 3차원적인 우주적 주제가 잘 드러난다.

결론 및 한국 교회 적용

이상에서 살펴보았듯이, 에드워즈는 개혁주의 전통에 견고히 서서, 성도의 구원을 의한 교향곡적 설교를 경주한다. 그의 청교도적 설교 형식과 주제와 요소 등을 통해서 이런 교향곡적 설교를 잘 보여 준다. 즉 그의 청

---

61 위의 책, 396-99.
62 "가) 사랑의 삶은 천국 사람 닮아가는 것; 나) 사랑의 삶은 천국 영광 맛볼 수 있는 길; 3) 사랑의 삶은 천국 자격 얻는 길; 라) 사랑의 삶은 천국으로 가는 길"로 요약한다.

교도적 강해 설교를 통해서 성경과 교리와 실천 중심, 동시에 주제의 통일성과 총체성, 나아가 이성과 이미지와 열정의 균형을 보여 준다. 동시에 우주적 비전을 보여 준다. 또한 그는 설교와 목회와 인격의 총체적 균형과 탁월성을 겸비한 청교도적 설교의 정수와 절정을 보여 준다. 이런 에드워즈의 설교와 설교자 됨은 우리 한국 교회에게 귀중한 대안과 모델을 제시한다.

물론 에드워즈 설교가 현대에 적용하기 어려운 논리와 신학적 철학적 내용이나, 다소 호흡이 긴 설교와 적용, 다소 주제 설교적 방법을 보인다.[63] 또한 성경 인용과 해석상에서 다소 극단적인 면이 있다.[64]

그럼에도 불구하고, 현대 한국 교회 설교 토양에 에드워즈의 성도의 구원을 위한 교향곡적 설교 원리는 매우 귀중한 대안이 될 것이다. 구체적으로 다음과 같은 적용점을 생각해 보자.

에드워즈의 교향곡적 설교를 회복해야: 설교 형식과 주제 통한 균형

먼저 한국 교회가 에드워즈의 교향곡적인 설교를 회복해야 한다. 설교 형식과 주제 면에서 균형과 조화를 추구해야 한다.

에드워즈적 청교도 강해 설교 형식을 통해, 성경-교리-적용의 균형 회복해야

이를 위해 먼저 설교에서 삼 형식의 균형을 유지해야 한다. 즉 성경과 교리와 신학이 충만히 배어 있는 설교, 적용을 통해 실천과 소통의 설교를 추구해야 한다.

---

63 류웅렬, 178.
64 예로 『구속사』에서 당시를 미국의 시대의 도래로 해석한다.

설교 주제 통해, 성경적 통일성-총체성-우주성의 균형 회복해야

먼저 설교 주제의 통일성은 성경 통한 성도의 구원의 주제를 추구해야 한다. 동시에, 설교 주제의 총체성, 즉 성경 66권과 성경의 총체적이고 포괄적 주제를 다루어야 한다. 죄와 회심, 율법과 복음, 칭의와 성화, 우주적인 삼차원적 설교의 지평, 즉 지상-천국-지옥의 균형을 추구해야 한다.

설교 요소에서 에드워즈적 균형을 회복해야: 이성-열정-이미지의 균형

또한 설교 요소에서, 성경에 기초한 정밀한 이성적 접근과 함께, 결코 냉냉하지 않는 성령에 붙들린 열정, 나아가 이런 이성의 정밀성을 성도의 눈높이로 안내하는 이미지의 중요성을 주목해야 한다. 이런 이런 이성-열정-이미지의 균형은 특히 현대 포스트모던 시대의 한국 교회와 성도들게 매우 유효적이다.

설교자의 설교와 목회와 인격의 총체적 균형을 회복해야

아우구스티누스는 그의 책 『기독교 교양』(De Doctrina Christiana)에서 설교자의 참다운 설교는 설교자의 삶에서 더욱 웅변적으로 드러난다고 강조한다. 이런 점에서, 에드워즈는 그의 빛나는 저술과 함께 더욱 빛나는 삶이 있다. 마스든은 이 점에 대해, "에드워즈의 저술은 그칠 줄 모르는 영향을 끼쳐 왔지만, 그의 삶은 훨씬 강력한 영향력이 있다."고 강조했다.[65] 그의 인격과 목회, 즉 신앙의 본질을 위한 평생의 몸부림이 우리에게 더욱 제시

---

65 마즈던, 『평전』, 21.

하는 바가 크다. 이처럼 한국 교회의 목회자들은 설교-목회-인격에서, 그리고 성도들은 신앙-일-인격에서 각각 총체적 균형을 추구해야 한다.

설교와 목회 사역의 영광과 그 무게를 재인식하고 회복해야

마지막으로, 에드워즈의 설교론을 통한 적용점은 바로 기독교 신앙과 목회 사역의 영광에 관한 재인식과 회복이다. 그의 구원을 위한 교향곡적 설교는 참을 수 없는 가벼움으로 가득한 인간의 본성 앞에서, 기독 신앙과 목회와 선교 사역의 영광과 그 무게를 일깨우고 바른 성공의 길이 무엇인지 제시한다. 동시에 이를 위한 철저한 하나님 의지와 헌신 등을 인식시킨다. 이런 의미에서, 에드워즈는 인간적 결함이 많고 실패한 듯한 청년 선교사 데이비드 브레이너드에 대해서 주목할 이유를 다음처럼 지적한다.

브레이너드의 삶에는 사역으로 부르심을 받은 우리와 이 위대한 사역에 지망하는 모든 이들에게 그 의무를 다하도록 가르치고 일깨우는 것이 참으로 많지 않은가? 브레이너드는 이 사역의 위대함과 중요성을 깊이 자각하고 무겁고도 선한 부담감을 갖고 있었다! 그러면서도 이 위대한 사역에서 자신이 부족한 자라는 것을 얼마나 깊게 느꼈던가! 브레이너드는 하나님의 능력을 온전히 의지한 사람이었다. … 그는 그 일을 위해 수많은 시간을 말씀 읽기와 묵상, 기도와 금식을 하며 보냈다. 브레이너드는 자신의 전 생애와 온 힘과 재능을 하나님께 모두 드렸다! 그는 온전히 자유롭게 그리스도를 섬기기 위해, '구원의 창시자 아래에서 병사로 모집한 자를 기쁘시게 하기 위해' 세상의 모든 쾌락과 유혹하는 즐거움을 버리고 자신을 부인했다! 얼마나 고독하고 엄숙하며 부지런하게, 브레이너드는 하나님 우리 구주께 자신을 드렸는가! … 브레이너드는 자신이 맡은 사역에 한결같이 온 마음으로 집중했다. 그 사역에 자신의 모든 시간을 바치고 온 힘을 기울였다. 그런 그의 모습을 통해, 우리에게 사역에서 성공을 거두는 바른 길을 보여준다. 그가 온 마음을 다해 사역에서 성공을 추구하는 모습은 결연한 의지에 찬 군사가 전쟁에서 승리를 추구하는 것과 같다. … 그는 그리스도와 영혼들에 대한 가득한 사랑으로 얼마나 '열정적으로 늘 수고했던가!' 공적이며 사적인 말씀과 교리뿐 아니라 밤낮 올려 드리는 기도 속에서도, 그는 얼마나 은밀히 '하나님과 씨름했던가!' 그는 섬기도록 보내주신 이들의 마음 속에 '그리스도의 형상을 이루기까지' 말할 수 없는 탄식과 고뇌 속에서 '해산하는 수고를 겪은 자'였다.[66]

사실 엄밀한 의미에서 여기의 브레이너드의 삶은 곧 에드워즈 자신의 삶과 그 정신이라고 할 수 있다. 따라서, 우리 한국 교회의 성도와 목회자

---

66 심현찬, "경건의 초상 조나단 에드워즈: 『데이비드 브레이너드의 생애』에 나타난 신앙정서적 목회자," 『2017년 서울 조나단 에드워즈 컨퍼런스 논문집』, 192에서 재인용.; "Is there not much in the preceding memoirs of Mr. Brainerd to teach, and excite to duty, us who are called to the work of the ministry, and all that are candidates for that great work? What a deep sense did he seem to have of the greatness and importance of that work, and with what weight did it lie on his mind! How sensible was he of his own insufficiency for this work; and how great was his dependence on God's sufficiency! How solicitous that he might be fitted for it! And to this end, how much time did he spend in prayer and fasting, as well as reading and meditation; giving himself to these things! How did he dedicate his whole life, all his powers and talents to God; and forsake and renounce the world, with all its pleasing and ensnaring enjoyments, that he might be wholly at liberty to serve Christ in this work; and to "please him who had chosen him to be a soldier"『II Tim 2:4』, under "the captain of our salvation"『Heb 2:10』! With what solicitude, solemnity, and diligence did he devote himself to God our Saviour, and seek his presence and blessing in secret, at the time of his ordination! And how did his whole heart appear to be constantly engaged, his whole time employed, and his whole strength spent in the business he then solemnly undertook and was publicly set apart to! And his history shows us the right way to success in the work of the ministry. He sought it as a resolute soldier seeks victory in a siege or battle; or as a man that runs a race for a great prize. Animated with love to Christ and souls, how did he "labor always fervently"『Col 4:12』, not only in word and doctrine, in public and private, but in prayers day and night, wrestling with God in secret, and "travailing in birth," with unutterable groans and agonies, "until Christ were formed"『Gal 4:19』in the hearts of the people to whom he was sent! How did he thirst for a blessing on his ministry; and "watch for souls, as one that must give account"『Heb 13:17』! How did he "go forth in the strength of the Lord God"『Hab 3:19』; seeking and depending on a special influence of the Spirit to assist and succeed him! And what was the happy fruit at last, though after long waiting and many dark and discouraging appearances!"(Reflections, WJE 7: 530)

들도 우리가 믿는 기독교 신앙의 영광의 무게를 재인식해야 할 것이다. 목회자들은 사역의 위대함과 그 무거운 책임성을 인식하고 이를 위해서 하나님을 철저히 의지하며 헌신해야 할 것이다.

참고문헌

The Works of Jonathan Edwards, vol. 2: *Religious Affections.* Ed. John E. Smith. New Haven: Yale UP, 1969; 『신앙감정론』, 존 스미스 편집, 정성욱 역, 서울: 부흥과개혁사, 2005.

The Works of Jonathan Edwards, vol. 7: *The Life of David Brainerd,* Ed. Norman Pettit, New Haven: Yale UP, 1985; 『데이비드 브레이너드의 생애와 일기』, 송용자 역, 서울: 복있는 사람, 2013.

Kimnach, Wilson H. "General introduction to the Sermons: Jonathan Edwards' art of prophesying," *The Works of Jonathan Edwards,* vol. 10, Sermons & Discourses 1720—1723, New Haven: Yale UP, 1992

_____. "The Sermons and Excuction." *The Princeton Companion to Jonathan Edwards,* Ed. By Sang Hyun Lee, Princeton: Princeton UP, 2005.

류응렬, "열정에 사로잡힌 설교자 조나단 에드워즈의 설교 연구." 『한국개혁신학회 논문집 제17권』, 한국개혁신학회, 도서출판 불과구름, 2005.

맥클리먼드, 마이클 & 제럴드 맥더모트, 『한권으로 읽는 조나단 에드워즈 신학』, 서울: 부흥과개혁사2015; *The Theology of Jonathan Edwards,* M. McClymond & G. McDermott.Oxford: OUP, 2012.

스위니, 더글러스. 『조나단 에드워즈의 말씀 사역』, 서울: 복있는 사람, 2011; *Jonathan Edwards and the Ministry of the Word,* Doug Sweeney, Dowers Groves: IVP, 2009.

심현찬, "경건의 초상 조나단 에드워즈: 『데이비드 브레이너드의 생애』에 나타난 신앙정서적 목회자." 『2017년 서울 조나단 에드워즈 컨퍼런스』.

이승진. "조나단 에드워즈의 설교 연구."(http://lloydjones/zbxe/41192)

김나흐 외. 『조나단 에드워즈 대표 설교 선집』, 서울: 부흥과개혁사, 2005.

에드워즈의 교회론과
현대 한국 교회적 의미

정성욱

요약 : 본 글은 에드워즈의 교회론이 가지고 있는 몇 가지 특징을 탐구한다. 그리고 그것이 현대 한국 교회를 향하여 가지는 의미를 천착한다. 에드워즈가 구속 언약 개념을 통해 교회의 기원을 영원으로 돌린 것은 매우 적절했다. 현대 한국 교회 내에서 교회의 기원이 하나님의 영원하신 경륜에 있음을 아는 지식이 계속 확산되기를 기대한다. 참 하나님의 백성이 유대인이 아니라, 영원부터 영원까지 하나님의 친백성인 교회임을 기억해야 한다. 교회가 예수 그리스도의 신부임을 기억하고 교회의 영광과 책임에 대해서 눈을 떠야 한다. 교회가 예수 그리스도의 몸임을 기억하고, 그리스도와의 친밀한 관계의 중요성을 강조해야 한다. 교회의 회원권에 관한 자격 기준을 강화하고, 교회의 영적 · 윤리적 수준을 높여야 한다. 이것이 에드워즈 교회론이 현대 한국 교회를 향하여 가진 신학적 의미이다.

정성욱 교수
현 미국 덴버신학대학원 조직신학 교수.
한국 조나단 에드워즈 및 C. S. 루이스 컨퍼런스 공동 창립자.

들어가는 말

지난 교회 역사 2000년 동안 하나님께서는 수많은 위대한 신학자들을 일으키시고 당신의 영광과 나라를 위해 사용해 오셨다. 그 신학자들 가운데 신학적 탁월성의 측면에서 10대 신학자들을 꼽아 본다면 각자의 선호와 평가에 따라 그 리스트가 달라지겠지만, 필자가 보기에는 이레니우스, 아타나시우스, 아우구스티누스, 안셈, 아퀴나스, 루터, 칼뱅, 츠빙글리, 에드워즈, 칼 바르트 등이 포함되지 않을까 생각한다. 영국의 복음주의 석학 알리스터 맥그래스는 이레니우스를 빼고, C. S. 루이스를 기독교 10대 사상가에 포함시켰다.

이 10대 신학자들 중 영향력 측면에서 5대 신학자를 꼽으라고 한다면 필자는 아우구스티누스, 아퀴나스, 루터, 칼뱅, 에드워즈가 포함되어야 한다고 생각한다. 이 5대 신학자들 중에서 아퀴나스가 로마 가톨릭의 신학을 대표한다고 본다면, 결국 아우구스티누스, 루터, 칼뱅, 에드워즈가 교회 역사상 복음에 가장 충실했던 4대 신학자로 꼽을 수 있다고 생각한다. 물론 아우구스티누스에 대한 평가는 좀 복잡할 수 있다. 아우구스티누스의 삼위일체론, 죄론, 은혜론, 구원론은 매우 성경적이고 복음적이지만, 그의 교회론이나 마리아론에는 가톨릭적 요소가 이미 많은 부분 배태되어 있기 때문이다.

칼뱅에 의해서 작동하기 시작한 개혁신학은 16세기 말과 17세기로 넘어오면서, 화란과 스위스로 대표되는 대륙의 개혁신학과 영국으로 대표되는 청교도적 개혁신학의 두 산맥을 통해서 발전되기 시작한다. 16세기와 17세기를 통해서 발전되고 확대된 청교도적 개혁신학은 신대륙의 뉴잉글랜드로 수출되었다. 18세기 전반 뉴잉글랜드에서 태어나 신학 작업을 했던 에드워즈는 영미 청교도적 개혁신학을 최고 수준으로 올려 놓은 탁월한 신학자가 되었다. 그래서 어떤 사람들은 에드워즈를 최대의 청교도 신학자 또는 최후의 청교도 신학자라고 부른다.

이 짧은 논문을 통해서 필자는 에드워즈의 교회론이 가지는 몇 가지 특징들을 탐구하고, 그의 교회론이 현대 한국 교회의 맥락에서 어떤 의미가 있는지를 논의해 보고자 한다. 이런 과정을 통해서 현재 위기에 처해 있는 한국 교회가 에드워즈로부터 반드시 배워서 현재의 상황에 적용해야 할 신학적 원리들을 천착해 보려고 한다.

에드워즈 교회론의 특징

구속 언약(*pactum salutis*)과 교회

조나단 에드워즈(Jonathan Edwards, 1703-1758)는 18세기 최후, 최대의 청교도 신학자로서 선대 개혁신학자들의 언약신학적 착상을 그대로 수용하고 있다. 특별히 17세기 개혁파 언약신학의 가장 발전적 형태였던 구속 언약(*pactum salutis*)-행위 언약(*foedus operum*)-은혜 언약(*foedus gratiae*)의 3중 구조를 그대로 수용하고 있다. 에드워즈는 창세전 성부와 성자 사이에 맺어진 구속 언약에 대해서 다음과 같이 피력한다.

삼위일체의 세 위격들은, 말하자면 구속의 언약과 계획 안에서 연합되고 서로 협력하였다. 그 구속 언약에서 성부는 성자를 임명하셨고, 성자는 구속의 사역을 감당하시기로 결정했다. 그리고 구속의 사역을 성취하기 위해 필요한 모든 일이 규정되었고, 이 규정들에 대해서 서로 동의하였다.[1]

---

1 Jonathan Edwards, *A History of the Work of Redemption*, *WJE*, 9:118. "The persons of the Trinity were as it were confederated in a design and a covenant of redemption, in which

에드워즈는 창세전 영원 안에서 아버지와 아들간의 언약이 체결되었다고 주장한다. 이 언약은 구속의 언약 즉 죄인을 구속하기 위한 언약이다. 성부는 성자를 구속주로 임명하시고, 성자는 성부와 함께 구속의 사역을 성취하기로 결정하셨다. 성부와 성자 각 위가 구속 사역을 위해 감당할 일들이 구체적으로 규정되었고, 성부와 성자는 이 언약 규정들에 대해서 서로 동의하였다. 그것은 특별히 성자가 인성을 취하여 성육신하시고, 율법에 절대적으로 순종하는 의로운 삶을 사시며, 십자가에 죽기까지 복종하실 것에 대한 규정이다. 동시에 그 성자를 성부는 사망의 권세에서 부활시켜서 만민의 주로 높이실 것이며, 성자에게 주신 택한 백성을 영원히 구원할 것에 대한 규정이다.

에드워즈는 구속 언약에 대해서 계속해서 다음과 같이 말한다.

> 이러한 구속 사역은 하나님의 모든 사역들 중에서 가장 위대한 것이다. 그래서 하나님의 다른 모든 사역들은 구속 사역의 부분이나 부록이나 혹은 어떤 식으로든 그 구속 사역에 환원되는 것으로 여겨져야 한다. 따라서 하나님의 모든 작정은 이렇게든 저렇게든 창세전 아버지와 아들 사이에 맺어진 영원한 구속 언약에 속해 있다. 하나님의 모든 작정은 어떤 식으로든 그 언약에 의존되어 있다. 구속 사역은 너무나 위대한 것이기에 성경에서 그것이 크게 다뤄지는 것을 보고 우리는 놀랄 필요가 없다. 그리고 구속 사역은 전 성경의 큰 주제이기 때문에 성경의 역사서와 선지서와 시가서에서 크게 강조된다. 성경의 교리에서, 약속에서, 예표에서, 시가에서, 역사에서, 예언에서 그것은 크게 강조된다.[2]

---

covenant the Father appointed the Son and the Son had undertaken their work, and all things to be accomplished in their work were stipulated and agreed."

2 Jonathan Edwards, *A History of the Work of Redemption, WJE,* 9:513–14. "This work of redemption is so much the greatest of all the works of God, that all other works are to be

위의 인용문을 통해서 우리는 에드워즈가 17세기 개혁파 언약신학의 핵심 주제였던 '구속 언약'을 그대로 수용하고 있음을 분명하게 확인 할 수 있다. 그리고 에드워즈는 어떤 의미에서 인간의 역사 속에서 등장하는 행위 언약과 은혜 언약보다 구속 언약이 더 우월한 지위에 있음을 인정하고 있는 듯하다. 에드워즈는 하나님의 영원한 작정과 역사 속에서의 구속 사역 모두가 창세전 성부와 성자 사이에 맺어진 영원한 구속 언약에 정초되어 있다고 생각했다.

에드워즈는 예수 그리스도의 구속 사역의 완성을 논의하면서 구속 언약에 대해 다음과 같이 언급한다.

이제 모든 그리스도의 원수들은 그의 발 아래 짓밟히게 될 것이다. 그리고 그리스도는 죄와 사단과 사단의 모든 종들과 죽음과 지옥에 대하여 가장 완전한 승리를 거둘 것이다. 창세전에 하나님 아버지가 그리스도에게 하셨던 약속 즉 구속 언약을 통해 주어진 약속들은 완전히 성취될 것이다. 그리고 그리스도는 그 앞에 놓여진 기쁨을 완전하게 얻게 될 것이다. 그리스도는 그 기쁨을 위하여 당신의 비하 상태에서 엄청난 고난을 당했다. 성도들의 모든 소망과 기대가 성취될 것이다. 이전에 교회가 처해 있던 상황은 진보를 위한 준비의 상태였다. 하지만 이제 교회는 가장 완전한 영광의 상태에 도달했다. 지상에서 교회가 누렸던 영광스러운 시대의 모든 영광은 교회가 처한 하늘의 완전한 영광

---

looked upon as either part of it, or appendages to it, or are some way reducible to it. And so, all the decrees of God do some way or other belong to that eternal covenant of redemption that was between the Father and the Son before the foundation of the world; every decree of God is some way or other reducible to that covenant. And seeing this work of redemption is so great a work, hence we need not wonder that so much is made of it in Scripture, and that 'tis so much insisted on in the histories, and prophecies, and songs of the Bible, for the work of redemption is the great subject of the whole Bible. In its doctrines, its promises, its types, its songs, its histories, and its prophecies."

에 비하면 흐릿한 그림자에 불과하다.[3]

에드워즈는 창세전 영원 안에서 성부와 성자가 맺은 구속 언약은, 그리스도의 완벽한 순종의 대가로 많은 것들, 즉 약속들을 담고 있었다고 말한다. 그 약속들에는 그리스도의 궁극적인 승리, 그리스도가 얻을 최상의 기쁨, 성도의 소망과 기대의 성취, 교회가 누릴 최상의 영광 등이 포함된다. 요컨대 에드워즈에게 있어서 구속 언약은 아담의 타락 이후부터 역사의 종말에 이르기까지 진행되는 삼위일체 하나님의 구속 사역의 뿌리와 기초와 토대를 형성한다. 교회론적인 차원에서 중요한 사실은 교회가 바로 하나님의 구속 언약의 핵심에 위치한다는 것이다. 성부와 성자와 성령이 함께 맺은 구속 언약은 장차 교회라고 불릴 택한 백성들의 구속과 관련된 것이기에 그러하다. 다시 말하면 구속 언약을 맺으면서 삼위일체 하나님이 구속하려고 하는 대상은 바로 택한 백성들, 즉 교회다라는 것이다. 그러므로 교회는 하나님의 영원한 계획 속에 있는 어떤 것이지, 계획에도 없던 어떤 것이 갑자기 생겨난 것이 아님을 기억해야 한다. 따라서 교회의 기원은 영원이지, 시간 세계가 아니다. 그리고 구속 사역이 끝나는 날에 교회는 완전한 영광, 영원한 영광의 상태를 누리게 될 것이다. 그런 의미에서 교회는 하나님의 모든 계획의 중심에 있다고 해도 과언이 아니다.

---

3 Jonathan Edwards, *A History of the Work of Redemption*, WJE, 9: 509. "Now all Christ's enemies will all be perfectly put under his feet, and he shall have his most perfect triumph over sin, and Satan and all his instruments, and death and hell. Now shall all the promises made to Christ by God the Father before the foundation of the world, the promises of the covenant of redemption, be fully accomplished. And Christ shall now perfectly have obtained the joy that was set before him, for which he undertook those great sufferings he underwent in his state of humiliation. Now shall all the hopes and expectations of the saints be fulfilled. The state of things that the church was in before was a progressive and preparatory state, but now she is arrived in her most perfect state of glory. All the glory of the glorious times of the church on earth is but a faint shadow of this, her consummate glory in heaven.

그리스도의 신부인 교회

에드워즈 교회론의 두 번째 특징은 교회가 그리스도의 신부라는 사실에 대한 강조이다. 에드워즈는 특별히 이 점에 대해서 다른 어떤 신학자들보다 더 강조하고 예찬하였다. 에드워즈는 다음과 같이 설교했다.

부활의 아침 의의 태양이 하늘에서 나타나 밝고 영광스럽게 비출 때, 그는 신랑으로 나아올 것이다. 그는 모든 거룩한 천사들과 함께 그의 아버지의 영광으로 나아올 것이다. 우리의 위대한 하나님이시자 구주이신 예수 그리스도가 영광스럽게 나타나실 때에 택함받은 전체 교회는 모든 개인이 완전하게 되고, 각자의 몸과 영혼을 포함한 전인이 완전한 영광속에서 공중으로 들어올려져 주님을 만나 영원히 주님과 함께 있게 될 것이다. … 그리고 나서 그리스도께서 자신의 아내를 그의 영광스러운 왕궁으로 함께 들어가자고 초청하시는 때가 올 것이다. 그 왕궁은 그가 창세로부터 준비해 왔던 것이다. 그리스도는 그녀의 손을 잡고 왕궁으로 인도하실 것이다. 이 영광스러운 신랑과 신부는 빛나게 치장한 채 하늘의 하늘 안으로 함께 올라갈 것이다. 수많은 영광스러운 천사들이 이들을 수종들 것이며. 이 아들과 하나님의 딸인 교회는 영광과 기쁨 가운데 연합하여 자신들을 아버지 하나님께 드리게 될 것이다. 그리고 그들은 함께 하나님 아버지의 축복을 받을 것이고, 완성된, 중단 없는, 불변하는, 영원한 영광 안에서, 서로에 대한 사랑과 포용 안에서, 그리고 아버지의 사랑을 함께 누리면서 기뻐할 것이다.[4]

---

4 Jonathan Edwards, *Jonathan Edwards: Sermons and Discourses, 1743–1758, WJE* 25: 183–84. "In that resurrection morning, when the Sun of Righteousness shall appear in the heavens, shining in all his brightness and glory, he will come forth as a bridegroom; he shall come in the glory of his Father with all his holy angels. And at that glorious appearing of the great God and our Savior Jesus Christ shall the whole elect church, complete as to every individual member, and each member with the whole person, both body and soul, and both in perfect

에드워즈는 교회가 하나님의 아들 예수 그리스도의 신부요 아내라는 점을 강조하고 있는 것이다. 그것은 신학적으로 몇 가지 매우 중요한 의미를 함축하고 있다. 첫째, 그것은 무엇보다도 교회가 현재 가지고 있는 영광 그리고 미래에 소유하게 될 영원한 영광의 측면을 강조한 것이다. 교회가 우주의 왕이신 예수 그리스도의 신부라면, 예수님에게 있어서 교회보다 더 소중하거나 귀한 것은 없다. 예수 그리스도가 가장 존귀하게 여기는 존재는 바로 자신의 신부인 교회다. 그래서 예수 그리스도는 교회를 위하여 자기 목숨을 버리셨다. 만일 교회가 "주 예수보다 더 귀한 것은 없네"라고 찬송한다면, 주 예수는 "내 교회보다 더 귀한 것은 없네"라고 선포할 것이다. 교회는 이미 현재적으로 이렇게 놀라운 지위를 소유하고 있다. 그리고 장차 교회는 하나님의 아들 예수 그리스도의 신부로서 영원한 영광, 말할 수 없는 영광을 소유하고 누리게 될 것이다.

둘째, 교회가 하나님의 아들 예수 그리스도의 신부요 아내라는 점은 또한 교회의 순결성과 거룩성을 강조하는 측면이 있다. 한 신랑의 신부가 지켜야 할 가장 중요한 것은 무엇일까? 그것은 신랑을 향한 정절과 순결이다. 신랑을 향한 거룩한 사랑이다. 점과 흠이 없는 사랑이다. 그러므로 교회가 예수 그리스도의 신부라는 것은 교회의 놀라운 영광과 특권을 함축하고 있지만, 동시에 교회의 거룩한 의무와 책임을 함축하고 있는 것이다. 사실 교회가 거룩함과 순결함을 지키고 유지해야 한다는 그 책임과 관련

---

glory, ascend up to meet the Lord in the air, to be forever with the Lord. . . . Then will come the time when Christ will sweetly invite his spouse to enter in with him into the palace of his glory, which he had been preparing for her from the foundation of the world, and shall take her by the hand and lead her in with him; and this glorious bridegroom and bride shall, with all their shining ornaments, ascend up together into the heaven of heaven, the whole multitude of glorious angels waiting upon them; and this Son and daughter of God shall, in their united glory and joy, present themselves together before the Father; . . . and they shall together receive the Father's blessing; and shall thenceforward rejoice together in consummate, uninterrupted, immutable and everlasting glory, in the love and embraces of each other, and in their shared enjoyment of the love of the Father.

해서 에드워즈는 교회에서 베풀어지는 성찬에 참가할 자격이 있는 성도들은 하나님앞에서 거룩하고 윤리적인 삶을 영위하는 자들만이라고 주장했다. 그래서 그는 그의 외조부 솔로몬 스타더드(Solomon Stoddard)의 반언약주의(half-covenantalism)에 강하게 반대하였다. 이 점에 대해서는 아래에서 좀 더 자세히 살펴 볼 것이다.

교회가 그리스도의 신부라는 사실을 강조한 에드워즈의 신학 사상은 전통적으로 은혜 언약으로 불렸던 언약을 '결혼 언약'(marriage covenant)으로 불렀다는 점에서 한 차원 더 극명하게 드러난다. 은혜 언약을 결국 예수 그리스도와 성도 개인, 더 나아가서 예수 그리스도와 교회 공동체가 영적으로 결혼하게 하는 언약이라는 의미다. "영혼이 회심할 때 그리스도와 영혼 사이에는 결혼 언약이라는 또 다른 언약이 있으며, 그것은 적법한 언약이다. 이것은 구속 언약과 구별되어 은혜 언약이라 불리는 것이다."[5] 이윤석은 이에 대하여 다음과 같이 주장한다.

이처럼 에드워즈는 한편으로는 결혼 언약이라는 용어를 사용하되 기존의 은혜 언약과 완전히 별개의 새로운 개념으로 사용하기보다는 은혜 언약을 그리스도와 신자의 관계의 관점에서 규정할 때 사용하는 것으로 보인다. 이를 신학 단문 919번 "구속 언약과 은혜 언약"에서는 "만약, 은혜 언약에 의해서 우리가 성부 하나님과 인간의 사이의 언약을 이해한다면, 그리스도와 신자들 사이의 언약으로 이해될 수 있을 것이며, 그것은 결혼 언약이다."라고 설명한다. 즉 은혜 언약은 성부 하나님과 인간들의 관점에서 볼 때, 결혼 언약은 그리스도와 신자들의 관점에서 볼 때 사용하는 용어일 뿐 은혜 언약과 결혼 언약이

---

5 Jonathan Edwards, The *"Miscellanies"(Entry Nos. 501-832)*, no. 825, in WJE 18:537. "There is another covenant that is the marriage covenant between Christ and the soul … in the soul's conversion, it becomes a proper covenant. This is what is called the covenant of grace, in distinction from the covenant of redemption."

지시하는 언약 자체가 다른 것은 아니라는 설명이다.[6]

결국 성도들이 영원전 구속 언약에서 약속된 복을 누리게 되는 것은 은혜 언약을 통해서 인데 이 은혜 언약의 한 측면이 신랑되신 예수 그리스도와 영적인 의미에서 결혼하는 것을 의미한다는 것이다. 그리스도와 영적인 의미에서 결혼함으로 말미암아 그리스도인 개인과 교회는 그리스도 안에 있는 모든 영광스러운 복을 누리게 된다는 것이다. 에드워즈는 교회를, 다른 무엇보다도, 예수 그리스도의 신부로 이해했다. 이러한 그의 신학적 통찰은 현대 교회의 콘텍스트(context)에서도 여전히 놀라운 의미가 있다.

그리스도와의 연합과 교회

신약 성경 구원론의 중핵인 그리스도와 성도의 연합 교리는 종교개혁 시대에 마르틴 루터와 장 칼뱅에 의해서 회복되고 강조되었다.[7] 루터와 칼뱅에 의해서 회복되고 강조된 그리스도와의 연합 교리는 청교도 신학에도 계승되었고 더 깊게 발전되었다. 특별히 그리스도와의 연합을 강조한 청교도 신학자들 중에는 존 오웬(John Owen)이 포함된다.[8] 에드워즈는 루터와 칼뱅으로부터 시작해서 후대의 청교도 신학자들에게로 계승된 그리스도와의 연합 교리를 중시하고 강조하였다. 물론 그는 그리스도와의 연합을 주로 성도 개인의 구원 서정의 관점에서 논의하고 있다. 그러나 그리스도

---

6 이윤석, 『그리스도와의 연합 관점으로 본 조나단 에드워즈의 성화론』 (서울: CLC, 2017), 131.
7 칼뱅의 연합론에 대한 탁월한 연구로는 Dennis E. Tamburello, *Union with Christ: John Calvin and the Mysticiam of St. Bernard* (Louisville, KY: Westminster/John Knox, 1994) 와 John V. Fesko, *Beyond Calvin: Union with Christ and Justification in Early Modern Reformed Theology, 1517-1700*, Reformed Historical theology 20 (Vandenhoeck & Ruprecht, 2012) 를 참조하라.
8 존 오웬의 연합론에 대해서는 Kelly M. Kapic, *Communion with God: The Divine and the Human in the Theology of John Owen* (Grand Rapids: Baker Academic, 2007)을 참조하라.

와의 연합은 그의 교회론에도 영향을 미쳤다.

에드워즈는 특별히 "교회가 그리스도와 연합되었다."라는 말은 교회가 그리스도의 몸이라는 유비로 표현될 수 있음을 의식하였다. 에드워즈는 다음과 같이 말한다

> 영원한 작정에서 하나님은 세상을 창조하고 자신을 전달하시기로 결정하시고, 그의 아들이 자신의 무한한 은혜와 사랑을 받을 대상을 가지도록 결정하신 것처럼, 하나님은 이 대상이 하나가 되도록 결정하셨다. 이 모든 것에 있어서 하나님의 목적은 하나의 창조된 아들, 하나의 신부 또 그의 아들의 몸을 가지시려는 것이었다. 그렇게 하심으로써 당신의 말할 수 없고 초월적인 선함과 은혜를 드러내고자 하셨다. 따라서 많은 개인들이 선택되었지만, 그들은 한 머리와 연합된 하나의 몸, 하나의 신부로서 연합 안에서 하나님의 무한하신 선하심과 그리스도의 특별한 사랑을 받도록 선택되었다.[9]

즉 위에서 논의한 바와 같이 교회가 예수 그리스도의 신부라는 유비가 그의 교회론에 한 축을 이루고 있다면, 또 다른 한 축은 교회가 그리스도의 몸이라는 유비이다. 그것은 머리이신 그리스도와 몸인 교회는 유기적인 연합을 이루고 있다는 것이다.

토머스 셰이퍼(Thomas A. Schafer) 역시 필자와 같은 의견을 피력한다.

---

9 Jonathan Edwards, The *"Miscellanies"(Entry Nos. 1153-1360)*, no. 1245, in *WJE* 23:179. "As God determined in his eternal decrees to create a world, to communicate himself, and his Son might have an object for the object of his infinite grace and love, so God determined that this object should be one. His special aim in all was to procure one created child, one spouse and body of his Son for the adequate displays of this unspeakable and transcendent goodness and grace. Therefore, though many individual persons were chosen, yet they were chosen to receive God's infinite good and Christ's peculiar love in union, as one body, one spouse, all united in one head."

더 이상 언약의 법적 조건으로서 취급될 수 없는 이러한 신앙의 개념은 에드워즈로 하여금 은혜 언약(적어도 그것이 언약인 한)을 구속 언약 안으로 병합되도록 이끌었다. 은혜 언약은 또한 분리된 개인들로서의 성도들과 맺어진 것이 아니라, 그리스도 안에 있는 성도들과 맺어졌다. 선택된 인류이자 그리스도의 몸인 교회는 단순히 개별자들의 집합이 아닌, 하나의 보편자로서 여겨진다. 그것은 그리스도 안에 있는 새사람, 그리고 어떤 면에서는 그리스도 자체이다.[10]

셰이퍼는 교회가 선택된 사람들의 총체이자 그리스도의 몸이라는 사실을, 에드워즈가 강조했다고 지적하고 있다. 그리스도의 몸 된 교회는 그 머리 되신 예수 그리스도와 완전한 유기적 · 생명적 연합 관계 안에 있는 것이다.

이 맥락에서 에드워즈는 그리스도와 모든 신자들을 포함하는 교회, 즉 머리 되신 그리스도와 그 몸 된 교회가 연합한 상태를 "신비적 그리스도"(mystical Christ)라는 용어로 표현한다. 이것은 또한 그리스도의 몸이 신비적으로 확대되어 간다는 뜻을 함축하고 있다.

하나님이 구속 언약을 통해서 그리스도와 그의 백성들에게 공동으로 주어질 혜택에 대한 약속들, 예를 들어 칭의, 하나님의 자녀로서의 특권과 혜택, 영원한 유업과 나라 등에 대한 약속들은 신비적 그리스도에게 적절히 주어졌다. 그 약속들은 전체 미래 교회를 사실상 포함하는 공적인 인간으로서 그리스도

---

10 Thomas A. Schafer, Jonathan Edwards' Conception of the Church, *Church History*, 24/1(1955), 54–55. "This conception of faith, which can no longer be treated merely as the legal condition of covenant, leads Edwards to merge the covenant of grace(at lease in so far as it is covenant) in the covenant of redemption. The covenant of grace also is made with the saints not as separate individuals, but only as in Christ. The church, which is elect mankind and the body of Christ, is seen to be a universal, not merely a collection of particulars; it is the new man which is in Christ and, in some sense, *is* Christ."

에게 세워졌다. 그리스도는 교회에 속한 모든 사람을 자신 안으로 취하셨고, 그들의 이름들을 당신의 마음에 새겼으며, 그들 모두를 대표하는 자로서 하나님 앞에 서셨다. 따라서 그 약속들은 사실상 그리스도에게만 주어진 것이 아니라, 그의 지체들에게도 주어진 것이다. 비록 신비적 그리스도 전체가 아직 존재하지 않고, 오직 그 몸의 머리만이 존재했고, 그 몸의 지체들은 하나님의 작정 안에서만 존재했지만, 그 약속들은 신비적 그리스도 전체에게 주어졌다.[11]

그리스도의 몸 된 교회는 그 머리 되신 그리스도와 온전히 연합되어 하나가 되었다는 뜻이다. 교회가 그리스도의 몸이라는 유비는 매우 중요한 신학적 함의를 가지고 있다. 첫째로, 몸 된 교회의 머리 되신 예수 그리스도는 교회를 향하여 명령하고, 지시하고, 지령을 내릴 수 있는 권한을 가진다는 것이다. 몸 된 교회가 머리 되신 그리스도와 긴밀한 관계를 맺고 있다면, 교회는 머리 되신 그리스도의 명령과 지령과 지시에 신실하게 순종할 것이다. 만일 몸 된 교회가 머리 되신 그리스도와 분리된다면 그것은 교회의 죽음을 의미한다. 둘째로 교회가 그리스도의 몸이라는 것은 초림 시 예수님께서 몸을 통해 하신 일을 교회가 지속적으로 감당해야 함을 뜻한다. 만일 성육신 당시 예수님께서 인성을 취하실 때 가지셨던 몸을 제1의 몸이라고 한다면, 이 제1의 몸이 죽고, 부활하여 승천한 후 제2의 몸인

---

11 Jonathan Edwards, *The "Miscellanies"(Entry Nos. 833-1152)*, no. 1091, in *WJE* 20: 475. "The promises that god, in the covenant of redemption, made to his Son of benefits to be given to him and his people jointly, such as justification, the privileges and benefits of his children, the eternal inheritance and kingdom, were properly made to Christ mystical. For they were made to Christ as a public person, as virtually containing the whole future church that he had taken as it were into himself, having taken their names on his heart, and having undertaken to stand as representing them all. And therefore the promises are in effect not only made to Christ, but his members. For they were made to the whole mystical Christ, and thought the whole of Christ mystical was not yet in being, only the head of the body as yet is in being, and the members only existing in God's decree."

교회를 주셨다고 해도 과언이 아닌 것이다. 물론 여기서 교회가 예수 그리스도의 제2의 몸이라고 하는 것은 문자적인 의미라기보다는 비유적이고, 상징적이고, 유비적인 의미에서 그렇다.

성찬식과 교회

에드워즈 신학에 있어서 성찬 또는 주의 만찬은 교회의 본질과 건강에 밀접하게 연결되어 있다. 에드워즈는 성찬의 의미를 아래와 같이 여덟 가지로 정리한다.

첫째, 떡과 잔의 성찬을 집례하는 자는 그리스도를 대표한다. 둘째, 성찬은 그리스도의 몸과 피를 나타낸다. 셋째, 그리스도의 고난에 의해서 성도들을 위한 길이 만들어졌음을 의미한다. 넷째, 그리스도가 성도들에게 그의 몸과 피를 자유롭게 무상으로 주셨음을 의미한다. 그리스도는 자신의 몸과 피를 하나님께 드렸을 뿐만 아니라, 집례자의 말과 행동으로 대표되는 여러 유익들을 제공한다. 다섯째, 그리스도의 몸과 피를 받아들이고, 수용하고, 먹는 신자들을 의미한다. 여섯째, 그리스도의 몸과 피가 주는 혜택들의 실재적 수혜자들이 신자들임을 나타낸다. 일곱째, 성도들이 그리스도와 함께 누리는 연합, 그리고 성도들 간에 누리는 연합을 나타낸다. 여덟째, 성도들이 그리스도와 함께 참여함을 나타낸다. 성도들은 자신의 이름으로 성도들을 섬기시는 그리스도와 함께 연합한다.[12]

---

12 Jonathan Edwards, "The Sacrament of the Lord Is the Communion of the Body and Blood of Christ," in Sermons on the Lord's Supper, ed. Don Kistler(Orlando: The Northampton Press, 2007), 81–83. "(1) Here the person of Christ is represented by him who administers the bread and wine.(2) The body and blood of Christ is here represented.(3) The suffering of Christ by which way is made for the saints is in the communion represented.(4) Christ's freely offering and giving His body and blood to the saints is here represented. Christ not only offers up His

에드워즈에게 있어서 성찬은 무엇보다도 그리스도와의 연합을 상징하고, 또한 성도들 간의 연합을 상징한다. 그렇다면 예수께서 성찬을 제정하신 좀 더 구체적인 이유는 무엇인가? 이 질문에 대하여 에드워즈는 아래와 같이 답한다.

성찬을 제정하신 이유는 그가 떠나갈 것이기 때문이었습니다. 주님은 당신이 없을 때에도 그들이 당신을 기억할 수 있게 하려고 이 의식을 제정하셨습니다. 따라서 그 이유는 그가 계시지 않는 동안 즉 그가 다시 오실 때까지는 유효합니다.[13]

즉 에드워즈에게 있어서 성찬은 그리스도를 기억하고, 먹고, 마시며, 누리기 위한 의식이다. 성찬은 영적인 식탁이며 잔치다. 성찬을 통해서 교회는 곧 다가올 천국의 기쁨을 맛본다. 그러므로 성찬은 교회의 생활에 있어서 절대적으로 중요하다. 또한 에드워즈는 성찬이 그렇게 중요하기 때문에 성찬식을 매주 실행하는 것이 성도 개인과 교회 공동체에 유익하다고 믿었다.

교회사의 모든 기록들을 참조해 보면 초대 교회의 성도들은 주의 만찬 즉 성

---

body and blood to God. He offers and bestows the benefits represented in the action of the minister, his words, and actions. (5) Believers receiving and accepting and feeding on the body and blood of Christ are here represented, both Christ's offering and believers' acting. …(6) This is represented in their being actually the subjects of the benefits of His body and blood represented in or by the nature of the elements and their application to the receivers. …(7) Here is represented that union the saints have with Christ and one another by which they have communion or a joint participation. …(8) Here is represented their joint participation itself with Christ; they partake with him who ministers in His name with the saints."

13 Jonathan Edwards, "The Lord's Supper Ought to Be Kept Up and Attended in Remembrance of Christ", 57. "The Reason of the institution was that He was going away. He appointed this rite for them to remember Him by because of His absence; and therefore the reason holds as long as His absence holds, which is till He comes again."

찬이라는 성례를 매우 자주 실행하려고 하였다. 그리고 성경의 기록에 따르면 그들은 처음에는 성찬을 매일 실행하려고 했던 것 같다. 사도행전 2장 46절을 보면 "날마다 마음을 같이하여 성전에 모이기를 힘쓰고 집에서 떡을 떼며 기쁨과 순전한 마음으로 음식을 먹고"라고 되어 있다. 그 후에는 매주 안식일날에 실행했다. 사도행전 20장 7절을 보면 "그 주간의 첫날에 우리가 떡을 떼려 하여 모였더니 바울이 이튿날 떠나고자 하여 그들에게 강론할새 말을 밤중까지 계속하매"라고 되어 있다.[1]

그러면서 그는 성찬에 참여할 수 있는 자격에 제한을 두어야 함을 역설했다. 따라서 성찬은 교회에 출석하는 모든 교인들에게 열려 있는 것이 아니라, 교회 안에서도 진정한 삶의 열매로 자신이 그리스도인임을 입증하는 삶을 살고 있는 경건한 사람들에게만 열려 있어야 한다. 에드워즈는 그의 책 『가견적 기독교회에 있어 완전한 회원권과 성찬 참여 자격에 관한 하나님의 말씀의 규칙들에 대한 겸허한 질의』[2]에서 이 경건한 사람들만이 교회의 진정한 멤버십 즉 교회의 진정한 회원이 될 수 있다고 주장하였다.

이러한 에드워즈의 주장은 그의 외조부 솔로몬 스토더드가 주장한 좀더 온건한 입장과 정면으로 충돌되는 것이었고, 그가 그 주장을 굽히지 않자 결국 20년 넘게 목회자로 섬겼던 노샘프턴교회에서 그는 추방되고 말았다.

---

1 Jonathan Edwards, "Self-Examination and the Lord's Supper", in M. Valeri & H. S. Stout, eds., *Sermons and Discourses, 1730–1733, WJE* 17: 264. "They were wont to have the sacrament of the Lord's Supper in the primitive church very often, by all accounts of ecclesiastical history. And it seems by the account of holy Scripture that they were at first wont to celebrate this ordinance daily, as Acts 2:46, "and they, continuing daily with one accord in the temple, and in breaking bread from house to house"; afterwards weekly, every sabbath day, Acts 20:7, "and upon the first day of the week, when the disciples came together to break bread."

2 Jonathan Edwards, *An Humble Inquiry Into the Rules of the Word of God, Concerning the Qualifications Requisite to a Complete Standing and Full Communion in the Visible Christian Church, WJE* 12: 165– 348.

현대 한국 교회적 의미

필자는 지금까지 에드워즈 교회론의 몇 가지 특징을 논의하였다. 이 논의에 근거해서 그의 교회론이 현대 한국 교회와 관련해 어떤 의미가 있는지를 논의하고자 한다.

교회 기원의 영원성에 관한 바른 인식

오늘날 한국 교회 내에서는 교회에 대한 다양한 견해들이 충돌하고 있다. 그 충돌들 중 대표적인 것이 바로 교회의 기원에 관한 이해이다. 특별히 세대주의적인 신학을 견지하고 이스라엘의 우월성과 특권을 강조하는 교회에서는 교회의 기원이 시간 세계 즉 신약 시대에 있을 뿐이며, 교회는 하나님의 진정한 백성인 혈육의 이스라엘에 대하여 부차적인 존재라는 인식이 지배적인 흐름을 형성하고 있다. 그래서 세대주의권 일각에서는 요즘 '이스라엘 회복 운동'이라는 새로운 운동이 등장하여 혈육의 이스라엘을 높이고, 심지어 세계 곳곳에 흩어져 있는 유대인들은 고토로 돌아가게 하는 '알리야' 운동을 위해서 교회가 물질적인 지원을 다 해야 한다는 식의 견해들이 큰 주목을 받고 있다. 안타깝게도 교회에 관한 이런 잘못된 이해는 성도들을 심각하게 오도하고 있다.

우리는 교회의 기원에 관하여 바른 이해를 가져야 한다. 그것은 영원한 삼위일체 하나님께서 구속 언약을 맺으시는 그때부터 교회를 당신의 마음속에 품으셨으며, 교회를 예정하시고 선택하셨음을 기억하는 것이다. 즉 창세전 영원 안에서의 구속 언약 단계에서 이미 삼위일체 하나님의 전 경륜의 중심에 교회가 존재했다는 사실을 바르게 인식해야 한다. 따라서 교회는 일부 세대주의자들이 주장하는 것처럼, 하나님의 주된 백성인 이스라엘이 실패하자 임시적으로 하나님의 구원의 경륜이 이방인으로 넘어가면서 생기게 된 부차적이고 지엽적인 신앙 공동체가 아니다. 도리어 교회는 세상을 창조하시기도 전에 세우신 하나님의 전체 경륜의 중심이었고 구약 시대와 신약 시대를 거쳐 새 하늘과 새 땅에 이르러서야 완성되는 하나님의 백성들의 공동체임을 바르게 인식해야 한다.

교회의 기원이 영원에 있음을 바르게 인식할 때, 우리는 교회의 참된 영광과 가치와 중요성에 대해서 바르게 눈뜨게 된다. 다시 말하면 삼위일체 하나님의 전 경륜의 목적은 크게 두 가지로 집약될 수 있다. 하나는 삼위일체 하나님의 영광을 드러내는 것이다. 하나님의 영광이 하나님의 전 경륜의 목적이다. 둘째 삼위일체 하나님의 전 경륜의 다른 목적은 결국 완전한 당신의 백성 즉 교회를 소유하시려는 것이다. 그러므로 하나님의 영광이라는 궁극적이고 최종적인 목적을 제외하면, 하나님의 전 경륜은 결국 교회를 중심으로 돌아가고 있다는 결론을 내릴 수 있다. 교회의 기원을 이렇게 이해할 때, 우리는 비로소 교회의 영광과 가치가 얼마나 위대한 것인지를 바르게 인식할 수 있게 된다.

현대 한국 교회는 교회의 영광과 가치에 대한 무지로 중병을 앓고 있다. 다시 한번 우리는 하나님의 관점에서 교회를 바라보는 시각을 회복해야 한다. 교회는 누구든지 아무렇게나 할 수 있는 공동체가 아니다. 교회는 사람이 마음대로 좌지우지 할 수 있는 그런 단체가 연합회가 아니다. 교회는 하나님의 백성들의 공동체로서 하나님의 계획과 경륜의 중심에 있는 것으로 바르게 이해되고 취급되어야 한다.

그리스도의 신부로서 교회의 영광과 책임

에드워즈는 교회가 하나님의 아들 예수 그리스도의 신부임을 강조하였다. 교회가 예수 그리스도의 신부라는 것은 교회의 영광과 가치 그리고 교회의 책임과 관련하여 놀라운 의미를 담고 있다.

첫째, 교회가 예수 그리스도의 신부라고 하는 것은 예수 그리스도에게 있어서 가장 중요하고 가치 있는 존재가 교회라는 것을 의미한다. 물론 삼위일체 하나님을 제외하고서이다. 하나님의 아들이신 예수 그리스도에게 있어서 아버지 하나님과 보혜사 성령을 제외하고 가장 중요한 존재는 당신의 신부인 교회이다. 이것은 너무도 당연하다. 인간 세계의 비유를 들어보아도 분명해진다. 정상적인 생각을 가진 결혼한 남자에게 있어서 가장 중요한 존재는 누구일까? 그것은 당연히 그의 신부, 그의 아내이다. 그의 부모도 아니고, 그의 자녀도 아니다. 물로 그의 부모도 중요하고, 그의 자녀들도 중요하지만, 그와 한 몸 된 신부보다 더 중요할 수 없고, 더 가치 있을 수 없는 것이다. 교회가 그토록 가치 있는 존재이기에 예수 그리스도는 자신의 생명을 드려 교회를 샀다. 그의 피값으로 교회를 구속하셨다. 우리는 교회에 대한 예수 그리스도의 시각을 회복해야 한다.

둘째, 교회가 예수 그리스도의 신부라고 하는 것은 교회가 말할 수 없이 영광스러운 존재임을 의미한다. 교회가 예수 그리스도의 신부라는 것은 결국 교회가 온 우주의 왕이신 주님의 신부 즉 여왕임을 의미한다. 온 우주의 여왕인 교회는 그리스도와 동등한 영광과 주권을 가진 존재이다. 교회는 단순한 사람의 공동체가 아니다. 예수 그리스도와 한 몸 된 신부로서 그리스도께서 가지신 모든 영광을 함께 소유하고 누리는 공동체이다. 교회는 그리스도의 의와 거룩을, 지혜와 권능을 함께 소유하고 누리는 존재이다. 우리는 교회의 영광에 대한 성경적이고 바른 시각을 회복해야 한다.

셋째, 교회가 예수 그리스도의 신부라고 하는 것은 신부인 교회가 가진 놀라운 책임과 의무를 함축한다. 신부와 아내로서 교회는 신랑 앞에서 정절과 절개를 지키는 거룩함을 추구해야 한다. 신부인 교회는 결코 영적

간음죄에 빠져서는 안된다. 우상 숭배의 죄를 범해서는 안된다. 그 우상이 자신의 영광이든, 물질이든, 세상의 인정이든, 쾌락과 탐욕이든 교회를 불결하게 만드는 모든 죄악으로부터 교회는 자신을 분리시키고, 모든 세상과 구별된 공동체로 존재해야 한다. 현대 한국 교회는 교회의 거룩성을 추구하고 유지함에 있어서 참혹하게 실패한 것으로 보인다. 교회 안에 세상의 가치관이라는 더러운 탁류가 들어와 교회의 곳곳을 부패시키고 있다. 현대 한국 교회는 이 더럽고 추악한 길에서 돌아서야 한다. 회개하고 다시 한번 교회의 정절과 순결과 거룩을 회복해야 한다.

그리스도와 연합된 몸으로의 교회

에드워즈는 교회가 그리스도와 연합된 공동체임을 강조하였다. 그리스도와 연합된 공동체로서 교회는 머리되신 그리스도의 몸이라고 불린다. 머리와 몸의 비유는 그리스도와 교회의 연합과 그 연합의 유기적 성격과 친밀성을 강조한 것이다. 머리와 몸이 분리되면 죽게 되듯이, 머리와 몸이 유기적으로 긴밀하게 연결되지 않으면 장애가 발생한다. 마찬가지다. 교회가 머리 되신 그리스도와 유기적으로 긴밀하게 연결되어 있으면 교회는 살지만, 교회가 머리 되신 그리스도로부터 분리되면 그 교회는 죽은 것이나 다름이 없다. 그리고 교회가 머리 되신 주님과 연결되어 있다고 하더라도 그 연결의 유기성과 긴밀성이 약해지면 교회는 장애를 일으킬 수 밖에 없다.

오늘날 현대의 한국 교회는 머리 되신 그리스도와 유기적으로 친밀하게 연결되어 있지 않은 면을 많이 보여 주고 있다. 그러한 역기능은 교회의 목회, 사역, 행정, 교제, 선교 등 모든 분야에서 나타나고 있다. 그래서 몸인 교회가 머리 되신 그리스도의 명령과 지령에 따라 움직이는 것이 아니라, 도리어 자신의 뜻과 고집을 따라 움직이고 있다는 인상을 주고 있다. 이것은 교회가 가야 할 바른 길이 아니다. 교회는 몸으로서 머리 되신 그리스도의 명령과 지령과 뜻을 잘 받들어야 한다. 그럴 때에야 교회가 건강한 하나님의 백성으로서, 예수 그리스도의 신부로서의 정체성을 유지하고, 그리스도의 몸으로서 머리 되신 그리스도의 뜻을 잘 받들 수 있다.

교회의 회원권과 성찬

현대 한국 교회가 보여 주고 있는 가장 심각한 문제들 중 하나는 이름뿐인 혹은 명목상의 그리스도인(nominal Christian)이 많아지고 있다는 점이다. 교회에 정기적으로 출석은 하고 있지만, 그의 성품이나 삶이 전혀 그리스도인 답지 않은 모습을 보이는 자들이 많아지고 있다는 것이다. 즉 가시적인 경건성과 거룩성을 보여 주지 못하는 교인들이 많아지고 있다는 점이다.

그 결과 한국 교회는 여러 가지 심각한 오명을 얻고 있으며, 세상의 비난과 손가락질을 받아 온 지 오래다. 교회가 세상에 대하여 최소한으로 보여 줘야 할 도덕성, 투명성, 순결성을 전혀 보여 주지 못하고 있다는 인식이 교회 안팎에 팽배해 있다. 그래서 교인들의 평균적인 윤리적 수준이 일반 세상 사람들보다 더 낫기는 커녕, 훨씬 더 못하다는 평가를 받고 있다. 이것은 교회의 머리 되시고, 신랑 되신 예수 그리스도의 이름을 욕되게 하는 것이다.

이런 상황에서 우리는 에드워즈가 성찬 참여 자격 기준을 높이면서 교회의 회원권의 기준을 높였던 사실을 기억할 필요가 있다. 에드워즈 역시도 대충 타협하면서 그의 외조부 솔로몬 스토더드가 갔던 그 길을 갈 수 있었다. 그랬다면 그는 자신이 오랜 세월 동안 목회했던 그 교회에서 추방되지 않았을 것이다. 그러나 에드워즈는 교회의 회원권 그리고 성찬에 참여할 수 있는 자격을 유명무실한 교인들에게 주어서는 안 된다는 확고한 신학적 입장을 가지고 있었고 그런 신념에 따라 행동하였다. 논자는 이런 에드워즈의 신념과 착상이 현대의 한국 교회 내에서 올바르게 계승되고 적용되어야 한다고 믿는다.

그것은 회원권 자격 기준을 강화하는 것이다. 그래서 교회의 영적, 윤리적 수준을 높이는 것이다. 그래서 상당한 정도의 가시적인 거룩성을 보여 주지 못하는 교인들에게는 회원권을 주지 않을 뿐만 아니라, 성찬에 참여할 수 없도록 함으로써 교회의 내면적 정체성을 지키고 영적 수준을 높여 가야 한다. 이런 노력이 아름다운 열매를 얻을 때, 예수 그리스도의 이름에 합당한 영광이 돌아가게 될 것이고 하나님의 이름이 거룩히 여김을 받게 될 것이다.

결론

에드워즈의 교회론의 몇 가지 특징을 살폈다. 결론적으로 에드워즈가 구속 언약 개념을 통해 교회의 기원을 영원으로 돌린 것은 매우 적절했다. 현대 한국 교회 내에서 교회의 기원이 하나님의 영원하신 경륜에 있음을 아는 지식이 계속 확산되기를 기대한다. 참 하나님의 백성이 유대인이 아니라, 영원부터 영원까지 하나님의 친백성인 교회임을 기억해야 한다. 교회가 예수 그리스도의 신부임을 기억하고 교회의 영광과 책임에 관하여 눈을 떠야 한다. 교회가 예수 그리스도의 몸임을 기억하고, 그리스도와의 친밀한 관계의 중요성을 강조해야 한다. 교회의 회원권에 대한 자격 기준을 강화하고 교회의 영적ㆍ윤리적 수준을 높여야 한다. 이것이 에드워즈 교회론이 현대 한국 교회를 향하여 가진 신학적 의미이다.

조나단 에드워즈의 칭의론과 한국 교회[1]

강웅산

요약 : 이 논문은 조나단 에드워즈의 이신칭의 교리를 분석하며, 에드워즈가 칭의를 설명함에 있어 "그리스도와의 연합"을 논의의 틀과 방법론으로 사용하고 있음을 보이는 데 목적이 있다. "그리스도와의 연합"은 에드워즈에게 있어서 개인의 구원(*ordo salutis*)을 그리스도의 사역(*historia salutis*)의 배경으로 이해하는 것을 가능하게 한다. 본 분석을 통해서 우리는 첫째, 그리스도의 의가 갖는 구속사적 의미가 어떻게 개인의 칭의의 근거가 되는지를 보게 된다. 둘째, 그리스도와의 연합의 동작으로 정의되는 믿음은 오직 그리스도만이 칭의의 근거가 되며, 고로 전적으로 어떤 행위의 개입도 배제하는 것을 보게 된다.

에드워즈의 칭의론을 살피는 이유는 그의 칭의 교리가 보여 주는 신학적 정교성을 배우는 목적도 있지만 오늘의 한국 교회가 과연 종교개혁 교리를 방어하는 책임에 대하여 성공적으로 달성하였는지 반성하는 의미도 갖고 있다. 그의 '그리스도와의 연합'의 관점이 지닌 유효성은 그의 이신칭의 설교가 역사적인 노스햄튼 부흥 사건을 일으켰다는 사실을 통해 검증된 바 있다. 에드워즈의 칭의론은 그런 의미에서 종교개혁을 방어했을 뿐만 아니라 교회를 잘못된 가르침으로부터 지켰다고 할 수 있겠다.

강웅산 교수
현 총신대학교 조직신학 교수.
본 원고는 '2017 서울 조나단 에드워즈 컨퍼런스'에서 강연한 원고이다.

---

1 본 논문은 필자의 "조나단 에드워즈의 칭의론의 방법론적 분석," 「성경과 신학」 66(2013): 157–88을 수정 보완한 것임을 밝힌다.

들어가는 말

조나단 에드워즈(1703-1758)의 신학이 후대에 남겨 준 여러 업적 가운데 하나로 그의 칭의론 교리를 꼽을 수 있다.[2] 그의 칭의론이 끼친 영향력은 이미 18세기 미국 뉴잉글랜드 지방의 부흥 운동을 통하여 확인된 바가 있다. 이신칭의(justification by faith)를 주제로 한, 분위기나 분량 면에서 거의 논문에 가까운, 설교가 도화선이 되어 그가 목회하던 노스햄튼(Northampton) 교회와 그 일대는 1734-35년의 큰 부흥의 체험을 하게 된다.[3] 에드워즈의 이신칭의 설교가 부흥의 불씨 역할한 데는 무엇보다도 그의 칭의론이 그리스도의 대속의 죽음과 부활을 복음의 핵심으로 드러냈기 때문이라고 지적할 수 있다. 그에게 있어서 "오직 믿음으로(by faith alone)" 구원받는다는 말은 "오직 그리스도로(by Christ alone)" 구원받는다는 말로 이해되는 신학 구조를 보이고 있다. 즉 "오직 믿음으로" 칭의된다는 말은 에드워즈에게 있어서 칭의가 "오직 그리스도의 죽음과 부활에만" 근거한다는 말이다. 이때 믿음에 조금이라도 인간의 행위·공로의 개념이 들어가게 된다면, 그만큼 그리스도의 죽으심과 부활의 의미를 삭감하는 것이 되

---

2 칭의론 논의는 종교개혁 이후 결코 잦아들지 않는 뜨거운 주제이다. 특히 근자에 들어서 개신교와 로마 카톨릭 사이, 그리고 역사적 개혁주의와 "새 관점"(New Perspective) 학파 사이에 칭의론을 둘러싼 논의가 계속되면서, 에드워즈의 칭의론이 새삼 논의의 주제가 되고 있다. 참고로 Anri Morimoto나 George Hunsinger 등은 에드워즈의 칭의 및 구원 개념을 성향적 구원론에 입각하여 설명하면서 에큐메니컬 대화의 발판으로 삼고 있다. Anri Morimoto, *Jonathan Edwards and the Catholic Vision of Salvation* (University Park, PA: The Pennsylvania State University Press, 1995); George Hunsinger, "Dispositional Soteriology: Jonathan Edwards on Justification by Faith Alone," *Westminster Theological Journal* 66.1(Spring 2004), 107-120; 좀 더 전통적인 입장에서 에드워즈를 방어하는 입장으로 Josh Moody, ed., *Jonathan Edwards and Justification* (Wheaton, IL: Crossway, 2012); 필자의 『조나단 에드워즈의 칭의론』 (서울: 목양, 2017)을 참고하라.

3 에드워즈는 1734-35년의 노스햄튼 부흥 사건을 보도하는 『자세한 이야기』(*Faithful Narrative*)에서 이신칭의 설교를 한 사실에 대해서만 언급만 하였다. Jonathan Edwards, *Faithful Narrative* in *The Works of Jonathan Edwards*, vol. 4. *The Great Awakening*, ed. C. C. Goen (New Haven: Yale University Press, 1972), 148. 이에 대한 구체적 정황에 대해서는 강웅산, "조나단 에드워즈의 부흥이야기와 부흥신학," 「신학지남」 308(2011 가을): 153-54 참조.

며 더 이상 복음이 아니라는 그의 신학에 대한 철저함 또한 보이고 있다.[4]

에드워즈는 신학 함에 있어서 그의 글을 읽는 독자에게 그리스도를 가장 중심에 두고 있다는 인상을 진하게 남기는데, 특히 칭의 교리를 설명하는 데 있어서도 역시 그리스도 중심적인 해석을 하고 있음을 확인하게한다.[5] 이 점이 이 논문에서 강조하고자 하는 주제이며 동시에 한국 교회가 반성할 필요가 있는 부분이라고 판단된다. 에드워즈는 종교개혁의 핵심 교리라고 할 수 있는 이신칭의 교리를 "그리스도와의 연합(union with Christ)"이라는 신학적 구조를 통해 설명하고 있다. 즉 성도의 칭의를 그리스도와의 연합을 통해서 이해함으로써, 그리스도의 죽으시고 부활하신 사건과 뗄 수 없는 관계에 있음을 강하게 드러낸다. 그런 의미에서 에드워즈에게 그리스도와의 연합은, 칭의론을 그리스도의 죽으심과 부활 중심으로 논하는 것이 가능케 하는 신학적 방법론이기도 하다. 이것은 좀 더 근본적인 차원에서 조직 신학을 함에 있어서 구원론(*ordo salutis*)을 구속사(*historia salutis*)를 통해 보는 방법론이라고도 할 수 있다. 즉 구원론을 기독론적, 언약 신학적 구도를 통해서 볼 수 있게 하는 방법, 달리 말하면 조직신학이 성경 신학과 유기적이며 입체적인 관계 하에서 진행되는 방법론이라고 평가할 수 있겠다. 에드워즈의 칭의론 논의가 내용에 있어서 종교개혁에 충실할 수 있었던 것은, 그 내용을 담는 형식(방법)과 깊은 연관성이

---

4 복음을 지키려는 에드워즈의 열정적인 변증을 들 수 있다. "사람이 자신의 덕이나 순종으로 칭의된다고 생각하는 것은 중보자의 존귀를 삭감하는 것이며, 그리스도의 의로만 돌려져야 할 그 존귀를 인간의 공로에 돌리는 것이 된다. 이것은 인간을 그리스도의 자리에 올려놓는 것이며 그리스도만이 그의 구주가 될 수 있는 일에 인간 스스로를 자신의 구주로 삼는 것이된다. 그리고 이것은 복음의 특성과 구도에 맞지 않는 것으로, 복음은 인간을 낮추고 우리 구원의 모든 영광을 구원자 그리스도에게만 돌린다. 그런 생각은 복음의 교리인 그리스도의 의의 전가의 의미와 부합하지 못하는 것이다." Jonathan Edwards, *Justification by Faith Alone*, in *Sermons and Discourses, 1734-1738*, ed. M. X. Lesser, vol. 19, *The Works of Jonathan Edwards* (New Haven: Yale University Press, 2001), 186.

5 Gaffin은 그리스도의 부활에 대한 이해가 에드워즈가 칭의론을 설명하는 데 있어서 매우 중요하게 작용하고 있다며 평가한다. Richard B. Gaffin, Jr., *Resurrection and Redemption: A Study in Paul's Soteriology* (Phillipsburg, NJ: P & R, 1978), 123, fn.147.

있었다.

　그런 취지에서 이 글에서는 에드워즈의 칭의론에 있어서 크게 두 가지 특징을 지적하려 한다. 첫째, 칭의의 근거인 그리스도의 의의 전가에 대하여 분석하되, 특히 그리스도의 의가 갖고 있는 구속사적 또는 언약 신학적 의미가 어떻게 성도의 칭의에 근거가 되는지 보게 될 것이다. 둘째, 믿음이 성도의 칭의에 어떤 역할을 하는지 설명하되, 그리스도와의 연합이 어떻게 구속사적 결과가 성도의 유익(benefits)이 되게 하며, 그것은 결과적으로 그리스도의 공로가 아닌 어떤 공로도 개입하는 것을 어떻게 부정하는지 논할 것이다. 에드워즈는 그리스도와의 연합의 관점을 통해 종교개혁의 중심 사상이며 복음의 핵심인 그리스도만을 통한 구원 은총을 증거하는 사명을 다했던 것이다. 특별히 본 논문이 칭의 주제와 관련하여 한국 교회의 상황을 반추하는 기회가 되기를 바라는 마음을 아울러 밝힌다.

그리스도의 의의 전가

칭의의 정의

　로마서 4장 5절을 근거로 에드워즈는 "우리는 오직 그리스도에 대한 믿음으로 의롭다 칭함을 받는 것이지 우리의 선이나 선행으로가 절대 아니다."라고 하며, 성도의 칭의의 근거가 인간의 의가 아니라 오직 그리스도의 의에만 있다고 설교한 바 있다. 우리가 에드워즈의 이신칭의 교리를 이해하려는 데 있어서 먼저 지적할 필요가 있는 것은, 에드워즈는 칭의에 관한 설명에 앞서 먼저 인간이 하나님 앞에 설 수 없는 죄인임을 전제한다는 것이다.[6] 아담 안에서의 인류는 모두 "마음에 타고나는 죄성"이 있다.[7] 요한복음 16장 8절 설교에서 에드워즈는 아담과 함께 받은 하나님의 저주가 제거되기 전에는 인간은 하나님 앞에서 의로운 존재로 설 수가 없음을 강조한다.[8] 인간이 칭의받을 수 없는 무자격한 존재임을 강조하는 에드워즈는, 그렇기 때문에 하나님의 의를 만족시킬 수 있는 이는 그리스도밖에 없다는 논리로 나아간다. "그리스도의 의가 우리를 대신하여 받아들여질 때 우리에게 있어야 할 완전한 내적 의를 대신하게 된다."[9]

에드워즈에게 있어서 죄인을 칭의(justification of the ungodly)하기 위해서는 그리스도의 의가 있어야만 한다는 논리는 칭의의 법정적 성질을 고려할 때 더욱 그러하다. "하나님의 거룩한 법의 공의에 의해 정죄받은 악한 자로부터 그 정죄가 제거되기 이전에 아무것이라도 용납한다면, 그것은 천지의 왕의 영광과 위엄에 어긋나는 것이다. 법은 범법한 자를 하나님에 의해 완전히 버림을 받도록 정죄하였기 때문에 정죄가 제거되지 않은 상태에서 그를 용납하는 것은 아직 유효하게 남아 있는 정죄에 대해 일관성이 없는 것이며 모순이 되는 것이다."[10]

에드워즈에게 있어서 죄인을 칭의 한다는 것은 단순히 의로운 것으로

---

6 Edwards, *Justification*, 148. 이 점은 Jean Calvin이 『기독교 강요』 제3권 11-18장에서 칭의에 대해 설명할 때, 먼저 그리스도의 의로 인한 칭의가 있기 전에는 아무도 하나님 앞에서 의롭지 못하며 인간의 행위로는 의롭다고 인정을 받을 수 없음을 강조하는 면과 일치를 보인다. *Institutes of the Christian Religion*, ed. John T. McNeill (Philadelphia: The Westminster Press, 1967), 3.11-18.

7 John Taylor의 *The Scripture Doctrine of Original Sin*에 대한 반론으로 1758년에 출판된 에드워즈의 『원죄』(*Original Sin*)는 에드워즈의 원죄의 개념을 자세히 말하고 있다. 이 저서의 특징은 아담과 그의 후손과의 관계를 뚜렷하게 언약 신학적 구도에서 보고 있다는 것이다. 참고로, "That propensity is truly esteemed to belong to the nature of any being, or to be inherent in it, that is the necessary consequence of its nature." Edwards, *Original Sin*, ed. Clyde A. Holbrook, vol. 3, *The Works of Jonathan Edwards* (New Haven: Yale University Press, 1970), 126.

8 Edwards, *Sermon on John 16:8*, in *Sermons and Discourse, 1723-1729*, ed. Kenneth P. Minkema, vol. 14, *The Works of Jonathan Edwards* (New Haven: Yale University Press, 1997), 394.

9 Edwards, *Justification*, 187.

10 Edwards, "Miscellanies," No.812.

간주하는 허구(legal fiction)나 가상("as if")이 아니다. 그의 법정적 칭의 개념에 따르면 죄인이 칭의 되기 위해서는 반드시 칭의 될 수 있는 근거(ground)가 있어야 한다. "하나님은 의가 없는 사람을 칭의 하시지도 않을 뿐더러 하실 수도 없다. 칭의란 말 그대로 법정적 용어로 성경에서도 그렇게 쓰이고 있는데, 재판관이 판정하는 행위이다. 고로 의가 없이 사람이 칭의 된다면 그 재판은 진리를 떠난 것이 되는 것이다."[11]

법정적 칭의란, 없는 칭의의 근거를 있는 것처럼 만들지 않는다. "법정적"이라 함은 법을 충족시킬만한 근거가 있어서 그 근거에 입각하여 법이 충족되었음을 선포하는 것으로 이해되고 있다. 그러면 칭의가 허구가 되지 않기 위해, 즉 칭의의 법정성이 충족되기 위해, 에드워즈는 어떤 방법으로 청중을 설득하고 있나?

에드워즈에게 있어서 이 문제는 그리스도와의 연합을 통하여 해결된다. 그리스도와의 연합은 택함을 받은 자들에게 그리스도의 의가 그들의 것이 되게 하여 칭의의 법정성이 충족되게 한다. "하나님은 택한 자들이 그리스도의 의가 전가되어 그 의가 실제로 그들의 의로 여겨지는 것을 합당하게 생각하시며, 이것에 근거해서 그들이 그리스도의 의로 말미암은 모든 은혜에 실제로 참여하는 것이 당신의 지혜 안에서 합당한 일로 여기신다."[12] 그리스도와의 연합(union) 안에서 그리스도의 은총(communion)을 누리게 된다는 신학이 의의 전가 교리를 설명하는 방법이 된다. 즉 죄인이 전가된 그리스도의 의를 소유하게 될 때, 죄인을 의롭다고 선포하는 하나님의 칭의의 선포가 하나님 자신의 법을 충족시킨다는 논리이다. 다시 말해, 에드워즈가 말하는 법정적 칭의는 의의 전가가 그리스도와의 연합을 통해 이루어진다고 설명하는 방식을 통해 성립된다.

---

11 Edwards, *Justification*, 189.
12 Edwards, *Sermon on Romans 4:16*, *WJE Online*, vol. 45.

에드워즈의 이신칭의 교리가 우리의 시선을 모으는 이유는, 앞서 지적한 대로 그가 그리스도 중심적인 서술을 하는 데 있다. 성도의 칭의(*ordo salutis*)를 그리스도의 구속의 사건(*historia salutis*)을 중심으로 설명하는 구도가 에드워즈가 기여하는 바이다. 그 점은 에드워즈의 칭의 정의에서부터 분명하게 드러나고 있다. 그의 정의는 그리스도의 중보 사역이 갖는 구속 사적 의미와 맞물려 있다.

에드워즈는 칭의를 (1)죄 사함과 (2)의의 특권(영생)으로 이해한다. "사람이 칭의 되었다고 하는 것은 그가 하나님으로부터 죄책과 마땅히 받아야 할 형벌로부터 자유하며, 영생의 상급을 보장하는 의가 그에게 있다는 것을 의미한다."[13] 특별히, 그는 칭의를 죄 사함으로만 정의하는 어떤 이들의 잘못을 지적하며,[14] 그리스도의 의가 칭의의 근거가 된다는 말은, 칭의에는 죄 사함의 의미와 함께 의인으로서 누릴 특권/상급의 의미가 함께 있음을 강조한다. 다시 말해, 칭의가 그리스도의 속죄의 죽음으로 인해 죄 사함받은 의미만으로 국한되어서는 안 되고, 그리스도의 부활이 가져다 준 의인의 신분에서 누릴 수 있는 특권(상급)의 의미가 같이 이해되어져야 한다는 것이다. 칭의의 이중적 효과를 그리스도의 사역의 구속사적 의미를 통해서 설명하는 방식이다.

칭의의 효과로서 부정적/소극적(negative) 효과(죄 사함) 외에도 함께 고려되어야 될 긍정적/적극적(positive) 특성을 설명하기 위하여 에드워즈는 아담의 경우를 들어 설명한다. 아담이 창조되었을 당시, 죄 없을 그때, 그는 바로 의롭다고 인정(칭의)되지 않았다. 즉 아담이 죄 없다는 것이 그의 칭

---

13 Edwards, *Justification*, 151.

14 에드워즈는 이들이 누구인지는 이름을 밝히지는 않지만 알미니안 신학자들을 두고 하는 말임을 문맥을 통해서 알 수 있다. 알미니안 신학을 따를 때 에드워즈는 비난하기를, 그리스도께서 죄를 사하여 주시긴 했으나 의인이 되기 위해서는 인간이 노력하여 의를 이룰 때 칭의 될 수 있게 되는 모순이 된다고 지적한다. Edwards, *Justification*, 151.

의의 결과가 아니라는 논리이다. 우리가 아는 대로 아담은 순종(행위)을 통해 의를 이루도록 요구되었다. 즉 아담이 순종을 다 이루었다면 그때 선포되었을 그의 칭의는 단순히 죄 없음에 대한 하나님의 인정이 아니라 그의 순종을 하나님이 의로 여기신다는 논리이다.[15] 여기에서 에드워즈가 강조하는 것은 칭의는 죄가 사해졌다는 부정적/소극적 효과 말고도 의롭게 여긴다는 긍정적/적극적 효과를 간과하지 말아야 할 것을 상기시킨다.

에드워즈는 또 다른 칭의의 경우를 그리스도의 부활에서 찾았다. 그는 디모데전서 3장 16절을 근거로 그리스도의 부활에서 그리스도의 칭의의 의미를 찾으며, 이때 그리스도가 받은 칭의는 (1)고난과 굴욕으로부터의 놓임을 받으심(release)과 (2)그가 당한 고난과 순종에 대한 상급으로 아버지로부터 높임을 받으심(exaltation)의 의미가 된다.[16] 여기에서 그리스도의 칭의는, 그리스도께서 자신의 죄에 대해 사함을 받았다는 의미가 아니라, 중보 사역의 완성의 의미로써 성부께서 그의 사역을 의롭게 여기셨다는 의미이다. 고로 그리스도의 칭의는 구원 서정의 칭의가 아니라 구속사적 칭의라고 하겠다.

이때 부활을 통해 획득하신 그리스도의 의(righteousness)를 에드워즈는 "소극적/부정적 의(negative righteousness)"와 "적극적/긍정적 의(positive

---

15 이때 아담의 순종 속에는 아담이 죄를 짓지 않았다는 뜻이 당연히 내포되어 있다. 죄 없는 상태의 아담을 의롭다고 칭의 하는 것은 우리가 죄 가운데서 칭의받는 것과는 다른 성격인 것이다. 이에 대하여 에드워즈는 이렇게 설명한다. "Adam would not have been justified till he had fulfilled and done his work; and then his justification would have been a confirmation. It would have been an approving of him as having done his work, and as standing entitled to his reward." Edwards, *Perseverance of Saints*, *Works*(Banner), 2:597.

16 "So Christ, our second surety(in whose justification all whose surety he is, are virtually justified), was not justified till he had done the work the Father had appointed him, and kept the Father's commandments through all trials; and the in his resurrection he was justified. When he had been put to death in the flesh, but quickened by the Spirit(1 Pet. 3:18) then he that was manifest in the flesh was justified in the Spirit, (1 Tim. 3:16). But God, when he justified him in raising him from the dead, did not only release him from his humiliation for his, and acquit him from any further suffering or abasement for it, but admitted him to that eternal and immortal life, and to the beginning of that exaltation that was the reward of what he had done." Edwards, *Justification*, 151-52.

righteousness)"로 구분한다.[17] 이 그리스도의 의가 성도에게 전가되고 칭의의 근거가 되어 칭의의 이중적 효과를 낳는다.

그리스도의 의

에드워즈의 칭의론에서 인상적인 특징은, 그리스도와의 연합을 통해서 전가되는 그리스도의 의가 갖는 구속사적 의미와 칭의의 이중적 효과가 정확하게 일치하는 것이다. 에드워즈는 칭의가 무엇이고 어떻게 칭의되느냐에 대한 답을 정확하게 그리스도의 순종(능동적 순종)과 고난(수동적 순종)의 구속사적 결과에서 찾는다.[18] 그래서 에드워즈는 죄 용서(remission)와 의의 상급(reward)을 칭의의 "이중 혜택"(joint benefits)으로 본다.[19] 즉 그리스도께서 고난의 순종을 통해 이루신 이른바 "소극적 의"는 성도의 칭의에 있어서 죄 사함이라는 속죄(propitious)의 효과를, 삶 전체의 순종을 통해 이룬 "적극적 의"는 특권/상급이라는 공로(meritorious)의 효과를 각각 낳는다.

---

17 전통적으로 이것을 그리스도의 수동적 순종, 능동적 순종으로 부르기도 한다. 그러나 에드워즈는 그리스도의 삶과 죽음 전체를 수동적·능동적이라고 하는 대립적인 개념을 사용하여 표명하기보다는 하나의 큰 순종으로 이해하기를 선호한다.

18 흔히 Calvin이 칭의를 정의하기를 "죄 사함(remission)"과 "의의 전가(imputation)"로 구분하였다고 한다. 이에 반해, Turretin은 칭의를 "죄 사함(remission)"과 "의의 상급(reward)"으로 정의하는 차이를 보인다. *Institutes of Elenctic Theology*, ed. James T. Dennison(Phillipsburg, NJ: Presbyterian and Reformed Publishing, 1997), 16:4:2-6, 8-9. 그러나 Calvin이 하나님께서 죄인을 의롭다고 하셨다고 하는 것은 죄와 의의 반립적(antithetical) 특성을 전제하는 것이며, 죄가 용서되는 것은 그리스도의 의의 전가(imputation)가 아니고서는 될 수 없는 것임을 명백히 하고 있다(*Institutes*, 3:11:3,2,6). 굳이 Calvin과 Turretin의 차이를 말한다면 Calvin은 의의 전가를 통해 의인이 되는 데 강조를 두었다면, Tuerretin은 전가의 결과로 의인이 누리게 될 상급/특권을 강조하였다. 그래서 Turrentin은 양자(adoption)의 개념을 칭의의 결과에 포함시킨다. 결과적으로, 에드워즈는 Calvin처럼 그리스도의 연합 속에서 칭의의 개념을 설명하지만, 칭의의 효과에 대해서는 양자의 개념을 포함하는 Turretin과 더 가깝다고 할 수 있다. 그러나 그리스도의 의를 칭의의 근거로 여기는 것은 세 사람 모두가 동일하게 강조하는 바다.

19 Edwards, *Justification*, 151. 이 개념은 Calvin의 *duplex gratia*(*Institutes*, 3.11.1)개념과 일치한다. Paul Ramsey는 바로 이 *duplex gratia* 개념에 대해, "For him「Edwards」as well as for Calvin, 'pardon' and 'newness of life' are always together, and from the same source, our 'sharing in Christ'"라고 설명한다. "Appendix IV", in *Ethical Writings*, ed. Paul Ramsey, vol. 8, *The Works of Jonathan Edwards* (New Haven: Yale University Press, 1989), 748-8.

결과적으로 그리스도와의 연합을 통해서 그리스도의 구속사적 의(*historia salutis*)가 개인의 칭의(*ordo salutis*)로 구체화된다.

에드워즈가 칭의의 근거로 그리스도의 의를 "적극적/긍정적 의"와 "소극적/부정적 의"로 구분하는 것은 언약 신학의 구도에 따른 것이다. 인간은 죄 없는 상태에 있기 때문에 영생의 상급이 주어지는 것이 아니라 "완전하고 적극적인 하나님의 법에 대한 순종"으로 하나님의 의를 세워야 한다는 것이 그의 언약 개념이다. 에드워즈는 갈라디아서 3장 10절 이하에 근거하여 "율법은 율법에 기록된 온갖 일을 항상 행하지 않는 결과에 대해 하나님의 저주가 있다고(10절) 못 박는 만큼, 율법 안에 있기 위해서는 율법을 행하는 것 또한 강조(12절)하고 있다"고 말한다. 그리스도의 생애와 죽음이 갖는 언약적 또는 구속사적 의미(significance)는 우리가 율법에 순종해야 할 것과 우리가 받아야 할 율법의 처벌을 대신 받으시는 구도이다.[20]

에드워즈의 언약 신학의 구도를 따를 때 "소극적 의"를 "죄책으로부터의 해방" 또는 "단지 죄책이 없는 상태"를 말한다. 그리스도와의 연합으로 인해 "죄인인 신자는 무죄로, 죄 없는 그리스도는 유죄"가 되는 것은 그리스도의 고난과 죽음이 이 "소극적 의" 때문이다. 즉 그리스도께서 부활하심으로써 "우리가 지어야 할 죄책이 더 이상 그에게도 없고 우리에게도 없다"는 것이 그리스도의 "소극적 의"이다. "우리의 보증(surety)이 되신 그리스도가 전에는 우리 대신 유죄하고 매인바 되었으나 이제는 더 이상 유죄하지 않는 상태, 즉 소극적인 의미에서의 의가 되신 것이다"[21]

에드워즈의 언약 이해는 소극적 의미뿐만 아니라 적극적 의미도 강조한다. "아담이 단순히 죄를 범치 않았다는데 근거해서가 아니라 능동적

---

20 Edwards, *Justification*, 188.
21 Edwards, *Sermon on John 16:8*, 397.

(active) 순종을 통하여 영생의 상급을 받았다."[22] 아담은 단순히 죄가 없다는 소극적 이유로 영생을 받지 않았다. 적극적 차원에서 의를 이루었을 때 상급으로 영생이 주어졌다. 그리스도의 중보사역도 그런 면에서 아담의 경우와 대칭을 이룬다. 즉 그리스도의 의도 소극적 차원과 함께 적극적 차원이 강조되고 있다.

인간의 죄가 그리스도의 속죄(atonement)를 통해 제거 되었다는 것만으로 칭의를 이루기에 충분하지 못하다. 인간을 칭의 한다는 것은, 이미 말한 바와 같이, 단순히 무죄하며 죄책이 없다고 선언하는 것이 아니라 그를 지배하는 율법에 대해 온전히 서 있다는 의미에서 의롭기 때문에 영생이 주어지는 것을 말한다. 이것을 자연의 이치와 이성과 하나님의 정하신 법칙에 의해 완벽한 적극적 의라고 한다.[23]

적극적 의가 필요한 것은, 에드워즈가 볼 때, 소극적 의가 이루지 못하는 것이 있기 때문이다.

그리스도가 고난을 받음으로써 이룬 소극적 의의 목적은 단지 우리를 죄책과 형벌에서 구해낸 것이지 하늘에 대한 권리를 주는 것은 아니다. … 그리스도의 적극적 의가 (우리를 위해) 하늘을 사신 것이다.[24]

---

22 Edwards, *Justification*, 188.

23 Edwards, *Justification*, 191-92.

24 Edwards, *Sermon on John 16:8*, 397. 이에 대해 에드워즈가 애독하였던 Francis Turretin을 참고하면 유익하다. Turretin은 자신의 *Institutes of Elenctic Theology*에서 그리스도의 의의 전가는 두 가지 효과를 낳는다고 한다. "그 (그리스도)의 완전한 의의 전가로부터 두 혜택(죄의 용서와 영생의 권리 즉 양자의 권리)이 나간다. 즉 의의 전가는 칭의의 기초이며 공로적 원인으로써, 양자(adoption)와 사함(absolution)은 칭의의 두 효과로 서로 나뉠 수 없는 의의 전가의 효과이기도 하다. 이 두 효과는 반드시 그리스도의 의의 이중적 특성에서 나오는 것으로, 동시에 속죄와 공로의 의미를 갖는다. 전자의 의미로서 전가된 의는 죄용서의 근거가 되며, 후자의 의미로서 전가된 의는 영생의 권리의 원인이 된다." *Institutes of Elenctic Theology*, 16:4:5.

이른바 "사신 바 된 소유"(purchased possession, 엡 1:14) 또는 "하늘나라를 사심(purchasing heaven)" 등이 그리스도의 적극적 의의 결과이다. 에드워즈의 칭의의 개념에 있어서, 그리스도의 적극적 의와 소극적 의는 "동등한 값"을 지니되 각기 서로에 대해 구분될 뿐이다.[25] 그리스도의 적극적 의는 공로(meritorious)의 힘을 그리고 소극적 의는 속죄(satisfactory)의 힘을 각각 가진다. 상급(reward)과 용납(acceptance)은 그리스도의 적극적 의, 즉 순종에 근거하고 있고, 죄 용서(remission)와 사함(absolution)은 소극적 의, 즉 속죄에 근거를 두고 있다. 이렇듯 그리스도와 연합을 통해 전가되는 그리스도의 적극적, 소극적 의는 성도의 칭의의 이중적 효과(죄 사함과 의인됨의 특권)에 대한 근거를 이룬다. 에드워즈는 그리스도의 연합을 통해서 칭의의 효과(*ordo salutis*)가 구속사적 결과(*historia salutis*)에 근거하였음을 설명한다.

하나의 순종

에드워즈가 그리스도의 의를 적극적 의와 소극적 의로 나누어 설명한 것은 전통적으로 그리스도의 순종을 능동적 순종, 수동적 순종으로 구분해서 사고하던 것과 비교될 수 있다. 다른 점은 에드워즈는 수동적 순종에 해당되는 그리스도의 속죄의 사역에 보다 능동적 의미를 부여한다는 것이다. 그리스도의 십자가의 죽음은 "단순히 속죄의 개념, 즉, 우리를 대신하여 어긴 율법에 대한 형벌을 져야하는 의미만이 아니라, 자발적으로 자신을 고난에 복종시킴으로써 아버지의 명령에 순종하는 순종의 행위"이기도 하다.[26] 에드워즈는 그리스도의 삶 전체를 아버지와 맺은 구속언약

---

25 에드워즈는 "Miscellanies," No.447에서 "그리스도의 적극적 의, 또는 그가 벌은(merited) 그 값은 그가 만족시킨(satisfied) 값과 같은 가치다"라고 밝히고 있다. 구체적으로 그리스도의 고난의 가치가 무한대한 것처럼 그리스도의 순종 또한 무한대한 가치라는 주장이다.

26 Edwards, *Justification*, 195.

(covenant of redemption)에 충실한 하나의 순종으로 보는 것이다. 능동적 순종, 수동적 순종, 구분할 수는 있지만, 순종은 하나의 순종이다. 그 순종은 구속언약에 따른 성부에 대한 순종이기에 의롭게 여겨진 것이다(딤전 3:16). 로마서 5장 18-19절에서 에드워즈는 먼저 그리스도의 의를 통해 우리가 칭의 되었음을 밝히면서 계속해서 "한 사람의 순종하심으로 많은 사람이 의인이 되었다"(19절)는 뜻은 결국 "우리는 순종으로 집약될 수 있는 그리스도의 의에 의해서 칭의 된 것"이며 이 말은 "우리가 그의 순종으로 칭의 되었다"는 의미라고 설명한다.[27]

능동적, 수동적 구분 없이 하나의 순종으로 보는 것이 에드워즈에게 의미있는 것은 "하나님 앞에서의 도덕적 선(moral goodness)"을 이루는 것은 하나의 순종이기 때문이다. "의가 죄에 대해서 즉 도덕적 악(moral evil)에 대하여 반대의 개념으로 쓰이고 있는 것은 결국 의가 도덕적 선이라는 말이 아니고 무엇이겠는가? 하나님에 대한 모욕의 반대 개념으로 쓰인 의가 결국 하나님을 기쁘시게 하는 행위가 아니고 무엇이겠는가? 계명을 어겼던 불순종의 반대 의미인 순종이 실제로 계명을 지키는 적극적인 순종이 아니고 무엇이겠는가?"[28] 그리스도의 고난을 순종 속에 포함시킴으로써 에드워즈는 그리스도의 고난을 단순이 율법이 요구하는 형벌을 계산적(transactional)[29] 의미만이 아니라, 그 자체가 하나님의 기쁨을 자아냈던 순종으로 이해했다. 그런 맥락에서 에드워즈는 그리스도의 순종의 의미를 개혁주의 전통에서 자주 사용하는 능동적-수동적 순종이라는 구분을 반기

---

27 Edwards, *Justification*, 194.
28 Edwards, *Justification*, 195.
29 Charles Hodge의 죄의 전가의 의미는 죄의 결과에 대한 계산상의 전가를 강조하는 듯하다. "성경에서나 신학적 용어에 있어서 죄의 전가라는 것은 죄책(guilt)의 전가이다. 그리고 죄책이란 범죄성이나 도덕적 결여나 결함이 아니며 도덕적 오염은 더더욱 아니며 그것은 정의를 만족시켜야 되는 법정적 의무를 의미한다." *Systematic Theology* (Grand Rapids: Eerdmans, 1995), 2:194.

지 않을뿐더러[30] 그러한 구분은 성경도 익숙하지 않다는 지적을 하고 있다. 능동-수동의 대비로 인해 한 순종은 더 쉬워 보이고 다른 순종은 더 어려워 보일 수 있는 것은 성경적인 근거가 없는 것이며, 이것을 더욱이 "능동적-수동적이라는 전혀 반대 의미의 용어"를 사용하는 것은 옳지 않다는 지적이다.[31]

에드워즈가 그리스도의 고난과 삶을 "하나의 순종"(a grand act of obedience)으로 보는 관점을 가진 이유는, 법은 하나님의 의를 담보하고 있고 법에 대한 순종만이 그 의를 세우기 때문이다. 즉, 법이 요구하는 순종의 모양은 다를 수 있어도 결국 순종만이 하나님의 의를 충족시킨다는 점에서 동일하다. 예를 들어 아담의 선악과 명령, 아브라함을 향한 이삭의 제사 요구, 유대인들의 할례 등, 비록 각기 요구되었던 구체적인 순종의 모양은 달랐지만 동일한 것은 순종을 통해서 하나님의 의를 세웠다는 점이다. "그래서 그리스도가 자신의 생명을 내려놓은 것은 정확히 아담에게 요구되었던 법령의 내용이 아니었지만 우리가 칭의 될 수 있는 순종의 하나다."[32]

여기에서 에드워즈가 그리스도의 삶(과 죽음) 전체를 하나의 순종으로 봄으로써 속죄(propitiatory)와 공로(meritorious)의 의미를 하나의 순종 안에 두는 방식이 그리스도의 속죄의 의미를 약화시키는 것이 결코 아님을 그

---

30 Hodge는 그리스도의 순종을 "능동적", "수동적"이라고 구분하는 것은 원래 루터란의 전통으로 *Formula of Concord*에서 발견할 수 있다고 말하면서 덧붙이기를, "성경은 이런 구분을 그리 두드러지게 하지 않는다. 우리의 칭의 전체가 어떤 때는 그리스도의 피의 탓으로 돌려질 때도 있고, 그리스도의 순종으로 돌려질 때도 있다. 이것을 이해할 수 있는 것은 그의 순종의 가장 최고의 표현은, 그리고 그것이 없이는 다른 모든 것이 아무런 효과가 없는데, 그가 우리를 위해 자신의 생명을 내 놓으신 것이다." *Systematic Theology*, 3:161. 이 점에 대해서 Hodge는 Edwards와 같은 입장을 취하고 있음을 볼 수 있다.

31 "능동적이니 수동적이니 하는 인위적으로 만들어 낸 구분은 성경에 없으며, 단지 성경의 논리를 상하게 할 뿐이다. … 어느 성경 저자의 마음에도 그런 구분은 없었다고 본다. … 내 생각에 이것은 순종이라는 말에 대한 현대적인 용법이라고 간주되는데, 분명히 성경이 잘 알지 못하는 단어의 의미이다." Edwards, *Justification*, 195-96.

32 Edwards, *Justification*, 199. 특히 구체적인 법령에 대한 순종과 법 정신과의 관계에 대해 그의 "Miscellanies," No.381과 No.399을 참고 할 수 있다.

의 글들을 통해 확인할 수 있다.[33] 그리스도의 십자가 사건에 대한 그의 강조는 오히려 "속죄를 이룬 것만이 아니라 영생을 사신" 것이며, 우리를 "죄로부터의 구원만이 아니라 하나님께로 구원"하신 것임을 강조한다.[34] 결국 흔히 수동적 순종으로 여겼던 그리스도의 죽음은, 에드워즈에게 있어서 순종 전체를 놓고 볼 때 가장 절정에 이르는 순종이며, 더 나아가 그 사건 속에서 능동이니 수동이니 하는 식의 의미를 나누는 것이 무의미해진다. 성부께서 보시기에 "그리스도가 자신의 생명을 내려놓는 행동에는 탁월한 의와 초월적인 도덕적 선이 있기 때문에" 단순히 속죄의 값(ransom)을 지불하는 것 이상으로 가장 아름다운 것이 된다는 설명이다.[35]

에드워즈는 그리스도의 순종이 아버지에게 최고의 도덕적 미(beauty)가 된다는 미학적 의미를 부여한다. 그의 미적 개념은 구조적 개념으로 순종과 의의 관계가 언약 개념을 이상적으로 반영하고 있다고 보는 데서 기인한다. 즉 언약에 대한 그리스도의 순종이 능동적(active)이고 자발적(voluntary)이라는 점이 그리스도의 구속 사역에 부여하는 도덕적 미가 된다. 에드워즈는 도덕적 미의 근거로 먼저 그리스도께서 원래는 성부에 대해서 종속 관계가 아닌 동등한 관계였음을 지적한다. "원래는 그가 자신을 인간의 위치나 인간의 법 밑에 또는 하나님께 대해 자신을 어떤 상태라도 복종시킬 의무가 있지 않았다."[36] 그러나 그리스도는 인간의 몸을 입어야 되며 인간의 법 밑에 놓여야 되는 언약의 내용에 대해 "온전히 자신의 권리로써" 능동적이고 자발적으로 자신을 복종시키신 것이다.[37] 그리스도께

---

33 Edwards, *Justification*, 199. 이 외에도 "Miscellanies," No.452, No.497, No.497 그리고 시편 40:6–8과 요한복음 10:17–18, 16:8, 18:11에 대한 언급에서 그리스도의 삶의 전 과정이 동시에 속죄와 공로의 의미를 이룬다고 말하고 있다.
34 Edwards, *Justification*, 199.
35 Edwards, *Justification*, 200.
36 Edwards, *Justification*, 193.
37 Edwards, *Justification*, 195. cf. Edwards, *Observations Concerning the Scripture Oeconomy of the Trinity, and Covenant of Redemption*, in *Treatise on Grace and Other Posthumously Published*

126 조나단 에드워즈 길라잡이

서 인성을 입으시고 종이 되신 것이 당연하거나 자연스런 것이 아니다. 그 이전에 하나님과 동등한 "그는 오로지 동의와 언약이 있었기 때문에 하나님의 종이 되신 것이다."[38] 에드워즈는 언약적 구도와 그것에 대한 완성을 통해 도덕적 미를 찾았다.

에드워즈는 그리스도의 고난도 능동적이고 자발적인 순종의 의미에 포함시킴으로써 그리스도의 삶 전체가 아버지의 훼손되었던 존귀와 영광을 회복하며, 그래서 아버지를 기쁘시게 하는 의가 됨을 부각시키고 있다. 그런 의미에서 에드워즈의 논의 방식으로 그리스도의 의가 전가된다고 할 때, 그 의미는 곧 그리스도의 순종의 전가라고 할 수 있다. 즉 구속사적 그리스도의 순종이 그리스도와의 연합을 통해 우리의 것으로 전가된 것이다.

연합과 전가

에드워즈의 칭의론의 기여는 칭의(*ordo salutis*)를 일관되게 기독론적(*historia salutis*) 기반 위에서 설명한다는 것이다. 칭의의 근거(ground)가 되는 의를 설명하기 위해 에드워즈는 기독론적 순종이 갖는 의미를 설명하였고, 그 순종의 의미는 그의 신학 전반을 지배하고 있는 언약 신학에서 찾았다. 역시 계속되는 언약 신학의 구도에서 에드워즈는, 그리스도가 구속사적으로 획득한 의가(딤전 3:16) 우리에게 전가되기 위해서 그리스도와의 연합이 전제되어야 할 것을 강조한다.

먼저 우리가 그 그리스도 안에 있어야만 그가 우리에게 의가 되고 칭의가 된다.

Writings, ed. Paul Helm (Cambridge: James Clarke and Co. LTD, 1971).
38 Edwards, "Miscellanies," No.454. cf. No.1062.

··· 우리가 그 안에 있는 것이 우리가 용납될 수 있는 근거가 되는 것이다.[39]

그리스도의 것이 우리의 것이 되기 위해서 우리가 그리스도 안에 있어야만 한다. 에드워즈는 그 이유를 기독론적 근거를 통해 – 이것은 여전히 언약 신학의 구도에 충실한 특징인데 – 즉, 그리스도의 중보자 되심을 통해 설명한다.[40] 에드워즈가 볼 때 중보자가 되기 위해서는, 그리스도께서 우리를 위해 의가 되신 사건이 하나님과 인간 사이에서 하나님과 인간 모두를 충족시킬 수 있어야 가능하다. 여기에서도 연합 개념이 논의를 개진해 가는 틀(structure)이 된다.[41]

먼저, 의의 전가를 위해 그리스도와 우리와의 하나 됨이 필요하다. 에드워즈는 그 이유로 (1)그리스도의 인성과 (2)우리를 향한 그리스도의 사랑을 든다.

에드워즈는 먼저 그리스도의 인성의 관점에서 그리스도께서 성육신하심으로써 자신을 우리에게 연합시키셨다고 말한다. 이 말의 중요성은 그가 우리와 같이 되심으로써 우리의 "큰 형"이 되셨으며, 하나님 보시기에 택함을 받은 자들을 자신 안으로 연합시키셔서 그가 정당히 우리의 머리

---

39 Edwards, *Justification*, 157. 이 말은 Calvin의 말을 연상케 한다. "Therefore, that joining together of Head and members, that indwelling of Christ in our hearts — in short, that mystical union — are accorded by us the highest degree of importance, so that Christ, having been made ours, makes us sharers with him in the gifts with which he has been endowed. We do not, therefore, contemplate him outside ourselves from afar in order that his righteousness may be imputed to us but because we put on Christ and are engrafted into his body — in short, because he deigns to make us one with him. For this reason, we glory that we have fellowship of righteousness with him." *Institutes*, 3:11:10.

40 에드워즈는 이 연합의 특성에 대해 설명하면서 "완전히 이해하고 소화했다는 말하는 것은 지나친 가장"이라며 인간의 말로 이 거룩하고 신비로운 연합을 설명하는 것이 쉬운 일이 아님을 인정한다. *Sermon on John 16:8*, 402. 이 점에 대해서 Calvin도 여러 차례 같은 뜻을 표명했었다. *Comm.* on John 14:20, *Comm.* on 1 Cor. 11:24, *Institutes*, 4:17:7, 32.

41 Edwards, *Sermon on John 16:8*, 402-403. 에드워즈는 "Miscellanies," No.764에서 그리스도께서 중보자 됨이 쌍방(하나님과 인간) 모두와 연합되어야 함을 전제하는 말이라고 지적하면서, 그리스도께서 죄인의 모든 죄값을 "자발적으로" 자신이 짊어 지실 때 진정으로 연합의 의미를 이룬다고 말한다.

로 보이도록 하신 것이다. 그 결과 그리스도의 것이 우리의 것이 될 수 있게 하신 것이다. "신자가 그리스도와 연합하였다는 말은 곧 신자가 그의 인성이 의미하는 것을 취한다는 말로써 이해할 수 있으며, 궁극적으로 신자가 그리스도의 영을 취한다는 의미"로써 종합된다.[42] 여기에서 에드워즈는 신자의 그리스도와의 연합의 결정적인 의미를 그리스도의 영을 취하는 것, 즉 성령의 내재로 연결 짓고 있다. 주의할 것은 이것을 통해 신자는 신화(deification)되는 것이 아니라, 그리스도가 인성을 통해 이룬 구속사적 사역의 효과와 의미를 공유한다는 것이다.[43]

둘째, 에드워즈는 하나 됨의 의미를 우리를 향한 그리스도의 사랑의 관점에서 찾는다. "사랑을 주는 사람(lover)이 기꺼이 사랑하는 사람(beloved)을 위해 대신하는 그 사랑(love), 즉 최후의 지경까지도, 심지어 완전한 파멸과 파괴에 이르는 경우에서도 대신할 수 있는 그런 사랑이야말로 완전한 연합을 이룬다. 즉 하나님은 기꺼이 그리스도가 그토록 사랑하는 사람들을 위해 한 일들과 고난당한 결과가 그들에게 전가되는 것이 합당하다고 여기신다."[44] 에드워즈의 어거스틴적 표현은 그리스도가 자신을 사랑하시는 하나님의 사랑으로 우리를 사랑한다고 강조한다. 다시 말해, 성부와 성자 간의 삼위일체의 사랑이 아들과 혼인한 신부에게까지 연장됨으로써 삼위일체의 연합이 그리스도와 성도의 연합에 근거가 되는 구조이다. 역시 언약 신학의 구도에서 가능한 이해이다. 이 사랑이 에드워즈에게 특별히 의

---

42 *Sermon on John 16:8*, 404-405.

43 Anri Morimoto는 에드워즈의 그리스도와의 연합의 개념을 존재론적 개념으로 이해함으로써 에드워즈의 구원론뿐만 아니라 개혁주의 구원론 전체를 아직도 Catholic 신학의 범주를 벗어나지 않고 있는 것으로 설명한다. *Jonathan Edwards and the Catholic Vision of Salvation*, 71-130. 특히 Calvin 시대에도 Andrea Osiander의 "essential righteousness"가 전가의 개념을 존재론적 융합으로 주장한 적이 있었다. *Institutes*, 3.11.5-12. 에드워즈가 의의 전가를 언약 신학 안에서 그리스도의 연합을 통해 설명하는 것은 Morimoto나 Osiander의 인간이 신화되는 개념을 배격한다.

44 Edwards, *Sermon on John 16:8*, 405.

미가 있는 것은, 이 사랑 때문에 그리스도는 신부를 품어 안는 데 수반되는 값(고난)을 지불했던 것이다. 즉 신랑(lover)의 사랑(love)의 크기가 그가 사랑하는 신부(beloved)를 위해 어떤 성질의 고난을 감수하는 지로써 표현되고 있다.

> 만약 그들의 죄책과 형벌을 짊어질 여지를 보이지 않으면서 그리스도가 죄인들과 사랑으로 연합한다고 한다면 그것은 어울리지 않는 말이다.[45]

에드워즈가 볼 때, 신부에 대한 신랑의 사랑은 신부를 위해 지불하는 값(고난)에 의해 드러난다. 그리고 그 사랑을 구현하는 방법이 연합이고 동시에 연합이 사랑의 결정체가 된다. 의의 전가가, 에드워즈에게 있어, 그리스도와 우리의 연합을 전제한다고 할 때, 그것은 한 차원에서는 이미 하나님의 공의와 사랑을 동시에 만족시키는 것이며, 다른 차원에서는 우리를 위한 법정적 칭의의 특성 또한 충족시키는 것이 된다.

인간의 필요의 관점에서 볼 때, 의의 전가를 위해서 그리스도와의 연합이 전제되어야 하는 것은 칼뱅이 설명하는 방식과 다르지 않다.[46] 그러나 에드워즈의 강조 중 독특한 점은 연합을 전제하는 이유를 하나님의 관점에서도 고려하였다는 점이다. 즉, 에드워즈는 의의 전가가 그리스도와 하나님의 하나 됨을 반영한다고 보았다. 에드워즈는 그 이유를 (1)그리스도의 신성과 (2)성부의 성자에 대한 사랑의 관점에서 설명한다.

그리스도의 신성의 관점에서 볼 때, 에드워즈는 그리스도와 하나님의 일체 되심이 우리의 의의 전가를 위해 근거가 된다고 한다. 그것은 성부와 동등한 그리스도의 무한대한 고귀함만이 "자신을 위해서뿐만 아니라 남

---

45 Edwards, "Miscellanies," No. 483.
46 Calvin, *Institutes*, 3:11:10.

을 위해서도 가치가 있는" 효과가 되기 때문이다.[47] 하나님의 진노를 풀고 그분의 공의를 회복할 수 있는 분은 아버지와 동등한 그리스도의 무한한 고귀함뿐이다. 존재론적(ontological) 삼위일체에 근거한 그리스도와 성부의 동등함만이 성부를 만족시킬 수 있기에, 에드워즈는 우리를 향한 그리스도의 의의 전가는 이 전제(성부와 성자의 하나 됨)에서부터 출발한다고 지적한다.

성자에 대한 성부의 사랑의 관점에서 볼 때 역시 에드워즈는 의의 전가가 그리스도와 하나님과의 하나 됨을 전제하고 있다고 주장한다. 에드워즈는 그 이유를 하나님의 존재론적 삼위일체가 구속의 사랑보다 앞서는 데서 찾고 있다. 즉 아들에 대한 아버지의 삼위일체적 사랑은 아버지의 공의를 만족시키기 위하여 아들이 치른 율법에 대한 순종과 십자가의 죽음에 대해 무한한 가치를 부여하게 한다는 것이다. 우리가 전가 받게 될 그리스도의 의는 결국 아들에 대한 아버지의 사랑으로 인해 더욱 가치를 인정받는 의가 된다. 아들에 대한 성부의 존재론적 사랑은 아들의 자발적인 중보 사역을 더욱 아름다운 것으로 보게 되며 성부를 더욱 기쁘게 한다. 이것이 에드워즈가 볼 때, 그리스도의 순종이 우리를 위해 의가 되는 논리이다. 결국 성부가 존재론적으로 동등한 성자가 이룬 순종에 대해 부여하는 가치(의)는 연합을 통해서 우리에게로 전가된다.

> 만약 하나님께서 그 거룩과 사랑할 만함 때문에 머리를 사랑하고 용납하신다면, 그는 머리와 지체를 결코 분리하지 않으실 것이며, 오히려 그 머리의 고귀함으로 인해 지체들을 용납하시고 기뻐하실 것이다. … 우리가 그렇게 아름답게 보이는 그를 덧입고 있음을 보심으로써, 즉 우리가 덧입은 그의 아름다움

---

[47] Edwards, *Sermon on John 16:8*, 402.

때문에 우리가 용납되고 사랑받게 되는 것이다.[48]

기독론적 성취와 완성은 연합을 통해서 전가된다. 이때 전가가 가상이나 허구가 아닌 것은 연합이 사실(real)이기 때문이다. 에드워즈는 "그리스도와 그의 백성들 사이의 연합에서 실제의 것이 법적인 것의 근거가 된다."며 칭의의 법정적 개념이 가상이 아니라 실제에 근거를 두고 있음을 분명히 하고 있다.[49] 실제라 함은 한 마디로 그리스도, 즉 그리스도의 의, 그리스도의 구속, 그리스도의 구원 등이 연합 안에서 사실이라는 것이다. 에드워즈가 이렇게 과감하고도 노골적으로 말할 수 있는 것은 언약 신학에 대한 확신에 기인한 것이며, 칼뱅이 "그리스도의 것이면 무엇이든지 우리의 것이라고 할 수 있다."고 한 말과 다르지 않다.[50] 우리는 에드워즈와 칼뱅이 공통적으로 말하고 있는 이 사실(real)의 것을 "언약적 실제"(covenant reality)라고 부를 수 있다. 언약이 약속하고 있는 바가 가상이 아닌 사실의 것임을 믿는 것이 언약 신앙의 핵심임을 우리는 안다. 연합을 통해서 언약적 실제(그리스도의 의)가 공유되므로 에드워즈의 법정적 칭의 개념은 허구나 가상이 아닌 것이다.

---

48 Edwards, "Miscellanies," No. 385.
49 독자의 개별적 판단을 위해 에드워즈의 말을 직접 인용하면, "what is real in the union between Christ and his people, is the foundation of what is legal," *Justification*, 159. 여기에서 법적 선언에 앞서 사실, 또는 실제가 존재해야 한다는 말을 칭의보다 성화가 앞서는 뜻으로 해석하는 것은 에드워즈의 의도와 사고의 진행에 전혀 맞지 않는 것이며 에드워즈를 크게 잘못 대변하는 것이 된다.
50 "Whatever is his may be called ours." Calvin은 이것을 "놀라운 소통"(*mirifica commutatio*)이라고 하였다. *Institutes*, 4:17:2.

오직 믿음으로

연합의 동작

우리는 이제까지의 논의를 통해 에드워즈의 칭의 개념은 그리스도의 의의 구속사적 의미에 뿌리를 두고 있음을 확인하였다. 이제 칭의를 위한 객관적(구속사적-기독론적) 근거가 마련되었다. 그럼 객관적 차원에서 완성(accomplishment)된 구원이 개인이라는 주관적 차원에 어떻게 적용(application)될 수 있는지의 문제가 남는다. 에드워즈는 "믿음으로" 객관과 주관을, 완성과 적용을, 그리스도와 성령을 연결 짓는다.

종교개혁 이후 복음의 비밀은 "오직 믿음(sola fide)"으로 표현되어 왔고, 에드워즈도 이 "오직 믿음"의 교리를 강조하였을 때, 부흥의 불을 집히는 경험을 한 적이 있다. 구성과 전개에 있어서 에드워즈가 보였던 특징이 있다면 그것은 그의 "오직 믿음"이 "오직 그리스도"에만 모든 칭의의 근거를 둔다는 점이다. 즉 에드워즈의 "오직 믿음"은 한 마디로 "오직 그리스도"(solo Christo)이다. 우리가 여기에서 관심을 갖는 것은 에드워즈의 "오직 믿음"이 내용에서만 아니라 형식에 있어서도 효과적으로 그리스도 중심적인 논의를 가능케 하는지 보게 된다.

에드워즈의 "오직 믿음"이 그리스도 중심적인 것은 무엇보다도 그가 믿음을 어떻게 정의하느냐에서 출발한다. 그는 구원을 "참 신자들과 그리스도 사이에 다른 사람들과의 사이에는 없는 어떤 특정한 관계가 있느냐"의 문제로 이해할 수 있다고 한다.[51] 즉 성경에서 '그리스도 안에 있다'는 의미로 자주 사용되는 말로써 "머리와 지체", "나무와 가지", "남편과 아내의 연

---

51 Edwards, *Justification*, 157.

합" 등을 지적하며, 이것들이 믿음에 의해 맺어진 관계를 묘사하는 말이라고 설명한다.[52] 믿음의 의미로서 에드워즈가 강조하는 것이 연합이다. 특별히 에드워즈는 연합하는 동작에 강조를 둔다. 그래서 "신자에게 있어서 연합(uniting)하는 동작, 또는 연합, 또는 관계 안을 향한 동작, 이 동작을 나는 믿음이라고 생각한다."[53]라고 했다.

다른 곳에서는, "내 생각에 가장 좋고 가장 분명하며 가장 완벽하고 가장 성경적인 믿음의 정의는 우리의 구주로 계시된 예수 그리스도를 영혼이 전적으로 붙드는(embracing) 것이다."라고 했다.[54] 또한 "그리스도를 마음으로 받아들인다(receiving)"는 표현도 쓴다.[55] 요한계시록 22장 17절 설교에서는 "복음의 모든 축복을 받기 위해서는 전심으로 받아들이는(receiving) 것 외에는 아무 것도 필요 없다."고 강조한다.[56] 종합하면, 에드워즈에게 있어서 믿음은 바로 그리스도와 연합하는 동작이고, 바로 이 믿음(결과적으로 연합)의 방법이야말로 그리스도가 객관적으로, 구속사적으로, 기독론적으로 성취한 것을 주관적 차원에서, 구원론적으로 우리의 것이 되게 한다는 논리이다.

에드워즈의 신학에서 반복적으로 눈에 띄는 특징은 믿음은 전심으로 그리스도를 붙잡는 전인격적인 동작이며, 그 "붙드는", "받는", "연합하는" 동작의 대상은 오직 그리스도라는 점이다. 이 두 가지 특징에 대하여 각기 살펴볼 필요가 있다. 먼저 믿음의 동작과 관련하여 전인격적인 마음(heart)

---

52 Edwards, *Justification*, 156.
53 Edwards, *Justification*, 158. 또는 "the soul's active uniting with Christ," "the very act of unition," 등의 표현을 사용한다. Edwards, *Justification*, 159.
54 Edwards, *Concerning Faith*, *Works*(Banner), 2:580.
55 Edwards, *Concerning Faith*, *Works*(Banner), 2:578.
56 Edwrads, *Sermon on Revelation 22:17*, in *Sermons and Discourses, 1730-1733*, ed. Mark Valeri, vol. 17, *The Works of Jonathan Edwards* (New Haven: Yale University Press, 1999), 451. 같은 사상을 다른 곳에서 또 발견할 수 있다. "구원이 어떤 조건에 의해 주어지는 것이 아니라 값 없이 거저 주어지는 것이다. 우리는 그것을 위해 아무 것도 할 수 있는 것이 없고, 단지 받을 뿐이다. 이 받는 동작이 믿음이다." Edwards, "Miscellanies," No.2.

의 강조함을 살펴본다.

에드워즈는 "믿음은 마음(heart)으로 그리스도와 그의 복음을 받아들이는 것이다."라며 믿음을 전인격적인 연합의 동작으로 설명한다.[57] 이때 에드워즈는, 믿음이 그리스도와 연합하는 전인격적 동작이어야 하는 것이 언약 신학에서 말하는 조건성(conditionality)과 연관이 있는 것으로 이해한다. "은혜 언약의 어떤 약속도 먼저 그리스도를 믿지 않고는 성립되지 않는다. 그리스도와 그를 통해 이룩된 새 언약의 약속들에 대해 관여하게 되는 것은 오직 믿음에 의해서이다."[58] 그리고 "그리스도가 조건이 아니고서는 우리의 구원의 조성자가 되리라는 약속을 하시지 않으셨으며, 우리가 믿기까지는 그 조건을 이루지 못한 것이다."[59] 여기에서 믿음이 조건이 되는 것은 아리스토텔레스에게서 찾을 수 있는 인과론적 힘(causal power)에 의한 것이 아니다. 에드워즈는 확신하기를 은혜 언약 하에서 하나님이 믿음을, 즉 그리스도와 연합하는 전인격적인 동작을 조건 관계에 두셨다는 것이다. 은혜 언약 하에서 조건성이 부각되었던 구체적인 예로 에드워즈는 청교도의 공적 신앙고백을 든 적이 있다.

하나님의 언약을 소유하는 데 있어서 참 신앙을 공적으로 고백하는 것은 의무이다. 다시 말해, 말로, 고백적으로, 공적 행동에 의해, 언약 안에서 자신을 하나님께 연합하는 것은 할 수 있는 모든 일 가운데 무엇보다 더 요구되는 의무이다.[60]

---

57 Edwards, *Sermon on Galatians 5:6(a)*, (Beinecke Rare Book and Manuscript Library, Yale University), MSS, 8.

58 Edwards, *Religious Affections*, ed. John E. Smith, vol. 2, *The Works of Jonathan Edwards* (New Haven: Yale University Press, 1959), 222.

59 Edwards, "Miscellanies," No. 329.

60 Edwards, *An Humble Inquiry*, in *Ecclesiastical Writings*, ed. David D. Hall, vol. 12, *The Works of Jonathan Edwards* (New Haven: Yale University Press, 1994), 199.

믿음이 그리스도와 연합하는 그 자체라고 할 때, 그 연합의 동작이 전인격적인 동작임을 에드워즈는 공적 회심의 고백을 통해 확인되기도 했다. 여기에서 에드워즈가 믿음의 조건성이 오직 그리스도만을 연합하는 전인격적인 의미인 것으로 부각시키는 것은 그의 언약 사상을 반영하는 것이다. 은혜는 전적으로 수동적(선물)이면서도, 선물로 주신 믿음은 전적으로 그리스도만 붙잡는다는 능동성(적극성)은 그의 언약 사상이 갖는 특징이다.

> 유효한 은혜란 우리가 전적으로 피동적인 것만은 아니며, 하나님이 얼마를 하시고 우리가 그 나머지를 하는 식도 아니다. 오히려 하나님이 다 하시며, 우리도 다 한다. 하나님이 모든 것을 낳으시고, 또한 우리가 모든 것을 한다. 즉 그가 낳으신 그것이 바로 우리의 활동이다. 그래서 하나님만이 진정한 의미의 조성자이시고 근원이시며, 우리는 단지 연기자들이다. 우리는 … 전적으로 수동적이며 전적으로 능동적이다.[61]

에드워즈의 언약 신학은 믿음이 오직 그리스도만을 전인격적으로 붙잡는 유일한 길(방법)임을 정당화한다.

둘째로, 에드워즈의 "오직 믿음"에는 오직 그리스도만을 드러내는 특징이 잘 나타난다. 즉 칭의의 근거와 혜택이 그리스도만으로 가능하다는 배타성을 확실히 하는 특징이다. 에드워즈의 "오직 믿음"은 그리스도 외에 "우리 안에 있는 어떤 자격이나 행동의 가치나 선" 또는 "믿음 자체가 갖는 어떠한 가치나 고귀함" 등도 칭의를 위한 근거가 될 수 없음을 강조한다.[62]

---

61 Edwards, *Efficacious Grace*, *Works*(Banner), 2:557.
62 Edwards, *Justification*, 155.

즉 이것은 "스스로에 대해 무가치함을 의식"하는 자기 부인을 포함한다.[63] 인간이 자신의 의를 신뢰한다는 것은 "오직 믿음"에 반하는 것으로, "자신의 가치로 칭의될 것을 기대하는 것"이며[64] "집을 모래 위에 짓는 것과 같다"고[65] 말한다. 자기 의가 믿음과 양립할 수 없는 이유가 그의 『의지의 자유』(Freedom of the Will)에서 자유의지를 부인하는 논리와도 일치한다.

> 도덕적 선과 악의 근거로써 자유의지의 교리는 우리의 구원에 있어서 하나님과 그리스도를 향한 모든 의존을 막듯이 바른 믿음의 행사를 못하게 한다. 대신 무엇보다 중요한 것은, 그것은 모든 일에 있어서 완전한 독립을 가르치는데, 우리의 의가 원래 자율적인 스스로의 행동에만 달려 있다고 주장한다.[66]

믿음은 오직 그리스도만을 붙잡는 것이니만큼, "오직 믿음"의 공식은 그 어떤 것도 그리스도와 함께 칭의의 근거가 되지 못하게 한다. 특별히 "오직 믿음"이 그리스도만을 가리킨다는 점에서, 에드워즈는 믿음 그 자체가 갖는 어떠한 가치도 칭의의 근거가 될 수 없음을 또한 강조한다. 로마서 4장 3-4절에서 아브라함의 칭의를 언급하며 "아브라함이 하나님을 믿음(believing)이 의가 된 것이 아니라 단지 믿음으로 인해 의로 여겨졌음"을 강조한다.[67] 즉 아브라함은 믿음 "때문에"(because of)가 아니라 믿음"으로"(by) 칭의되었다는 것이다. 그런 의미에서 에드워즈는, 믿음 그 자체가 하나의 "행위"나 "의"로 칭의하는 것이 아님을 강조한다. "오직 믿음"으로

---

63 Edwards, *Concerning Faith*, *Works*(Banner), 2:579.
64 Edwards, *Concerning Faith*, *Works*(Banner), 2:582.
65 Edwards, *Sermon on Titus 3:5*, in *Sermons and Discourse, 1723-1729*, ed Kenneth P. Minkema, vol. 14, *The Works of Jonathan Edwards* (New Haven: Yale University Press, 1997), 352.
66 Edwards, *Freedom of the Will*, ed. Paul Ramsey, vol. 1, *The Works of Jonathan Edwards* (New Haven: Yale University Press, 1957), 468, cf. 435-436.
67 Edwards, *Notes on Scripture*, No.141(Rom. 4:3-4)

그리스도를 영접하고, "오직 믿음"으로 칭의되는 것이 하나님의 "지혜와 주권"에 잘 부합한다고 한다.

> 하나님은 믿음의 귀함 때문에 우리를 칭의하시는 것이 아니라, 믿음으로 우리
> 가 그리스도를 영접하고 우리의 영혼이 믿음으로 그와 연합하는 그것을 하나
> 님은 당신의 지혜와 주권에서 마땅한 것으로 판단하셔서 우리가 그 안에 있으
> 므로 그 의를 우리의 것으로 취함이 적합한 것으로 여기셨다.[68]

결국 에드워즈에게 있어서 "오직 믿음"은 그의 고린도전서 1장 29-31절 설교(God Glorified in Man's Dependence)에서 말하듯, 하나님께 대한 "완전한 의존"이다. "믿음은 인간을 낮추고 하나님을 높이는 것이며, 구원에 있어서 모든 영광을 그에게만 돌리는 것이다."[69] 그래서 그는 "칭의의 믿음은 예수 그리스도가 구세주라는 현실과 충족성에 대해 영혼이 느끼며 확신으로 그를 사모하는 것을 의미한다"고 말한다.[70] 시편 25편 11절 설교에서도 그는 "오직 믿음"이란 "하나님의 자비를 위해 그들은 오직 예수 그리스도 안에서 그리고 그를 통해서만 나아오는" 것이라고 설명한다.[71] 에드워즈는 하나님의 주권과 지혜로 오직 믿음을 통해서 그리스도 안으로 들어갈 수 있게 하심으로써 "오직 믿음"은 "오직 그리스도"만을 고집하는 것이 되게 하셨다고 강조한다. 그런 의미에서 에드워즈에게서 "오직 믿음"이야말로 그리스도가 아닌 어떤 것이라도 칭의의 근거가 될 수 있음을 부인하는 장치라고 할 수 있다.

---

68 Edwards, *Sermon on Romans 4:16*, (*WJE Online*, Vol. 45).
69 Edwards, *Sermon on 1 Cor. 1:29-31*, 214.
70 Edwards, *Concerning Faith*, *Works*(Banner), 2:581.
71 Edwards, *Sermon on Psalm 25:11*, 424.

행위(works)의 배제

에드워즈의 칭의론은 언약 신학과 율법에 대한 구속사적 이해를 통해서 행위(works) 개념을 철저히 배제한다. 에드워즈는 그의 로마서 4장 5절 설교(Justification by Faith Alone)에서 일체의 행위(works)를 "율법의 행위(the works of the law)"로 압축하며, 바울이 "율법의 행위 없이(without the works of the law)" 칭의 됨을 말하였다고 설교했다. 그러나 에드워즈는 아직도 문제가 열려 있음을 간파한다. 율법의 해석의 차이에 따라 "율법의 행위"가 무엇을 의미하는지는 다를 수 있기 때문이다. 즉, 율법 시대의 종료가 의식법(ceremonial law)의 종료이지 도덕법(moral law)이 무효화된 것이 아님을 주장하는 견해가 있음을 에드워즈는 간과하지 않았다. 율법의 해석을 달리하는 그들이 누군지는 명시하지는 않았지만, 에드워즈는 바울의 논쟁의 대상이었던 유대인들이나 유대주의 기독교인들의 18세기 아류에 해당하는 알미니안(Arminians)이나 신율법주의자들(neonomians)을 염두에 두고 있음을 짐작할 수 있다.

에드워즈는 갈라디아서 3장 17절의 "후에 생긴 율법"에 대한 유대주의자들의 안일한 해석을 책망하며 마찬가지로 후대 아류들에게도 같은 지적을 한다. "후에 생긴 율법"을 모세 시대의 특징, 즉 의식법에만 국한하며 도덕법이 아직 유효한 것으로 본다면, 이것은 행위 언약을 다시 "칭의의 법칙으로 세우는" 것과 같다고 에드워즈는 경고한다. 그런 일이 성립될 수 없는 것은 "하나님이 훨씬 이전에 아브라함과 맺은 은혜 언약을 시내산에서 그의 후손들과 새삼스레 행위 언약을 세워 뒤집지 않으실 것"이기 때문이다. 즉 더 이상 구원의 길이 될 수 없는 행위 언약을 붙잡을 수 없기 때문이라는 에드워즈의 언약 신학이 작동한다. 언약의 이해와 함께 구속사적 율법 해석을 칭의론에 적용할 때, "율법의 일"을 의식법으로만 국한하여 도덕법이 아직도 유효한 것으로 보는 율법 이해는, 에드워즈는 확신하건데, 결국 "오직 믿음"으로 칭의 됨을 부인하는 엄청난 결과를 낳는다. 왜냐하면 이 말은, 그들의 논리에 의하면, 도덕법을 지키는 일이 남아 있기 때문에, "사람이 복음을 영접하는 첫 '믿음의' 동작에서는 조건적으로 칭의되며 용서될 뿐", "칭의의 상태를 유지하며 최종적으로 칭의되는 것은 견디는(persevering) 순종에 달려 있는" 논리가 되기 때문이다.[72]

에드워즈에게 이 말은, 앞서 말했던 소극적 의는 전가되었지만 적극적 의는 아직 미래의 순종에 달려 있는 논리가 되며, 결국 그리스도의 의가 반쪽만 작용하는 모순이 된다. "그런 조건적 용서는" 에드워즈가 볼 때, "복음을 영접했던 안 했던 상관없는 여느 사람보다 전혀 나을 것이 없는 용서도 칭의도 아닌 것이다."[73] 결국 칭의를 미래의 순종에 조건적인 것으로 보는 것은 "율법의 행위 없이"를 의식법에만 국한하는 데서 기인한다는 것이다. 그러므로 에드워즈가 "율법의 행위 없이" 칭의된다고 할 때, 의식법만이 아니라 도덕법을 포함한 모든 행위가 결코 칭의의 남아 있는 조건이 될 수 없음을 명확히 한 것이다.[74]

에드워즈에게 있어서 율법이 도덕법을 포함하는 것으로 이해해야 하

---

72 Edwards, *Justification*, 168.

73 Edwards, *Justification*, 168.

74 에드워즈는 "오직 믿음으로"의 의미 속에 일의 개념이 개입될 수 없는 근거로 장장 11가지의 이유를 제시하며 칭의의 복음을 지키려는 열정을 보인다. 핵심만 정리하면,(1)"율법의 일"이 "일"의 일반적인 의미로 이해되어야 된다.(2)인간의 도덕법을 어긴 죄책이 율법의 일로는 칭의될 수 없는 증거이다.(3)바울이 사용하는 "율법"은 도덕법을 말한다.(4)우리가 율법의 일로 칭의될 수 없는 것은 율법이 있음으로써 죄를 알기 때문이다.(5)바울이 우리가 법의 저주 아래 있다고 한 것은 의식법이 아니라 도덕법을 말하는 것이다.(6)율법의 일을 배제하는 것은 인간의 모든 덕, 선, 고귀함 등을 배제하는 것이다.(7)칭의가 율법의 저주로부터의 구원을 의미한다고 할 때, 의식법만 배제되어서는 안 된다.(8)"우리의 의"나 "율법의 일"은 본질적으로 같은 의미이다.(9)"율법의 일"이 "인간 행위의 의"로 요약될 때, 의식법도 그 안에 포함된다.(10)"율법의 일 없이"라는 말이 의식법만을 의미할 수 없는 것이 신구약의 공통적인 사상이다.(11)바울이 이신칭의에 반대로 율법의 일에 의한 칭의를 말할 때, 의식법만이 아닌 도덕법도 포함한다. Edwards, *Justification*, 171-84.

는 것은 구속사적 관점 때문에 더욱 그렇다.[75] 그 예로 에드워즈는 아브라함의 칭의가 모세 시대 이전, 율법의 일에 의해서가 아닌 믿음으로 되어졌음을 지적한다. "아브라함이 율법의 일에 의해서가 아니라 믿음으로 칭의되었다는 것은 아브라함과 그의 후손에게 주어진 약속(언약)이 율법을 통해서가 아니라 '믿음으로'라는 의미이다."[76] "오직 믿음"의 방법이 "율법의 일"을 배제한다고 하는 입장에는 일치하더라도 이것을 의식법에만 적용하고 도덕법은 제외하는 알미니안이나 신율법주의는, 에드워즈가 볼 때 믿음 안에 결국 행위의 개념을 포함시키는 것이며 그리스도의 의만을 붙잡는 의미를 삭감하는 것으로서, 결국 "오직 은혜"(*sola gratia*)의 교리를 무너뜨리는 것이 된다.

"오직 믿음"에서 일체의 행위(works)의 개념이 배제될 때, 하나님의 은혜는 살아나고 복음은 지켜지게 되는 것임을 에드워즈에게 너무도 잘 안다. 그래서 에드워즈는 행위에 근거한 의를 의지하는 것은 "복음을 불명예스럽게 하는" 것이며, "복음의 영광을 앗아 가는" 것이라고까지 표현했다.[77] 왜냐하면 "복음에 드러나 있는 하나님의 의도는, 죄인을 칭의하는 방법에 있어서, 즉 죄인을 당신의 은총과 그 선포된 복 안으로 맞아들이는데 있

---

75 이 점에 대해서 Turretin도 이렇게 말했다. "이것은 율법 전체를 의미하는 것으로 이해해야 하는데 의식법보다 특별히 도덕법으로 이해해야 한다. 도덕법이 아니라 의식법만 제외되었다면, 칭의가 도덕법에 관계하고 있음을 부인하기보다는 오히려 인정해야 할 것이다." *Elenctic Theology*, 16:2:11. 에드워즈가 지적하는 이 문제는 20세기에 와서 E. P. Sanders, James Dunn, N. T. Wright 등의 New Perspective 학파에서 주장하는 "covenantal nomism"을 고려할 때, 그 중요성이 더욱 크다고 하겠다. 칭의가 나중의 순종에 의존하고 있는 것이 아님을 입증하는 근거로 소위 "율법의 일(the works of the law)"이 율법 전체를 포함하는 일반적 의미로 이해되어야 하는 것이 중요하다. 이 점에 있어서 Peter Stuhlmacher는 New Perspective에 대항하여 "율법의 일"을 율법 전체의 의미로 이해하는 것이 바울 서신의 일반적인 용례일 뿐 아니라 Qumran 문헌들에 나오는 "the works of the law"의 용례 등을 보더라도 일치한다고 제시하며 도덕법이나 언약적 의무가 남아서 칭의의 조건이 될 수 없다고 반격한다. *Revisiting Paul's Doctrine of Justification*(Downers Grove, Il: InterVarsity Press, 2001), 43-44.

76 Edwards, *Sermon on Romans 4:16*,(*WJE Online*, Vol. 45).

77 Edwards, *Sermon on Romans 4:16*,(*WJE Online*, Vol. 45).

어서, 그의 은혜의 거저 주심과 부요함을 높이 드러내는 데 있다."[78] 에드워즈가 볼 때, 로마서 4장 16절이 말하는 이른바 하나님의 거저 주시는 은혜란 첫째로, "다른 사람(그리스도)의 대속을 믿는 믿음으로 우리가 칭의되었다는 것은 우리 스스로에 의해서 될 수 없는 일임을 보여 주며", 둘째로, "칭의를 주시는 분이 아무 이익을 받거나 바라지 않고 주신 것이며", 셋째로, "주시는 분을 감동시킬 만한 것이 우리에게 아무 것도 없는 가운데 칭의를 주셨다"는 것이다.[79] 무가치할 뿐만 아니라 정죄받아 마땅한 인간에게 삼위의 사랑을 확장하여 주셨다는 사실이 에드워즈에게는, 하나님의 은혜의 크기를 대변하는 일이다. 그렇기 때문에 "오직 믿음"으로 오직 그리스도와 연합하는 것만이 일체의 행위를 배제하여 하나님의 은혜의 크기를 드러내기에 합당한 것이다.

나가는 말

종종 한국 교회는 칭의는 잘 가르쳤는데 성화는 안 가르쳤다는 말을 들을 때가 있다. 구원에 대한 확신은 강한 반면, 삶 속에서 구원의 모습이 나타나고 있지 않는 괴리 현상을 두고 하는 말이다. 정말 그럴까? 칭의 교리가 너무 중요한 나머지 한국 교회는 칭의 교리를 열심히 가르치다 보니 성화 교리를 간과한 것일까? 아니면 한국 교회는 정말 칭의 교리를 제대로 가르친 것일까? 필자는 많은 사람들이 제기하는 문제의 원인이 한국 교회가 대체로 칭의론을 잘못 가르친 데서 출발한다고 확신한다.

한국 교회가 이해하는 칭의 개념은 다분히 루터란적인 성향이 많다. 종교개혁의 큰 틀에서 보면, 루터나 칼뱅이나 이신칭의를 말했다. 그러나 칼

---

78 Edwards, *Justification*, 184.
79 Edwards, *Sermon on Romans 4:16*, (*WJE Online*, Vol. 45).

뱅의 칭의 개념은 루터의 칭의 개념과 분명히 차이가 있었다. 바로 전가의 개념이다. 루터의 전가 개념은 "법적 허구"(legal fiction)라는 비난을 피하지 못했지만, 칼뱅은 언약 개념을 통해 전가를 설명했다. 바로 그리스도와의 연합이 그 방법론이었다.[80] 200년 후 에드워즈 역시 동일한 원리로 칭의를 설명하였는데 차이가 있다면 칼뱅보다 훨씬 보완된 이론이라는 점이다. 그 이유는 칼뱅은 아직 언약 신학이 완성되기 이전의 세대였고, 에드워즈는 그 이후의 세대였기 때문이다. 루터의 칭의론은 반율법주의적(antinomian) 삶을 낳는다는 치명적인 약점이 있는 반면, 그리스도와의 연합 관점은 이상적으로 루터를 극복했다. 에드워즈는 17세기 개혁파 정통주의(Reformed Orthodoxy)가 완성한 언약 신학의 토대 위에서 성경에 충실한 칭의 교리를 개진할 수 있었던 것이다.

본 논문에서 우리는 에드워즈의 칭의 교리에 대하여 살펴보았다. 본 논문의 취지는 에드워즈가 칭의 교리를 그리스도와의 연합 관점을 통해 개진하고 있음을 입증하는 것이었다. 그리스도와의 연합 관점은 구원론을 구속사를 배경으로 설명하는 특징이 있었다. 개인의 칭의와 그리스도의 구속 사역 사이의 연결을 가능케 한 방법론이 그리스도와의 연합 관점이었다. 에드워즈가 그리스도와의 연합을 통해서 칭의론을 설명했다고 할 때, 우리는 크게 두 가지 면에서 그 중요성을 찾을 수 있었다. 하나는 그리스도의 의(righteousness)가 갖는 구속사적 의미가 어떻게 개인의 칭의의 근거로 작용하였는지를 보여 준 것과, 다른 하나는 믿음으로 그리스도와 연합했다는 그 의미는 전적으로 칭의에 행위의 개입을 배제한다는 것이다.

오늘날 우리에게 필요한 것은 어떻게 하면 복음에 충실한 방법으로 종교개혁 교리를 방어하느냐이다. 루터의 말처럼 칭의 교리에 교회의 존폐

---

80 강웅산, "칼뱅의 칭의론과 한국교회," 『개혁논총』 12(2009): 205-47.

가 달려 있다. 한국 교회는 칭의만 가르친 것이 아니라 칭의를 잘못 가르친 것에 대한 반성이 필요하다. 그런 점에서 에드워즈는(칼뱅과 함께) 충분히 오늘날 한국 교회가 주목할 만한 가치가 있다고 확신한다.

참고문헌

Calvin, John. *Calvin's New Testament Commentaries*. 12 vols. Edited by David W. Torrance and Thomas F. Torrance. Grand Rapids: Eerdmans, 1972.

_____. *Institutes of the Christian Religion*. 2 vols. Edited by John T. McNeill. Translated by Ford Lewis Battles. Philadelphia: The Westminster Press. 1967.

Jonathan Edwards, *The Works of Jonathan Edwards*. 2 vols. Revised and Corrected by Edwards Hickman. London: The Banner of Truth Trust. 1992.

_____. *Freedom of the Will*. Edited by Paul Ramsey. vol. 1. *The Works of Jonathan Edwards*. New Haven: Yale University Press. 1957.

_____. *Religious Affections*. Edited by John E. Smith. vol. 2. *The Works of Jonathan Edwards*. New Haven: Yale University Press. 1959.

_____. *Original Sin*. Edited by Clide A. Holbrook. vol. 3. *The Works of Jonathan Edwards*. New Haven: Yale University Press. 1970.

_____. *The Great Awakening*. Edited by C. C. Goen. vol. 4. *The Works of Jonathan Edwards*. New Haven: Yale University Press, 1972.

_____. *Ecclesiastical Writings*. Edited by David D. Hall. vol. 12. *The Works of Jonathan Edwards*. New Haven: Yale University Press. 1994.

_____. *The "miscellanies"(nos. a-z, aa-zz, 1-500)*. Edited by Thomas A. Schafer. vol. 13. *The Works of Jonathan Edwards*. New Haven: Yale University Press. 1994.

_____. *Sermons and Discourse*, 1723–1729. Edited by Kenneth P. Minkema. vol. 14. *The Works of Jonathan Edwards*. New Haven: Yale University Press. 1997.

_____. *Notes on Scripture*. Edited by Stephen J. Stein. vol. 15. *The Works of Jonathan Edwards*. New Haven: Yale University Press. 1998.

_____. *Sermons and Discourses, 1730-1733*. Edited by Mark Valeri. vol. 17, *The Works of Jonathan Edwards*. New Haven: Yale University Press. 1999.

_____. *The "miscellanies"(nos. 501-832)*. Edited by Ava Chamberlain. vol. 18. *The Works of Jonathan Edwards*. New Haven: Yale University Press. 2000.

_____. *Sermon Manuscript on Romans 4:16*. Jonathan Edwards Sermon Manuscripts

Collection. The Beineke Rare Look and Manuscript Library. Yale University. New Haven.

_____. *Sermon Manuscript on John 16:8.* Jonathan Edwards Sermon Manuscripts Collection. The Beineke Rare Look and Manuscript Library. Yale University. New Haven.

_____. *Sermon Manuscript on Galatians 5:6(a).* Jonathan Edwards Sermon Manuscripts Collection. The Beineke Rare Look and Manuscript Library. Yale University. New Haven.

Gaffin, Jr., Richard B. *Resurrection and Redemption: A Study in Paul's Soteriology.* Phillipsburg, NJ: P & R. 1978.

Hodge, Charles. *Systematic Theology.* 3 vols. Grand Rapids: Eerdmans. 1995.

Hunsinger, George. "Dispositional Soteriology: Jonathan Edwards on Justification by Faith Alone." *Westminster Theological Journal* 66.1(Spring 2004): 107—120.

Morimoto, Anri. *Jonathan Edwards and the Catholic Vision of Salvation.* University Park, PA: The Pennsylvania State University Press. 1995.

Moody, Josh. ed. *Jonathan Edwards and Justification.* Wheaton, IL: Crossway. 2012.

Ramsey, Paul. "Appendix IV" in *Ethical Writings.* Edited by Paul Ramsey. vol. 8. *The Works of Jonathan Edwards.* New Haven: Yale University Press. 1989.

Stuhlmacher, Peter. *Revisiting Paul's Doctrine of Justification.* Downers Grove, Il: InterVarsity Press. 2001.

Turretin, Francis. *Institutes of Elenctic Theology.* 3 vols. Translated by George Musgrave Giger. Edited by James T. Dennison, Jr. Philipsburg, NJ: Presbyterian and Reformed Publishing. 1997.

강웅산. "조나단 에드워즈의 부흥이야기와 부흥신학". 『신학지남』 78.3(2011 가을): 145—174.

장 칼뱅과 조나단 에드워즈: 두 신학자의 대화

정성욱

요약 : 필자는 이 글을 통해서 개혁신학 전통의 두 신학적 거장인 칼뱅과 에드워즈의 신학적 대화를 모색해 보려고 한다. 필자는 우선 칼뱅 신학의 특징과 신학사적 의의를 다루고자 한다. 이어서 에드워즈 신학의 특징과 신학사적 의의를 다룰 것이고, 그 다음 몇 가지 주제를 중심으로 두 신학자를 비교하면서 두 신학자의 신학적 대화를 시도할 것이다. 이런 과정을 통해서 현재 위기에 처해 있는 한국 교회가 칼뱅과 에드워즈로부터 반드시 배워서 현재의 상황에 적용해야 할 신학적 원리들을 천착해 보려고 한다.

들어가는 말

16세기 종교개혁 이후 개혁신학의 태동과 발전에 있어서 칼뱅의 역할은 심대했다. 루터가 개신교 신학의 새로운 방향을 정립한 것은 분명하지

정성욱 교수
현 미국 덴버신학대학원 조직신학 교수,
한국 조나단 에드워즈 컨퍼런스 및 C. S. 루이스 공동 창립자.
본 원고는 '2015 서울 퓨리턴 컨퍼런스'에서 강연한 원고이다.

만, 좀 더 철저한 의미에서의 개신교 신학 또는 개혁신학을 태동시킨 사람은 칼뱅이었다. 물론 칼뱅 역시 유아독존 식으로 신학 작업을 진행한 것은 아니었다. 그는 선배 종교개혁자들인 루터와 츠빙글리의 영향을 받았고, 그와 동시대를 살았던 마르틴 부서(Martin Bucer), 하인리히 불링거(Heinrich Bullinger) 등 동료 개혁자들과의 부단한 대화를 통해서 자신의 신학을 정립했기 때문이다. 그리고 루터파 신학자였던 필립 멜란히톤(Philip Melanchthon)과도 상당히 깊은 신학적 교류를 가진 바 있다. 어쨌든 칼뱅에 의해서 작동하기 시작한 개혁신학은 16세기 말과 17세기로 넘어오면서 화란과 스위스로 대표되는 대륙의 개혁신학과 영국으로 대표되는 청교도적 개혁신학의 두 산맥을 통해서 발전되기 시작했다.

16세기와 17세기를 통해서 발전되고 확대된 청교도적 개혁신학은 신대륙의 뉴잉글랜드로 수출되었다. 그리고 18세기 전반 뉴잉글랜드에서 태어나 신학 작업을 했던 에드워즈는 영미 청교도적 개혁신학을 최고 수준으로 올려 놓은 탁월한 신학자가 되었다. 그래서 어떤 사람들은 에드워즈를 최대의 청교도 신학자 또는 최후의 청교도 신학자라고 부른다.

필자는 이 짧은 글을 통해서나마 개혁신학 전통의 두 신학적 거장인 칼뱅과 에드워즈의 신학적 대화를 모색해 보려고 한다. 칼뱅은 16세기 초인 1509년에 태어나 16세기 중반인 1564년에 하나님의 부르심을 받으면서, 만으로 55세의 짧은 인생을 살았다. 에드워즈는 18세기 초인 1703년에 태어나 18세기 중반인 1758년에 별세하는데, 에드워즈 역시 만으로 55세의 짧은 인생을 살았다. 두 사람이 수명이 55세로 같았다는 것은 상당히 흥미로운 사실이다. 연대기적으로 본다면 칼뱅과 에드워즈 사이에는 200년의 갭이 있는 셈이다.

이 글을 통해서 필자는 우선 칼뱅 신학의 특징과 신학사적 의의를 다루고자 한다. 이어서 에드워즈 신학의 특징과 신학사적 의의를 다루고, 그 다음 몇 가지 주제를 중심으로 두 신학자를 비교하면서 두 신학자의 신학적 대화를 시도할 것이다. 이런 과정을 통해서 현재 위기에 처해 있는 한국 교회가 칼뱅과 에드워즈로부터 반드시 배워서 현재의 상황에 적용해야 할 신학적 원리들을 천착해 보려고 한다.

칼뱅 신학의 신학사적 의의와 특징

신학사적 의의

장 칼뱅하면 우리 복음주의적 개혁신학자들에게는 정말 큰 스승이다. 16세기 중세 말기 혹은 근세 초기라는 척박한 시대, 그리고 로마 가톨릭의 절대 권력이 지배하던 칠흑 같은 어둠의 시대 속에서 예수 그리스도의 복음만이 유일한 진리임을 믿고, 목숨을 걸고서 진리를 위해 싸운 실로 우리의 위대한 선배이다.

칼뱅의 생애를 들여다보면 한 가지 재미있는 점을 발견할 수 있다. 그것은 그가 지나칠 정도로 헌신적인 로마 가톨릭 신자였다는 것이다. 그는 자신이 로마 가톨릭에 빠져 있던 상황을 바울이 유대교에 빠져 있던 상황과 비교하기도 했다. 가톨릭의 미신적이고 율법주의적이며 인위적인 신앙 속에 방황하던 칼뱅에게 루터의 복음적인 저작들이 소개되면서, 그는 복음과 그리스도에게로 회심하게 되고, 참된 교회와 진리를 위해 평생 선한 싸움을 싸워야겠다는 결단과 헌신을 가지게 된다.

칼뱅의 강요와 주석을 읽어 보면 하나님에 대한 열렬한 사랑, 복음 진리를 변증하려는 특심한 열망, 비진리와 대적자들을 날카로운 지적 메스로 파헤치는 냉철한 지성, 그리고 복음 진리를 따라 삶을 정돈하려는 불타는 열정을 쉽게 발견하게 된다. 칼뱅이 가톨릭과 교황주의를 비판하는 강요의 글들을 읽으면 한편으로는 "이렇게까지 할 필요가 있을까? 너무 심한 것 아닌가?"라는 의구심이 들 만큼 그의 분석과 비판은 예리하고 철저하며 에누리가 없다. 하지만 다시 생각하면 거짓과 비진리가 진리로 인정되는 그 시대적 상황 속에서 그가 그렇게라도 철저하게 비진리를 파헤치고 비판하지 않았다면, 오늘날 우리가 누리는 복음의 축복이 과연 가능했을까?

칼뱅 신학의 특징

칼뱅 신학의 특징에 관한 여러 신학자들과 역사가들의 해석이 개진되어 왔다. 필자는 개인적으로 칼뱅 신학의 특징을 아래와 같이 몇 가지로 요약할 수 있다고 생각한다.

칼뱅 신학의 첫 번째 특징은 '오직 성경'의 원리이다.

칼뱅은 원조 종교개혁자 루터의 신학적 착상이었던 '오직 성경'(*sola scriptura*)의 원리를 충실하게 계승했다. 그는 오직 신구약 성경 66권만을 기록된 하나님의 말씀(*verbum Dei*)이요 특별 계시로 인정했다. 칼뱅에게 있어 성경은 신적 권위를 가진, 전적으로 신뢰할 수 있는 살아 계신 하나님의 말씀 자체였다. 그래서 칼뱅의 유명한 신학적 모토가 바로 "성경이 말하는 데까지 말하고 침묵하는 데서 침묵하며, 성경이 가는 데까지 가고 성경이 멎는 데서 멎으라"였으며, 성경이 분명하게 말하고 있지 않는 부분에 대해서는 침묵하는 것이 신학자의 미덕이라고 자주 강조했다.

그래서 칼뱅은 성경이 분명하게 가르치지 않는 부분에 대한 신학자의 사변(speculation)을 피하라고 자주 권면했다. 또한 신학적 저술을 함에 있어서도 "짧고 분명하게"(*brevitas et claritas*, brief and clear!)라는 모토를 내세웠으며, 신학적 진술을 짧고 분명하고 명쾌하게 하는 것이 신학자들이 추구해야 할 중요한 미덕이라고 믿었다.

칼뱅 신학의 두 번째 특징은 삼위일체적인 사유 체계(Trinitarian System of Thinking)이다.

16세기 종교개혁 당시 삼위일체 하나님에 대한 가장 깊은 신학적 사유와 진술을 남긴 사람은 단연코 칼뱅이었다. 특별히 그의 삼위일체적인 사유 체계는 그가 그의 주저『기독교강요』의 집필 방식을 살펴보면 분명하게 확인할 수 있다. 그는『기독교강요』를 4부작으로 저술했다. 그것은 사도신경의 논리적 흐름을 따른 결정이었다. 제1권은 성부론, 제2권은 성자론, 제3권은 성령론, 그리고 제4권은 교회론으로 구조화되었다. 사도신경의 논리적 흐름을 따르다 보니 형식상으로는 4부작으로 이루어졌지만, 내용상으로는 3부작이었다. 제4권 교회론이 크게 보아서 제3권 성령론 안으로 포섭될 수 있다고 칼뱅은 믿었기 때문이다. 따라서 칼뱅의『기독교강요』는 내용상 성부론, 성자론, 성령론의 삼위일체적 구조로 저술되었다고 할 수 있다.

『기독교강요』가 삼위일체적인 사유 체계를 따라 집필되었다는 사실과 더불어, 칼뱅의 신학적 진술들을 읽어 보면 그의 신관이 철저히 삼위일체적이었음을 확인할 수 있다. 뿐만 아니라『기독교강요』제1권 13장에서 칼뱅은 삼위일체론을 매우 정교하게 논의하고 있다. 칼뱅은 어거스틴 이후 서방 교회에서 정착된 삼위일체론을 충실하게 계승하면서도, 갑바도기아의 세 교부들로 대표되는 동방 교회의 삼위일체론적 착상 또한 통합적으로 계승함으로써, 진정한 의미에서의 공교회적 신학자로서의 위치를 확고히 했다. 칼뱅의 삼위일체론은 이후 개혁신학권에서의 삼위일체론의 확립과 발전에 심대한 영향을 미치게 된다.

셋째, 칼뱅 신학의 세 번째 특징은 하나님의 영광과 주권에 대한 강조이다.

'칼뱅 신학의 중심은 무엇인가?'라는 문제에 대해서 수많은 신학자들이 각자의 해답을 내놓으면서 뜨거운 논쟁을 벌여 왔다. 어떤 신학자들은 그 것이 '예정론'이라고 주장했고, 또 어떤 학자들은 '하나님의 영광과 주권'이라고 주장했으며, 또 다른 학자들은 '예수 그리스도'라고 주장하기도 했다. 하지만 필자가 보기에 이 질문은 칼뱅 신학 연구에 별 도움이 되지 않는 우문(愚問)일 뿐이라고 생각한다.

　칼뱅 신학은 한 가지의 중심 사상을 가지고 있다고 하기보다는 다양한 특징들을 가지고 있다는 분석이 더 적절하다. 그런 의미에서 하나님의 영광과 주권에 대한 강조는 칼뱅 신학의 중심 사상은 아닐지라도, 분명 주요한 특징들 중 하나임에는 틀림이 없다. 칼뱅의 『기독교강요』와 성경 주석을 찬찬히 읽어 보면, 그가 얼마나 하나님의 영광스러움에 사로잡힌 신학자인가를 쉽게 알 수 있다. 그리고 칼뱅에게 있어서 하나님의 영광은 만유에 대한 하나님의 절대적인 주권 행사를 통해서 가장 드라마틱하게 드러난다. 우주와 만물을 창조하시고 다스리시며 섭리하시는 사역 가운데서 하나님의 주권과 전능과 지혜와 자비의 영광이 드러난다는 사실을 칼뱅은 반복적으로 강조한다. 동시에 그는 전적으로 타락한 죄인을 예수 그리스도 안에서 구원하시는 하나님의 구원 사역을 통하여, 하나님의 사랑과 은혜와 긍휼과 자비와 신실하심의 영광이 드러난다는 것을 주목한다. 칼뱅은 그의 삶과 신학 작업을 통해서 종교개혁의 주요 슬로건이었던 '오직 하나님께 영광'(*soli Deo gloria*)을 아주 구체적으로 살아 낸 실천적인 신학자였던 것이다.

　칼뱅 신학의 네 번째 특징은 예수 그리스도의 인격과 사역에 대한 강조다.

　칼뱅은 삼위일체 하나님의 다차원적 영광이 가장 분명하게 드러난 사건이 바로 예수 그리스도 안에서 죄인을 구속하시는 구원의 역사였다고 믿었다. 예수 그리스도의 인격과 사역이야말로 하나님의 어떠하심을 가장 분명하게 드러내 준다는 것이다. 특별히 칼뱅은 예수 그리스도의 고난과 십자가의 죽으심과 부활을 통한 구속이 하나님의 사랑과 거룩, 은총과 공의, 긍휼과 자비를 극명하게 보여 준다고 확신했다. 또한 성경 전체의 중심을 삼위일체 하나님의 제2 위격인 예수 그리스도로 이해했으며, 구약은 장차 오실 그리스도에 대한 약속과 예언, 신약은 약속과 예언대로 오신 예수 그리스도에 대한 기록으로 서로 통일성을 가진다고 믿었다.

칼뱅 신학의 다섯 번째 특징은 성령의 비밀한 사역에 대한 강조다.

칼뱅은 철저히 성령의 신학자였다. 그는 예수 그리스도 안에서 하나님께서 성취하신 구속의 효력을 우리의 심령과 영혼에 적용하시는 분이 바로 성령이심을 올곧게 강조하였다. 특히 성경이 하나님의 말씀임을 내적으로 확증하는 데 있어서 성령의 비밀한 사역이 필요함을 역설하였고, 성경을 통해 구원의 진리를 이해함에 있어서도 반드시 성령의 조명이 필요함을 강조하였다. 죄인이 자신의 죄를 회개하고 예수 그리스도를 주와 구주로 믿게 되는 회심의 사건에서도 성령의 비밀하지만 효과적인 사역이 절대적임을 주장했으며, 오직 믿음으로 의롭다함을 얻은 신자가 성화의 과정을 밟아 나감에 있어서도 철저히 성령의 비밀하신 인도에 의존해야 함을 강조했다. 특히 그리스도인이 성도다운 윤리적인 삶을 살아감에 있어서 그리스도인 안에 내주하신 성령의 역사와 인도가 절대적으로 필수적임을 바르게 역설하였고, 이러한 성령의 인격과 비밀한 사역에 대한 칼뱅의 가르침은 후대 개혁신학자들 특별히 존 오웬(John Owen)과 조나단 에드워즈 같은 청교도 신학자들에게 심대한 영향을 미쳤다.

칼뱅 신학의 여섯 번째 특징은 신앙 공동체인 교회의 절대적 중요성에 대한 강조다.

특별히 칼뱅의 교회론은 16세기 종교개혁이라는 역사적 배경 속에서 독특한 요소를 가지고 있었다. 그는 교회가 성도들의 어머니라는 독특한 신학 사상을 전개했다. 물론 칼뱅은 "하나님을 아버지로 모시는 사람은 반드시 교회를 그 어머니로 모신다."는 카르타고의 시프리안(Cyprian of Carthage)의 신학적 통찰에 동조했지만, 칼뱅의 어머니 교회론은 그가 갈라디아서 4장 26절을 주석하는 과정에서 더 분명한 모습을 형성하게 되었다.

성도들의 어머니로서의 교회는 영적인 새 생명을 잉태하고, 낳으며, 젖을 먹이며, 기르고, 양육하고, 훈계하며, 가르쳐서, 성숙케 하여 세상으로 파송한다는 것이 그의 어머니 교회론의 골자이다. 따라서 칼뱅은 교회를 떠나서는 성도의 참된 성숙이란 불가능하다고 믿었다. 심지어 교회 밖에는 구원이 없다는 명제도 바로 이런 의미에서 재해석했다. 칼뱅은 영적인 어머니를 떠나서는 성도가 자신의 영적 생명을 지탱할 방법이 없음을 너무나 잘 알고 있었던 것이다.

마지막으로 칼뱅 신학의 일곱 번째 특징은 그가 철저히 복음의 신학자였다는 사실이다.

칼뱅은 예수 그리스도안에 있는 하나님의 은혜의 복음을 다른 어떤 신학자보다도 사랑했고 또 강조했다. 그래서 만일 '칼뱅 신학의 중심이 무엇인가?'라는 질문에 대해 답변을 해야 한다면 그것은 "복음"이라고 해야 할 것이다. 복음이야말로 칼뱅 신학의 시작과 중심과 결론을 꿰뚫어 주는 칼뱅 신학의 중심이었다.

하지만 칼뱅을 오해했던 많은 사람들은 칼뱅 신학이 율법의 제3용도를 강조함으로써 유대주의 또는 율법주의적인 방향으로 흘렀다는 분석을 내놓았다. 하지만 칼뱅이 율법의 제3용도론을 개진한 부분을 주의 깊게 자세히 읽어 보면, 그는 성도 생활의 규범으로 기능하는 율법이 구약의 모세가 받았던 문자로서의 율법이 아니라, 예수님이 재해석하시고 성령이 실천할 수 있는 힘을 주시는 콘텍스트(context)에서 이해된 율법임을 분명하게 확인할 수 있다. 그러므로 칼뱅을 율법주의자라고 비난하는 것은 지나친 오해에 불과하다.

에드워즈 신학의 신학사적 의의와 특징

에드워즈 신학의 역사적 의의

18세기 초 북미 뉴잉글랜드가 낳은 위대한 청교도 신학자 조나단 에드워즈는 칼뱅 사후 약 150여 년간 발전되어 온 영미 청교도적 개혁신학을 집대성했다. 1564년 칼뱅이 별세한 후 영국의 개혁신학은 청교도들을 중심으로 명맥을 유지한다. 16세기 후반과 17세기 동안 영국의 개혁신학을 견인한 대표적인 청교도 신학자들 중에는 윌리엄 퍼킨스(William Perkins, 1558-1602), 윌리엄 에임스(William Ames, 1575-1633), 리처드 십스(Richard Sibbs, 1577-1635), 토머스 굿윈(Thomas Goodwin, 1600-1680), 토머스 셰퍼드(Thomas Shepard, 1605-1649), 존 오웬(John Owen, 1616-1683), 존 플라벨(John Flavel, 1627-1691), 토머스 보스턴(Thomas Boston, 1676-1732) 등이 있다.

영국의 청교도 신학은 신대륙의 뉴잉글랜드로 전달되었다. 그것은 영국의 청교도들 중에서 1630년대 이후 미국으로 넘어온 사람들을 통하여 이루어졌다. 에드워즈가 신학적인 작업을 하기 이전에 이미 상당한 기간 동안 뉴잉글랜드의 청교도 신학은 나름대로의 발전을 지속했다. 뉴잉글랜드를 대표하는 청교도 신학자들 중에는 존 윈스럽(John Winthrop, 1588-1649), 리처드 매더(Richard Mather, 1596-1669), 인크리스 매더(Increase Mather, 1639-1723), 코튼 매더(Cotton Mather, 1663-1728), 에드워즈의 외조부였던 솔로몬 스토더드(Solomon Stoddard, 1643-1729) 등이 있다.

에드워즈 이후 미국의 신학은 청교도적 칼뱅주의가 쇠퇴하고, 다양한 수성주의적 주장들이 우후죽순으로 등장하게 된다. 물론 1812년 프린스턴 신학교가 개교한 이래 소위 구프린스턴 신학이라는 독특한 개혁신학 전통이 100여 년간 지탱되어 왔다. 하지만 구프린스턴의 개혁신학이 미국 신학의 중심 세력을 차지한 것은 아니었다.

에드워즈 신학의 특징

에드워즈 신학의 첫 번째 특징은 성경중심주의다.

그것은 칼뱅 이후 에드워즈까지 이어진 개혁신학의 전통을 구성하는 중심 요소였다. 오직 성경만이 신적인 권위를 가진 객관적인 하나님의 말씀이라는 개혁주의적 신학 사상을 에드워즈는 적극 수용하였다. 특별히 에드워즈의 주저 중 하나인 『구속사』(*A History of the Work of Redemption*)를 보면, 그가 얼마나 성경을 그의 신학적 사유의 중심에 두고 있는지를 분명하게 확인할 수 있다. 에드워즈는 칼뱅의 『기독교강요』나 후대 청교도 신학자들이 쓴 조직신학서와 같은 교리적 조직신학서를 집필하지 않았다. 그것은 그가 구속사라는 큰 틀 속에 교리적 주제를 용해시켜서 포섭되게 하는 역사적 방법론을 선호했기 때문이다.

다시 말해서 에드워즈는 특정한 주제를 정해 놓고 교리를 체계적으로 배열하고 설명하는 조직신학적 방법보다는 성경의 역사적 흐름을 그대로 따라가면서 교리를 함께 다뤄 주는 방식을 선호했다. 물론 어느 방식이 더 효과적이냐라는 문제와 관련해서 논쟁의 여지가 있을 것이지만, 필자는 두 가지 방식 모두가 필요하다고 보는데, 그 이유는 성경 자체가 역사적 방법과 주제적 방법을 함께 사용하고 있기 때문이다.

에드워즈 신학의 두 번째 특징은 철저한 칼뱅주의 노선이다.

16세기에서 18세기까지 등장했던 대부분의 청교도 신학자들은 칼뱅주의자들이었다. 하지만 청교도 신학자들 중에도 신학적 다양성이 있었음을 우리는 기억해야 한다. 심지어는 알미니안 주의를 주창한 청교도들도 있었고, 칼뱅주의와 알미니안 주의의 중간 노선을 따른 신학자들도 있었다. 리처드 백스터(Richard Baxter, 1615-1691)가 그런 중간 노선을 취했던 대표적인 신학자다. 칼뱅주의 신학자로서 에드워즈는 어거스틴주의와 칼뱅주의를 관통하는 원죄론을 적극 수용하고 변호하였다. 동시에 자유의지론에서도 하나님의 절대주권적 작정과 인간의 의지적 자유가 조화된다는 컴패터빌리즘(compatibilism; 양립가능론)을 주창했다.

에드워즈신학의 세 번째 특징은 하나님의 영광을 매우 강조했다는 점이다.

에드워즈는 "하나님의 천지창조 목적"이라는 논문을 통해서 하나님의 영광이 하나님께서 천지를 창조하신 목적임을 매우 설득력 있게 논증했다. 더 나아가서 에드워즈는 하나님의 영광이 당신의 존재 목적임을 탁월하게 논증했다. 칼뱅 역시 하나님의 영광과 주권을 엄청나게 강조했지만, 에드워즈와 같이 하나님의 존재 목적을 하나님의 영광으로 볼 정도로 강조하지는 않았다. 이렇게 볼 때 에드워즈는 선배 개혁신학자들의 주요한 신학적 통찰과 착상을 적극 수용하면서 그것을 더 라디칼(radical)하게 발전시키는 방향으로 신학적 작업을 수행했음을 알 수 있다.

에드워즈 신학의 네 번째 특징은 신앙적 감성의 중요성을 강조했다는 점이다.

이 부분은 에드워즈가 칼뱅 신학의 영향을 받은 부분이라기 보다는, 영미 청교도 신학의 영향을 받은 부분이다. 대체로 영미 청교도 신학이 신앙적 감정의 중요성 혹은 신앙적 심리 분석에 대한 큰 관심을 보여 주었다는 것은 학계의 정설이다. 그러나 에드워즈는 그가 경험했던 영적 대각성과 부흥의 관점에서 신앙적인 감정에 대한 신학적 논의를 한 차원 더 진전시

컸다. 그의 주저인『신앙감정론』(Religious Affections)은 에드워즈의 그런 신학적 관심이 반영된 작품이다.

에드워즈 신학의 다섯 번째 특징은 신앙적 실천의 중요성을 강조했다는 점이다.

특별히 그의 주저『신앙감정론』(Religious Affections)에서 에드워즈는 참된 그리스도인과 거짓된 그리스도인을 뚜렷이 구별해 주는 적극적인 표지 12개를 논의하면서 그 12가지 중에서도 그리스도인의 실천이 가장 중요한 표지임을 역설했다. 그리고 그리스도인의 신앙적 실천의 핵심은 바로 사랑의 실천임을 강조했다. 또 다른 주저『참된 미덕의 본질』(The Nature of True Virtue)에서도 역시 사랑의 실천이 그리스도인을 그리스도인답게 만들어 주는 참된 미덕임을 역설했다.

에드워즈 신학의 여섯 번째 특징은 신앙적 감성과 실천을 강조하는 맥락에서 성령의 역사를 강조했다는 점이다.

에드워즈는 "그리스도인에게 주어지는 모든 신적인 복의 총체가 성령이다."라고 주장함으로써, 하나님께서 예수 그리스도 안에서 그리스도인들에게 주신 영적인 혜택을 누리게 하시는 분이 바로 '성령'이라고 역설했다. 성령의 역사가 없이는 하나님께서 당신의 자녀들에게 주신 하늘에 속한 모든 신령한 복을 누릴 길이 없다는 것을 강조했다. 그런 점에서 에드워즈는 칼뱅과 오웬의 전통을 잇는 성령의 신학자였다고 평가할 수 있다.

칼뱅과 에드워즈의 신학적 유사점

에드워즈는 여러 가지 면에서 칼뱅을 닮아 있다.

첫째, 에드워즈는 칼뱅과 같은 명석한 두뇌의 사람이었다. 초대 교회 당시 바울이 그러했던 것처럼, 칼뱅은 16세기 종교개혁 시대에, 그리고 에드워즈는 18세기 계몽주의 시대에 가장 탁월한 기독교 지성인으로 살았다.

둘째, 에드워즈는 칼뱅과 같이 예수 그리스도 안에서 계시된 하나님의 은혜의 복음에 푹 빠진 사람이었다. 칼뱅과 에드워즈 모두 하나님의 은혜의 복음에 완전히 사로잡힌 사람들이었다. 하나님과 원수된 관계 속에서 영원히 멸망받아 마땅한 죄인을 거저, 값없이, 아무런 공로 없이 선대하시고, 용서하시고, 당신의 자녀로 삼으시는 하나님의 놀라운 은혜에 대해서 에드워즈는 칼뱅만큼 열정적으로 선포하고 강조했다.

셋째, 칼뱅이 당대의 루터와 선대의 교부들과 어거스틴 등에게서 많은 것을 배운 것처럼, 에드워즈 역시 16-17세기 개혁자들과 청교도들 그리고 교부들과 어거스틴 등에게서 많은 것을 배웠다. "네 부모를 공경하라"는 십계명의 제5 계명을 영적으로 해석할 때 우리 모든 그리스도인은 믿음의 선배들을 공경해야 한다. 특별히 그 선배들이 신학적으로 탁월한 통찰들을 유산으로 남겨 주었다면, 우리는 당연히 그 유산에 깊은 관심을 가지고 오늘의 역사적 맥락에서 적극적으로 계승해야 한다. 에드워즈는 그런 신학적 계승의 탁월한 실례를 제공해 주고 있다.

넷째, 칼뱅이 크리스천 휴머니스트(humanist)로서 당대의 철학과 일반 학문을 통달했던 것처럼, 에드워즈 역시 크리스천 철학자로서 당대의 경험론 철학과 계몽주의 사상을 통달했다. 칼뱅은 당대에 널리 유행했던 신플라톤주의를 비롯하여 스토익주의(Stoicism)와 아리스토텔레스의 철학 등에 대해서 정확한 지식과 분석력과 비판력을 가지고 있었다. 마찬가지로 에드워즈 역시 당대의 다양한 철학적 흐름을 숙지하고 비판할 수 있는 분석력을 지니고 있었다.

다섯째, 칼뱅이 로마 가톨릭의 신학적 오류 그리고 다양한 이단자들의 신학적 오류를 철저하게 해부하고 파헤치며 비평했던 것처럼, 에드워즈는 반어거스틴주의와 알미니안 주의의 신학적 오류를 분명하게 드러내었다. 다시 말해서 칼뱅과 에드워즈는 단순히 신학자로 머문 것이 아니라 탁월한 기독교 변증가로서의 역할도 감당했던 것이다.

여섯째, 무엇보다 칼뱅이 하나님의 말씀인 성경을 하나님의 감동으로 된 오류가 없는 절대 권위로 받아들이고 그 말씀에 자신을 헌신한 것처럼, 에드워즈도 성경만이 하나님의 말씀이요 신앙과 행위에 절대적 표준이라는 복음적 성경관을 지탱했다.

일곱째, 칼뱅이 성령님의 비밀하신 역사 즉 조명과 각성의 역사가 없이는 우리가 하나님의 말씀을 조금도 깨닫거나 실천할 수 없다고 믿었듯이, 에드워즈 역시도 성령님의 특별한 역사가 없이는 우리 마음이 하나님의 말씀을 체험할 수 없다는 사실을 반복적으로 강조했다.

여덟째, 칼뱅이 유대주의자 혹은 율법주의자라는 비난을 받을 정도로 강하게 신앙의 실천과 믿음의 행위를 강조했듯이, 에드워즈 역시도 입술의 고백이 아닌 삶 속에서의 실천이 신앙의 본질임을 반복적으로 강조했다. 자기를 부인하고 자기 십자가를 지고 순종의 길을 가는 것이 예수 제자의 길임을 칼뱅과 에드워즈는 깊이 확신했고 또 그렇게 자신들의 삶을 드렸다. 이렇게 두 사람이 살았던 시대적 배경과 역사적 정황은 상당히 달랐지만, 두 사람 속에서 하나님이 역사하신 바는 동일했다.

칼뱅과 에드워즈의 신학적 차이점

하지만 여기서 한 가지 기억해야 할 것은 에드워즈는 칼뱅과 선대 청교도들의 신학적 통찰을 계승하되, 하나님께서 자신에게 독특하게 주신 부분들을 아름답게 개발했다는 것이다. 그리고 칼뱅은 에드워즈보다 약 200년이 앞선 시점에서 신학적 작업을 했기 때문에, 칼뱅 사후 에드워즈에 이르는 기간 동안 개혁신학 일반과 청교도적 개혁신학의 발전에 대해서 무지할 수 밖에 없었다. 바로 이 점에서 칼뱅과 에드워즈의 신학적 차이점이 분명하게 드러난다. 물론 칼뱅으로부터 에드워즈에 이르기까지의 200년 동안 개혁신학 일반과 청교도적 개혁신학이 경험한 변화가 전부 긍정적이었냐는 질문에 대한 대답은 복합적일 수 밖에 없다. 어떤 면에서 칼뱅 후대의 개혁신학은 칼뱅의 개혁신학보다 긍정적인 의미에서 발전적이었다고 평가될 수 있다. 하지만 또 다른 면에서 칼뱅 후대의 개혁신학은 칼뱅을 포함한 종교개혁자들의 신학이 가지고 있는 복음적 역동성을 상실한 측면도 없지 않다는 분석이 가능하다. 그런 의미에서 칼뱅과 에드워즈의 신학적 차이점을 좀 더 자세하게 논의할 필요가 있다.

첫째, 에드워즈는 칼뱅이 중세 천 년 동안 거의 잊혀졌던 복음 진리를 회복하고 재확립하면서 비교적 큰 관심을 두지 못했던, 그리고 청교도 신학의 중심 화두였던 신앙의 체험적인 측면에 더 깊은 관심을 기울일 수 있었다. 특히 아내 사라 에드워즈가 프로토 캐리스매틱(proto charismatic)이었기 때문에 신비한 신앙적 체험을 좀더 직접적으로 관찰하고 분석할 수 있었다. 그런 의미에서 에드워즈의 신학은 오순절과 은사 운동이 만연되어 신앙적 체험에 대한 균형을 잃은 강조로 몸살을 앓고 있는 20-21세기에도 매우 적절한 빛을 비추어 주며, 참된 은혜의 체험과 참된 신앙 감정에 대한 바른 안내를 제시한다. 이 부분은 특히 한국 교회의 갱신과 개혁에 특별한 의미가 있다.

한국 교회 역시 비정상적인 신비 체험의 추구를 신앙생활의 최대 목표로 인식하는 '신비주의'라는 다른 복음 때문에 엄청난 어려움을 겪고 있다. 한국 교회에 팽배해 있는 신비주의는 한국인의 종교 의식 속에 뿌리박혀 있는 무속주의적 영성에도 영향을 받았다. 21세기 한국 교회가 말씀에 기초한 건강한 체험 신앙을 진작시키고자 한다면 에드워즈의 탁월한 신학적 통찰을 건강하게 계승할 필요가 있다.

둘째, 에드워즈는 칼뱅이 교회 개혁에 정열을 쏟으면서 놓치고 있었던 교회의 선교적 사명을 강조해 주었다. 칼뱅주의 3대 신학자 중 한 사람으로 여겨지는 워필드(Benjamin B. Warfield, 1851-1921)는 종교개혁에 대해서 말하기를, 어거스틴의 구원론이 어거스틴의 교회론을 이긴 사건이라고 했다. 즉 어거스틴이 강조했던 오직 은혜의 구원론은 개혁교회가 재발견함으로써 어거스틴의 교회론에 기초했던 로마 가톨릭교회를 무너뜨린 사건이 바로 종교개혁이었다는 분석이다.

이런 관점에서 본다면 루터와 칼뱅의 종교개혁은 로마 카톨릭이 왜곡해 온 교회 제도를 성경과 복음의 관점에서 바르게 회복시킨 역사적 사건이었다는 분석이 가능해진다. 상술한 바와 같이 칼뱅은 '어머니 교회론'을 통하여 로마 가톨릭의 성사 중심 교회 제도를 비판하고, 말씀과 영적 양육 중심의 교회론을 회복시켰다. 그러나 중세 1000년 동안 헝클어진 교회 제도를 새롭게 개혁하느라 교회의 중심 사명인 선교에 대해서는 충분한 관심을 기울이지 못했다.

물론 반론의 여지가 있다. 왜냐하면 칼뱅이 섬겼던 제네바 교회에서 일부 선교사들이 브라질 지역에 파견된 역사적 사실이 확인되기 때문이다. 그러나 칼뱅 시대 때 교회가 선교적 사명에 충분한 관심을 기울이지 못했다는 지적은 일리가 있다.

반면 에드워즈는 자신 스스로가 인디언 선교사가 되었다. 그래서 지역 교회의 목회자로서의 역할을 넘어 인종과 문화가 다른 종족들에게 복음을 전하는 선교사의 사명을 감당했다. 그리고 선교사 브레이너드의 전기를 쓰면서 선교적 열정의 중요성을 강조했다. 이 점에서 에드워즈가 칼뱅보다는 좀 더 진전된 선교적 관심을 지녔던 신학자라는 분석은 적절하다.

셋째, 칼뱅이 중세 가톨릭의 알레고리적/풍유적 해석학을 비판하면서 문법적/역사적 해석학을 회복시켰다면, 에드워즈는 선대 종교개혁자들과 청교도 신학자들의 공헌에 기초해서 다시금 예표론적, 모형론적 해석학을 회복에 공헌했다. 여기서 우리는 오늘날 한국 교회가 나아가야 할 성경해석학적 모델을 얻을 수 있다. 그것은 루터와 칼뱅이 보여 주었던 문법적/역사적 해석 방법에 견고한 뿌리를 내리면서도 모든 성경을 예수 그리스도로 해석해 낼 수 있는 건강한 예표론과 모형론을 회복하는 것이다.

우리 한국 교회는 양극단을 피해야 한다. 하나는 문법적/역사적 해석에 머무르는 극단이며, 또 다른 하나는 문법적/역사적 주해를 무시한 채 영적인 비유 풀이에 몰입하는 극단이다. 문법적/역사적 해석에 머무르는 극단은 자유주의적, 역사비평적 해석으로 치달았고, 영적인 비유 풀이에 몰입하는 극단은 신천지와 같은 이단적 해석으로 나아갔다. 자유주의적, 역사 비평적 성경 해석의 폐해는 이루 말할 수 없다. 성경의 권위가 무너지고, 예수 그리스도의 유일성이 거부되며, 종교 다원주의가 세력을 얻게 되었다. 한편 영적인 비유 풀이에 몰입하는 자의적 해석의 폐해 또한 극심하다. 전통적인 교리가 무시되고, 자기 집단의 절대화에 의한 교주의 신격화의 길을 걷게 되었다. 우리는 양극단을 거부하고, 건강하고 균형잡힌 중간 길을 걸어가야 한다. 그것이 위기에 처한 한국 교회를 건강하게 회복하고 갱신하는 길이다.

넷째, 에드워즈는 칼뱅보다 더 폭넓게 일반 학문과 철학에 대한 관심을 계속 유지했다. 그는 개신교의 아퀴나스라고 불릴만큼 위대한 지성의 소유자이면서 동시에 철학과 신학을 자신의 인격 속에 통합한, 어쩌면 어거스틴의 기독교적 플라톤주의, 아퀴나스의 기독교적 아리스토텔레스주의를 넘어서는 면모를 보여 주고 있다.

오늘날 한국 교회는 신학과 일반 학문을 통합하려고 했던 에드워즈로부터 매우 중요한 교훈을 얻을 수 있다. 그것은 신학의 근본주의화, 신앙의 게토화를 넘어서야 한다는 사명의 확인이다. 한동안 한국 교회 내에서 기독교 철학이나 기독교 학문에 대한 관심이 뜨겁게 달아 올랐다. 하지만 최근 동향을 분석해 보면 기독교 철학이나 기독교 학문에 대한 관심이 상당히 쇠퇴해 버렸다. 그나마 명맥을 유지하고 있는 것이 매우 근본주의적인 신학적 관심에 의해서 주도되는 창조 과학 운동입니다. 창조 과학 운동이 많은 장점들을 가지고 있음에도 불구하고, 그 운동의 신학적 지평이 너무나 협소한 근본주의를 지향하고 있다는 점은 우려할 만한 일이다.

나가는 말

한국 교회의 역사는 이제 약 130년이 되었다. 짧다면 짧고, 길다면 긴 역사이다. 한국 교회의 역사 속에서 칼뱅의 신학은 많은 사람들의 관심과 사랑의 대상이었다. 하지만 오늘날 한국 교회가 과연 칼뱅이 물려 주었던 주옥같은 신학적 유산을 잘 계승하고 있느냐는 질문을 던진다면, 그 대답은 부정적이다. 한국 개혁신학계가 칼뱅 신학의 성경적인 유산을 소개하려고 진지하게 노력해 왔지만, 지역 교회의 현장에서는 여전히 칼뱅 신학의 복음적 유산이 뿌리를 내리지 못하고 있다. 건강한 복음적 개혁신앙보다는 기복주의 신앙이나 율법주의 또는 방종주의가 한국 교회에 더 넓고 깊게 퍼져 있다는 부정적 분석이 옳기 때문이다.

칼뱅에 비하면 에드워즈에 대한 학문적 관심은 비교적 최근에 나타난 현상이다. 그래서 한국 교회 내에서 에드워즈는 아직까지 대중적인 관심을 얻지 못하고 있다. 에드워즈 저작 전집의 한국어 번역판이 계속 출간되고 있다는 것은 그나마 긍정적인 현상이다. 하지만 분명한 것은 칼뱅과 칼뱅의 신학을 사랑하는 복음주의자라면, 에드워즈와 에드워즈의 신학을 사랑할 수밖에 없다고 필자는 생각한다. 칼뱅을 읽고, 에드워즈를 읽자. 칼뱅과 에드워즈를 통해서 하나님 말씀의 더 깊은 진리의 세계로 들어가

자. 그리고 주님의 영광과 나라와 의를 위하여 우리 자신을 날마다 개혁하고, 그 위에서 우리 조국의 교회를 개혁해 나가자. 이것이 신앙의 선배들로부터 배운 신앙적 교훈을 우리의 삶의 자리에서 적용하고 실천하는 아름다운 길이라고 믿는다.

경건의 관점에서 본
장 칼뱅과 조나단 에드워즈

『기독교강요』와 『신앙정서론』에 나타난
'경건의 한계 속에 있는 신학'을 중심으로

심현찬

요약 : 본 글의 목적은 경건의 관점에서 장 칼뱅과 조나단 에드워즈의 신학을 살펴보는 데 있다. 특히 『기독교강요』와 『신앙정서론』을 중심으로 살펴서, 칼뱅과 에드워즈의 신학의 특징이 궁극적으로 경건을 추구하는 '경건의 한계 속에 있는 신학'임을 밝힌다. 이를 위해서 이 글은 세 부분으로 구성된다. 첫째, 칼뱅의 『기독교강요』 속에 나타난 '경건의 신학'으로서의 특징을 살핀다. 둘째, 『신앙정서론』에서 나타난 '경건의 신학'으로서의 특징을 살핀다. 그리고 마지막 결론 부분에서, 칼뱅과 에드워즈의 '경건의 한계 속에 있는 신학'을 통해 배우는 교훈을 제시한다.

망령되고 허탄한 신화를 버리고 오직 경건에 이르도록 네 자신을 연단하라.

육체의 연단은 약간의 유익이 있으나 경건은 범사에 유익하니 금생과 내생에

심현찬 원장
미국 워싱턴 트리니티 연구원 설립자 및 원장이며,
한국 에드워즈 컨퍼런스 및 C. S. 루이스 컨퍼런스 디렉터 및 공동 창립자이다.
본 원고는 '2017 서울 조나단 에드워즈 컨퍼런스'에서 강연한 원고이다.

약속이 있느니라 _딤전 4:7-8

… 경건이 없는 곳에 하나님에 관한 지식은 있을 수 없다. _칼뱅

우리 그리스도인들은 성화의 생활을 하도록 부르심받았으므로 우리의 전 생
활에는 어떤 경건의 실천이 있어야 한다. _칼뱅

『신앙정서론』에서 에드워즈는 18세기 뉴잉글랜드의 종교적 부흥이 종교 자체
만큼 오랜된 문제를 제기한다고 과감하게 믿었다. 우리는 어떤 기준으로 참
경건과 거짓 경건을 구분할 것인가? 요한일서의 기자는 '영을 다 믿지 말고,
영들을 분별하라'고 경고한 바 있다. 에드워즈는 그 당시의 사람들에게 이 명
령에 어떻게 순종할 것인가를 가르치고자 했다. _존 스미스

서론: 이중적 상황에서 다시 보는 장 칼뱅과 조나단 에드워즈의 "경건의 한계 속에 있는 신학"

본 글은 이중적 상황, 즉 세계적 상황과 한국적 상황 가운데 종교개혁
사상을 잘 구현했던 칼뱅과 에드워즈가 추구했던 신학의 본질은 무엇인가
를 살펴보고자 한다. 현재 세계적 상황은 최근 종교개혁과 장 칼뱅의 탄생
500주년이 지나면서 다양한 세미나의 개최와 관심이 고조되고 있다. 이것
은 종교개혁가들, 특히 마르틴 루터(1483-1546)와 장 칼뱅(1509-1564) 등이
가르쳤던 종교개혁 신앙의 영향력이 세계적임을 단적으로 보여 준다.[1] 또
한편으로는 한국적 상황에서 한국 교회가 기독교 핵심 진리에서의 심각한
이탈 현상을 목도하기도 한다. 거기에는 기독교 핵심 진리와 경건에 대한

---

1 종교개혁과 그 영향력에 대한 다음을 참고하라. 앨리스터 맥그래스(A. McGrath), 『종교개혁사
상』(서울:CLC, 2006)와 카터 린드버그 편집, 『종교개혁과 신학자들』(서울: CLC, 2012).

무관심과 무지, 그리고 복음의 변질, 신앙의 변질, 교회의 변질을 보게 된다. 기독교가 매우 유흥적이고 기복적이며 물량주의화되었다. 따라서 한국 교회에 계속되는 돈, 성, 권력의 '탐욕의 반지'에 붙들려 있는 '골룸화 현상'을 목도한다.[2]

이런 이중적 시대 상황에서 종교개혁이 추구했던 신학의 본질인 경건의 신학에 관해 살펴보고자 한다. 이를 위해서 칼뱅과 종교개혁 신학의 정점이라고 할 수 있는 『기독교강요』(1559)[3]와, 동시에 이런 종교개혁의 연장의 측면에서, 청교도 신학과 경건의 정점인 조나단 에드워즈(1703-1758)의 『신앙정서론』(1746)을 살펴보고자 한다.[4] 종교개혁의 신학은 본질적으로 경건을 추구했다. 왜냐하면 그것이 철저히 목회적이요 예배에 기초하기 때문이다. 이런 점에서, 카터 린드버그(Carter Lindberg, 1937-)에 의하면, 종교개혁 시대에 회자하는 말은 "믿음이 예배에 기초한다."[5], "신학은 예배로부터 나와서 다시 예배로 돌아간다."였다.[6] 이런 종교개혁 신학의 핵심인 경건은 앞으로 살펴볼 칼뱅의 『기독교강요』와 에드워즈의 『신앙정서론』에서 공통적으로 잘 드러난다. 이들의 신학은 경건을 추구하는 신학으로 "경건의 한계 속에 있는 신학"이었고, 나아가 이들은 이러한 신앙과 목회를 추구하며 살았다.[7] 따라서, 한국 교회가 이 글을 통해서 다시 한번 이

---

2 이런 골룸화 증후군에 대해선 필자의 2015 퓨리턴 컨퍼런스 발제 논문을 참고하라. "아름다움의 관점에서 본 조나단 에드워즈의 경건과 부흥의 삼중성", 『퓨리턴 신학과 한국교회의 전망』, 90-149.

3 『기독교강요』(상,중,하), 김종흡 외 공역 (서울:생명의 말씀사, 2009); 이후 『기독교강요』와 각 책, 장, 절을 표시함; John Calvin. John. *Institutes of the Christian Religion, 1. 2.* Editor John McNeill, Trans. by Ford Battles,(Philadelphia: Westminster P.)

4 에드워즈의 『신앙정서론』의 인용은 한국어판은 『신앙감정론』, 존 스미스 편집, 정성욱 역 (서울: 부흥과개혁사, 2005); 영문판으론 WJE 2: *Religious Affections.* Ed. John E. Smith (New Haven: Yale UP, 1969)를 참고한다. 필자는 『신앙감정론』 대신 개인적으로 『신앙정서론』 선호해서 사용한다. 그러나 이후에 한글판 인용일 경우엔 『신앙감정론』, 또는 『감정론』으로 표기하며, 영어본은 RA로 표기함.

5 *"lex orandi, lex credenda"*, 『종교개혁과 신학자들』, 카터 린드버그 편집, 30.

6 같은 책, 30.

7 "경건의 한계 속의 신학"(theology within the limits of piety) 용어는 조엘 비키(Joel Beeke)의 다

런 종교개혁 신학의 본질인 경건을 추구하는 신학을 회복하는 한 계기가 되길 바란다.

이 글의 목적은 경건의 관점에서 장 칼뱅과 조나단 에드워즈를 살펴보는 데 있다. 특히『기독교강요』와『신앙정서론』을 중심으로, 칼뱅과 에드워즈의 경건의 핵심은 '경건의 한계 속에 있는 신학'임을 밝힌다. 이를 위해서, 이 글은 세 부분으로 구성된다. 첫째, 칼뱅의『기독교강요』속에 나타난 경건한 신학의 특징을 살핀다. 둘째, 『신앙정서론』에서 나타난 경건한 신학의 특징을 살핀다. 마지막으로, 칼뱅과 에드워즈의 '경건의 한계 속에 있는 신학'에서 배우는 교훈을 제시한다.

장 칼뱅과『기독교강요』속에 나타난 경건의 한계 속의 신학

앞에서 언급했듯이, 이중적 상황, 즉 세계적인 종교개혁 500주년 기념과 한국 교회의 골룸화 현상 가운데서 먼저, 『기독교강요』속의 경건의 신학을 살펴보자.

무엇보다도『기독교강요』는 종교 개혁신학의 정수를 보여 준다. 일종의 칼뱅의『순전한 기독교』(loci communes)와 같다고 할 수 있다. 동시에 이 글의 핵심인 경건과 관련해서, 무엇보다도 경건한 신학을 보여 준다. 특히『기독교강요』의 1936년 초판 서문에서 나타나듯이, 이 작품은 "기독교 경건의 총화"(summa of Christian piety)이다.

음 글에서 빌려 옴. "Calvin on Piety," *The Cambridge Companion to John Calvin.* ed. by Donald McKim (Cambridge: Cambridge UP), 125에서 재인용; 원래는 Brain Gerrich, "Theology within the Limits of Piety Alone: Schleiermacher and Calvin's Doctrine of God"의 것을 비키가 빌려 옴. 필자가 이 용어를 차용해서 사용한 것은 종교개혁과 칼뱅과 에드워즈에게서 나타난 신학의 특징이 경건과 신학의 불가분성, 나아가 경건의 통제를 받는 신학을 추구했다는 데 있다. 칼뱅과 에드워즈 사이에 시공간적, 나아가 신학상 미세한 부분에서 차이는 있을지 몰라도, 필자의 관심은 경건의 측면에서 매우 유사성을 가졌다고 할 수 있다. 물론 여기서 유사성이란 비트겐슈타인(Wittgenstein)의 말대로 일종의 "가족 유사성"(family resemblances)이지, 일대일 유사성을 의미하지는 않는다. 이후로는 '경건의 신학', 또는 '경건한 신학'으로 혼용한다.

『기독교강요』에 나타난 경건의 한계 속의 신학

『기독교강요』에 나타난 경건의 신학적 특징들

『기독교강요』는 경건을 추구하는 신학의 핵심을 보여 준다.[8] 1536년 초판 서문에서 드러나듯이, 『기독교강요』의 목적은 프랑스 사람들의 "참된 경건의 생활을 이루도록 하려는 것"(true godliness)이다.[9] 이런 점에서 존 헤셀링크(John Hesselink, 1928-)가 지적한 것처럼, 칼뱅은 경건에 "일관된 관심"을 가졌고, 따라서 『기독교강요』는 "신학의 종합이 아니라 경건의 종합"(Summa *pietatis*, not *summa theologiae*)"인 것이다.[10] 이런 점에서, 『기독교강요』에서 칼뱅 신학의 핵심은 '경건의 추구'이다.

먼저, 칼뱅에게 경건이란 무엇이며 그 특징은 무엇인가? 칼뱅에게 경건(pietas)이란, "하나님에 대한 경외와 사랑의 연합"으로,[11] 참된 하나님에 관한 지식, 즉 신학의 전제 조건이다.[12] 이 경건의 특징은 몇 가지 들 수 있다. 첫째로, 경건은 참된 믿음과 밀접하다.[13] 둘째로, 경건은 교리와 밀접하다.[14] 셋째, 경건은 하나님에 관한 지식의 필수 조건이다(1.2.1). 이런 점

---

8 이 점에 대해서 다음을 참고하라. John Hesselink, "Calvin's Theology", *The Cambridge Companion to John Calvin* (Cambridge: Cambridge UP, 2004), 74–92; Joel Beeke, "Calvin's Piety", *The Cambridge Companion to John Calvin, 125-152;* Elsie McKee, "Spirituality", *The Calvin Handbook*, ed. by Herman Selderhuis (Grand Rapids: Eerdmans, 2009), 465–472; Ronald S. Wallace, *Calvin, Geneva & the Reformation: A Study of Calvin as Soacil Reformer, Church Pastor, and Theologian,*(Eugene: Wipf & Stock, 1998); 윌리엄 에드가, "윤리: 칼뱅에 따른 그리스도인의 생활과 선행", 『칼빈의 기독교강요 신학』, 데이비드 홀과 피터 릴백 편집 (서울: CLC, 2009); 마이클 호튼, 『칼뱅이 말하는 그리스도인의 삶』 (서울: 아바서원, 2016).

9 Hesselink, "Calvin's Theology", 75 재인용.

10 Ibid., 77 재인용.

11 "reverence and love of God are joined."

12 『기독교강요』, 1.2.1. 주 1, 83.

13 참된 믿음이란, 지식과 성화 그리고 경건한 성향에서 분리할 수 없다(3.5). "믿음은 그리스도를 아는 지식을 기초로 삼는다고 말할 수 있다. 그리고 그리스도의 영으로 말미암아 성화되지 않고는 그리스도를 알 수 없다. 그러므로 믿음을 경건한 성향(disposition/*affctus*)에서 분리한다는 것은 도저히 불가능한 일이다."; 파커, 『칼빈 신학 입문』, 117–8.

14 이 점에 대해서, 다음을 참고하라. Beeke, "Calvin's Piety"; McKee, "Spirituality."

에서 그는 "종교(religion/*religio*) 혹은 경건(piety/*pietas*)이 없는 곳에 하나님에 관한 지식은 있을 수 없다."고 강조한다(1.2.1). 넷째, 하나님에 관한 지식은 신뢰와 경외를 포함한다. 하나님의 존재에 관한 호기심의 지식이 아니라, 경외하기 위한 지식이 되어야 한다. 이런 점에서 성도에게는 평생 경건의 삶이 필요하다.

> 우리 그리스도인들은 성화의 생활을 하도록 부르심을 받았으므로 우리의 전 생활에는 어떤 경건의 실천이 있어야 한다(3.19.2).

칼뱅에 의하면 경건의 궁극적 목적은 두 가지인데, 하나는 하나님께 영광을 돌리는 것이다. 칼뱅은 이것을 개인의 구원보다 중요하게 강조한다.

> 우리는 하나님의 것이다. 그러므로 그를 위해 살고 그를 위해 죽으라(롬 14:8). 우리는 하나님의 것이다. 그러므로 그의 지혜와 그의 뜻이 우리의 모든 행동을 주관하게 하라. 우리는 하나님의 것이다. 따라서 우리의 유일하고 합당한 목표로 삼고 생활의 모든 부분이 그를 향하여 경주하도록 노력하라.[15]

또 하나는, 그리스도를 닮아가는 것이다(딤전 4:7-8).[16] 이런 점에서 칼뱅은 『기독교강요』를 통해서, 궁극적으로 성도의 신앙에서 경건을 돕고자 했다. 이를 위해 거룩한 지식인 하나님과 그리스도에 관한 지식, 교회론, 그리고 실천적 성령의 사역을 보여 준다.

---

15 Beeke, "Calvin on Piety", 127.
16 오직 경건에 이르기를 연습하라.

경건의 기초인 거룩한 지식: 『기독교강요』에서 배우는 핵심 진리들[17]

『기독교강요』에서 경건의 기초로서 언급되는 기독교의 핵심 진리이자 교리는 하나님에 관한 지식과 인간에 관한 지식, 성경, 삼위일체, 그리스도, 창조와 섭리, 인간(창조, 원죄, 타락, 그리스도의 필요성), 믿음과 칭의, 성령, 예정, 교회, 윤리와 교회 징계, 성찬, 교회와 정치, 종말(부활과 재림),[18] 그리스도인의 자유 등을 들 수 있다. 이런 핵심 교리는 바로 칼뱅의 경건의 신학의 기초가 된다. 왜냐하면 칼뱅에게 경건은 신학과 불가분하기 때문이다.

칼뱅의 『기독교강요』에 나타난 "경건의 한계 속의 신학"

『기독교강요』 속에서 주목할 경건의 신학의 핵심으로 여섯 가지 핵심 요소를 살펴보자. 경건의 요소는 매우 실천적인 측면으로, 특히 성령의 사역과 매우 밀접하다.[19] 이 경건은 먼저 믿음과 그리스도와의 연합(즉 칭의와 회개) 그리고 섭리에 기초한다. 동시에 이런 경건은 무엇보다도, 자기 부정(십자가 지기와 내세 묵상), 기도, 그리스도인의 자유에서 잘 드러난다.

믿음에 기초한 경건의 신학(『기독교강요』 3.1-2)

이것은 '제3권 그리스도의 은혜를 받는 길'에서 다룬다. 주목할 점은 믿음은 성령의 역사이다. 성령의 가장 중요한 역할은 믿음을 일으키는 것이다(요 14:17).

먼저 칼뱅이 말하는 믿음이란, 믿음의 대상이신 그리스도와 하나님을

---

17 이 핵심 교리들은 이 글의 주제가 아니기에 지면상 간단히 그 제목만을 다룬다.

18 이상은 Selderhuis, *The Calvin Handbook*, vi.에서 참고; 그리스도인의 자유는 필자가 추가함.

19 섭리는 예외적으로 성부 하나님과의 관련된 1권에서 다룬다. 아울러 경건과 섭리와의 관계는 Mackee, "Spirituality"을 참고하라.

아는 것이다(고후 4:6; 요 17:3; 기독교강요 3.2). 이런 점에서 우리 신앙의 목적지와 길은 오직 그리스도이다. 또한 참 신앙은 지식을 내포한다. 이것은 맹목적 신앙(implicit faith)이 아니요,[20] 믿음의 근거는 지식으로, 하나님과 그의 뜻을 아는 지식이다(요 17:3).

믿음과 말씀의 관계에서, 믿음의 근거는 하나님 말씀이다. 다시 말해서, 믿음과 말씀의 관계는 영원하고 불가분하다(사 55:3).[21] 오직 믿음과 관련해서, 인간의 지성은 어두워져서 오직 믿음으로만 하나님을 알 수 있다. 사람의 마음은 하나님의 은총 이외에서는 안식처를 얻을 수가 없다. 그는 믿음을 다음과 같이 정의한다.

믿음은 우리 하나님의 선하심을 굳건하고 확실하게 아는 지식이며, 이 지식은 그리스도 안에서 값없이 주신 약속의 신실성을 근거로 삼은 것이며, 성령을 통해서 우리의 지성에 계시되며 마음에 인친다(3.2.7).

이런 점에서, 매우 삼위일체적으로 하나님을 아는 지식이요, 그리스도의 말씀에 근거하고 성령을 통한 계시이다.

믿음과 감정에 대해서, 참된 믿음은 감정에 속한다(3.2.8). 동시에 참된 믿음이란, 지식과 성화 그리고 경건한 성향에서 분리할 수 없다. "믿음은 그리스도를 아는 지식을 기초로 삼는다고 말할 수 있다. 그리고 그리스도의 영으로 말미암아 성화되지 않고는 그리스도를 알 수 없다. 그러므로 믿음을 경건한 성향(disposition, *affctus*)에서 분리한다는 것은 도저히 불가능한

---

20 로마 가톨릭교회의 맹신적 교리는 근본적으로 틀렸다. 왜냐하면 이들은 교회의 권위와 판단에만 찬성하기 때문이다. 명백한 신앙(explicit faith)과 대조된다(파커, 『칼빈 신학 입문』, 115).
21 사 55:3 너희는 귀를 기울이고 내게 나아와 들으라 그리하면 너희 영혼이 살리라.

일이다"(3.2.8).**22**

민음과 관련해서 주목할 점은, "약한 민음도 참 민음"이라는 것이다.

요컨대 처음에 지극히 작은 민음(the least drop of faith)이라도 그것이 우리 마음에 스며들게 되면, 우리는 하나님의 얼굴 곧 평화롭고 고요하고 우리를 향한 인자하신 얼굴을 보기 시작한다. … 마치 옥중에 갇혀서 반쯤 희미해진 햇빛이 좁은 창으로 비스듬히 비치는 것을 보는 사람과 같다(3.2.19).

여기서 매우 목회적인 칼뱅의 마음을 볼 수 있다. 둘째로, 참된 두려움과 떨림의 민음이다(빌 2:12). 참된 경건은 하나님께 대한 경외와 찬양과 겸손한 복종이다.

"여호와를 경외하므로 여호와와 그 은총으로 나아가라"(호 3:5). 경건은 하나님께 대한 경외를 낳을 뿐만 아니라, 낙심한 사람에게 은혜가 임했을 때 그 은혜의 감미로움과 즐거움은 그 사람의 마음을 경외와 동시에 찬탄으로 가득하게 채워, 그가 하나님을 의지하며 하나님의 권능에 겸손히 복종하게 한다(3.23).

민음과 성령에 대해서는, "민음은 성령에 의하여 우리의 마음에 계시된다."라고 한다.

성령의 조명이 없으면 하나님의 말씀은 아무것도 할 수가 없다(3.2.33).

---

22 주의할 점은 참 지식은 객관적 지식이 아니고 매우 의지적이고 주관적 지식. Selderhuis, *Calvin Handbook*, 292-3.

이런 점에서 성령의 역할은 지성을 정화하여 진리를 맛보게 하며, 성화시키고, 우리를 그리스도께로 인도하신다(고전 2:10).[23] 무엇보다도 성령은 "내면 교사"(inner teacher)이다.

참으로 하나님의 말씀은 태양과 같이 말씀이 선포된 모든 사람에게 비치지만, 눈먼 사람들에게는 아무 효과가 없다. 성령이 내면적 교사가 되셔서 우리의 마음을 비추시고 하나님의 말씀이 들어올 길을 마련하시지 않으면, 하나님의 말씀은 우리의 마음에 침투할 수 없다(3.2.34).[24]

믿음에 기초한 경건의 신학을 요약해 보면, 참된 경건의 신학은 믿음에 기초한다. 믿음의 대상은 그리스도요, 그 기초는 성경이다. 참 믿음은 경건을 지향하며, 동시에 의지와 감성의 통합으로, 실천적이다.[25]

그리스도와의 연합에 기초한 경건의 신학[26]

참된 경건은 그리스도와의 연합에 기초한다. 이런 점에서, 칼뱅에게는 성도와 그리스도의 연합은 "최고로 중요하다"(3.11.10).

… 이렇게 접붙임을 받았으므로(롬 11:19), 이미 영생에 참가했으며, 소망에 의해서 천국에 들어갔다고 할 수 있다고 한다. 그 뿐만이 아니라, 우리는 그리

---

23 고전 2:10 성령은 모든 것 곧 하나님의 깊은 것까지도 통달하시느니라(눅 24:45 참고)

24 "Accordingly, it 「the Word of God」 cannot penetrate into our minds unless the Sprit, as the inner teacher, through his illumination makes entry for it."

25 적용: 과연 우리는 신앙과 교회의 믿음의 대상이 그리스도인가? 하나님의 말씀만이 신앙의 기초인가? 맹목적인 신앙, 잘못된 신앙은 아닌가? 지적 동의는 하지만, 실천적인 면을 무시하지는 않는가? 이 점에서 우리를 살펴보아야 할 것이다.

26 그리스도와의 연합에 대해선 특히 다음을 참고하라. J. Tod Billings, *Union with Christ*, Grand Rapids: Baker Academic, 2011; Lewis Smedes, *All Things Made New: A Theology of Man's Union with Christ* (Eugene: Wipf & Stock Pub., 1998); 리차드 개핀, "칭의와 그리스도와의 연합", 『칼빈의 기독교강요 신학』, 322-346.

스도에게 참여한 자이므로, … 우리는 죄인이지만, 그가 우리의 의가 되셨으며, 우리는 불결하지만 그가 우리의 순결이 되셨으며… 간단히 말해서, 그의 모든 것이 우리 것이며, 그 안에서 우리는 모든 것을 가졌으므로, 우리 안에는 아무것도 없다(3.15.5).

이런 점에서, 그리스도와의 연합은 복음의 목표요, 이 연합을 통해서 우리는 그분의 모든 유익들이 가지고 있는 능력을 경험할 수밖에 없다.[27] 그러나 여기서 유의할 점은, 그리스도와의 연합은 본질의 연합이 아니다 (3.11.5). 오시안더는 그리스도의 신성으로 우리가 의롭게 되었다 하며, 그분의 인성을 부정하고, 마니교처럼 신적 본질의 유입을 주장한다. 그러나 칼뱅은 이런 본질의 연합을 반대한다.

그리스도와의 연합에서 중요한 것은 "이중적 은혜"(double grace)로, 회개와 칭의로 구성된다.

관대하신 하나님께서 그리스도를 우리에게 주셨다. 이는 우리가 신앙으로 그를 붙잡고 소유하도록 하시려는 것이다. 그리스도와 함께 함으로써 우리는 주로 이중의 은혜를 받는다. 첫째는 무죄하신 그리스도를 통하여 하나님과 화해함으로써 우리가 하늘의 심판자 대신 은혜로운 아버지를 소유할 수 있다. 둘째는 그리스도의 영에 의하여 성화됨으로써 우리는 흠 없고 순결한 생활을 신장할 수 있다(3.11.1).[28]

여기서 주목할 점은, 성화와 칭의는 구별되지만 매우 밀접하다.[29] 다음

---

27 랜달 자크만, "존 칼빈", 『종교개혁과 신학자들』, 351, 252.
28 칼뱅은 중생과 성화와 회개를 같은 의미로 사용한다(강요, 3.11.1).
29 distinction yet inseparable. Billings, *Union with Christ*, 26; Selderhuis, *The Calvin Handbook*, 298.

에 다루지만, 이 성화는 죽음과 살림으로 구성되고 그리스도의 죽음과 부활에 동참함이다. 반면 칭의는 죄용서와 의의 전가를 의미한다.

회개: 믿음의 결과(3.3)[30]

칼뱅은 『기독교강요』에서 '믿음에 의한 우리의 중생'으로서 '회개'(Repentance)'를 다루는데, 이것은 그리스도와의 연합의 이중적 은혜의 한 부분이다.

그렇다면 회개의 의미와 그 특징은 무엇인가? 무엇보다도 회개는 믿음의 결과이다. 회개와 죄의 용서가 복음의 전체를 이루기 때문이다.[31] 물론 이 회개의 근거는 복음에 있다.

칼뱅은 회개의 정의를 "하나님을 향한 회심"이라고 한다(3.3.5). 이것은 히브리어 전환(shuv)와 헬라어의 마음을 바꾼다(metanoia)에서 왔는데, 나를 떠나 하나님께로 향하는 것이요 이전의 마음을 버리고 새 마음을 입는 것이다. 따라서 회개란, "우리의 생활을 하나님 쪽으로 전향하는 일이며, 그를 순수하게 또 진지하게 두려워하기 때문에 생기는 전향이다."(상동) 이 회개의 요소는 죄 죽임과 성령으로 인한 삶으로 성립된다.

회개의 특징으로 세 가지를 들 수 있다. 첫째, 하나님께 전향한다. 즉 마음의 할례를 의미한다. 둘째, 회개는 하나님을 두려워할 때 생긴다. 셋째, 죽임(mortification)과 살림(vivification)으로 구성된다. 죽임이란 "죄를 인식하고 하나님의 심판 앞에서 두려워하는 것"이요, 살림은 "믿음에서 생기는 위안"이다. 이것은 바로 그리스도의 죽음과 부활에 동참하는 것이다

---

30 칼뱅의 회개(중생, 성화)은 매우 포괄적이다. 즉 '이신칭의의 윤리적인 열매'를 강조한다. 이런 의미에서, 칼뱅은 회개는 회심(conversion)과 성화와 거의 동의어로 사용한다, 3.3.1-2, 6, 11, 18, 20; 조엘 비키, "구원을 누림: 성령, 믿음과 확신, 회개", 『칼빈의 기독교강요 신학』, 346-410; 385, 387.

31 행 5:31 이스라엘에게 회개함과 죄 사함을 주시려고 그를 오른손으로 높이사 임금과 구주로 삼으셨느니라(눅 24:47 참조)

(3.3.8). 이 회개의 유일한 목적은 "하나님의 형상을 회복하는 것"(3.3.9). 따라서 회개는 평생 해야 한다.

한마디로, 성화란 회개의 열매로 거룩한 생활, 죄의 고백과 용서, 평생 계속하는 회개를 의미한다(3.16–20).

칭의(3.11.1)

칭의는 그리스도와 연합을 통한 성도의 이중 은혜 중 하나로, "종교 생활의 요점"이다(3.11.1). 그렇다면, 칭의의 의미와 그 특징은 무엇인가? 먼저 칭의란, "죄를 용서하는 것과 그리스도의 의를 우리에게 전가하는 것이다"(3.11.2).[32] 이런 점에서 "칭의론의 핵심 공식"은[33] "우리는 우리 자신이 의로운 것이 아니고, 그리스도 안에서 의로운 것이다"(3.11.23). 다시 말해서, 우리는 그리스도의 의의 전가에 의해 의롭게 되며, 동시에 우리의 의는 그리스도와의 의에 참여함으로 소유된다.

또한 칭의의 특징으로, 이것은 행위에 대한 댓가가 아니고, 거저 주시는 선물이다.

> 너희가 그 은혜에 인하여 … 구원을 받았으니 이것은 … 하나님의 선물이라
> 행위에서 난 것이 아니니 이는 누구든지 자랑하지 못하게 함이라 _엡 2:8–9

요약해 보면, 칼뱅의 경건의 신학은 그리스도와의 연합에 기초하며 밀접하다. 이 그리스도와의 연합는 성도의 이중 은혜로 성화(회개)와 칭의로 구성되며, 이 둘은 구별되지만 매우 밀접하다. 성화는 회개와 동일한 것으

---

32 이것은 또한 "법정적 성격"을 가진다(Billings 26). 관련 성경 구절로 로마서 3장 24절(하나님의 은혜로 값 없이 의롭다 하심을 얻은 자 되었느니라)과 로마서 5장 19절(한 사람이 순종하심으로 많은 사람이 의인이 되리라)이 이를 증거한다.
33 리차드 개핀, "칭의와 그리스도와의 연합", 『칼빈의 기독교강요 신학』, 322–346; 340.

로 죄죽임과 살림으로 구성된다. 이것은 주님의 죽음과 부활에 참여하는 것이다. 또한 칭의를 통해서 우리의 죄가 용서받고 의인으로 인정된다.

하나님의 섭리(Providence)에 기초한 경건의 신학(1.16)

셋째로, 칼뱅의 경건의 신학의 특징은 하나님의 섭리에 기초한다.[34] 칼뱅은 이 섭리론을 제1권, 창조주 하나님에 관한 지식과 연관하여 다루는데, 매우 칼뱅의 목회적 숨결을 느낄 수 있다. 섭리는 하나님께서는 창조하신 세계를, 권능으로 양육하시고 유지하시며 섭리로써 그 모든 부분을 다스리심을 의미한다. 다른 말로, 섭리론은 다음처럼 설명할 수 있다.

> 우리는 스토아 학파처럼, 자연 속에 포함되어 있는 인과의 영속적 관계와 이와 밀접하게 관련된 일련의 연속에서 파생되는 필연이라는 것을 고안해 내지 않는다. 오히려 우리는 하나님을 멀고 먼 영원으로부터 그가 하시고자 하시는 일을 지혜로 작정하시고 일단 작정하신 것을 지금은 권능으로 수행하시는 만물의 지배자요 통치자로 삼는다. 여기서 우리는 하늘과 땅 그리고 무생물뿐만 아니라 인간의 계획과 의지까지도 하나님의 섭리로 다스림을 받아 지정된 목적으로 향하게 된다는 것을 단언할 수 있다(1.16.8).

칼뱅의 섭리론의 특징. 첫째, 창조와 섭리는 분리될 수 없다. 이런 점에서 칼뱅의 섭리는 "하나님은 일시적 창조자가 아님을 증거한다." 또한 하나님은 창조자요 통치자요 보호자요, 동시에 만물을 유지, 양육, 보호, 통치하시는 분이시다(마 10:29). 섭리는 영속적인 과정으로(시 33:6), 하나님의 부성적인 돌보심인 것이다(행 17:28).[35] 그리고 둘째, 섭리는 운명이나 우연

---

34 McKee, "Spirituality", *The Calvin Handbook*, 469.
35 행 17:28 우리가 그를 힘입어 살며 기동하며 있느니라

과는 정반대이다. 인간 이성은 모든 것을 운명으로 돌리나, 성도는 "하나님의 은밀한 계획에 따라 만사가 지배됨"을 인정한다(마 10:30). 셋째, 하나님께서는 섭리로 만사를 지배하신다(시 115:3).[36] 넷째, 섭리의 본질로서, 만물을 지배하시는 하나님이다. 이 점에서 섭리란 하나님께서 일반적인 사건 뿐 아니라, 구체적인 사건에 대한 지배를 의미한다.[37]

칼뱅은 섭리를 두 종류, 일반 섭리와 특별 섭리로 분류한다. 먼저 일반 섭리는 피조물에 미치는 하나님의 섭리로, "피조물 가운데서 역사하여 자연 질서를 유지하고, 놀라운 계획으로 본래의 확실한 목적에 부합하도록 그것들을 사용하신다는 사실이다"(1.16.7).[38] 둘째, 특별 섭리는 특별히 인간과 관계 있다(렘 10:23; 잠 20:24).

이런 점에서 섭리론에 대한 올바른 적용은 우리에게 큰 유익을 준다(1.17). 섭리와 관련해서, 하나님은 인생의 과거와 미래와 관계하신다. 따라서, 성도는 인생이 폭풍 중에도 하나님의 섭리를 확신해야 한다.

짙은 구름이 하늘을 덮으며 심한 폭풍우가 일어날 때 침침한 안개가 우리의 시야를 가리고 천둥이 귀를 때리며 공포로 우리의 모든 감각을 마비되기 때문에, 일체의 사물이 우리에게는 혼란해지고 뒤엉킨 것처럼 보인다. 그러나 그러는 동안에도 하늘은 항상 평온하고 청명하다. 그러므로 세계의 이 혼란한 상태가 우리의 판단력을 빼앗는 동안에도 하나님께서는 의와 지혜의 순수한 빛으로 모든 소동을 가장 잘 고안된 질서로 조정하심으로써 저들을 바른 목적으로 향하게 하신다고 우리는 결론짓지 않으면 안된다(1.17.1).

---

36 시 115:3 오직 우리 하나님은 하늘에 계셔서 원하시는 모든 것을 행하시나이다
37 철학자(에피쿠로스 학파)들은 하나님은 게을러서 통치는 하시나, 모든 것을 통치하지는 않는다고 생각함.
38 관련 성경 구절은 사도행전 17장 28절(우리가 그를 힘입어 살며 기동하며 있느니라)과 히브리서 1장 3절(그의 능력의 말씀으로 만물을 붙드시며)이다.

특히 주의할 점은, 하나님의 섭리와 인간의 과실을 구별해야 한다는 것이다(1.17.3). 이런 점에서, 섭리는 우리의 책임을 약화시키지 않는다. 따라서 섭리를 빙자하여 책임을 하나님께 전가하지 말아야 한다. 구체적으로, 악은 인간에게 있지 하나님께 있지 않다.

도둑과 살인자 및 다른 행악자들이 다 하나님의 섭리의 도구이며 하나님께서는 그들을 사용하셔서 자신이 정하신 심판을 수행하시는 것을 나는 인정한다. 그렇지만 나는 이 사실이 저들의 범죄에 무슨 구실을 줄 수 있다는 것을 부인한다. … 나는 태양열로 부패되고 노출된 시체의 악취가 어디서 오는가를 묻고 싶다. 그것이 태양 광선으로 말미암아 되어졌다고 모든 사람은 알고 있다. 그러나 이러한 이유로 그 악취가 광선에서 나온다고 말하는 사람은 아무도 없다. 이와 같이 악의 실질과 죄책은 사악한 인간에게 있다(1.17.5).

칼뱅은 섭리를 통한 복을 설명하면서, 섭리는 성도에게 위로를 준다고 말한다. 이런 점에서 칼뱅은 성도가 섭리에 대한 확신이 없으면 비참한 사람이라고 강조한다.

배를 타 보라. 우리와 죽음 사이에는 단 한 발자국의 거리가 있을 뿐이다. 말을 타 보라. 한쪽 발이 미끄러지면 우리의 생명은 위태롭게 될 것이다. 도시의 거리를 산책을 해 보라. 지붕 위의 기왓장과 같이 많은 위험에 직면하게 될 것이다. … 우리가 살고 있는 가옥은 계속 화재의 위험을 안고 있어 낮에는 가난해지지 않을까, 밤에는 우리 위에 무너져 내리지 않을까 하는 위험을 느끼게 한다. … 이러한 고난 속에서 살아가는 인간이야말로 가장 비참한 존재가 아니고 무엇인가?(1.17.10).

다른 말로, 섭리에 대한 확신은 하나님을 신뢰하게 한다. 이런 점에서, 경건한 사람은 섭리를 통해 불안과 공포에서 해방되고 하나님께 담대히 자신을 맡긴다(시 91:3-6).[39] 무엇보다도 칼뱅은 다음과 같이 섭리의 중요성을 강조한다.

섭리에 대한 무지가 최대의 비참이요, 섭리에 대한 지식이 최고의 행복이다 (1.17.11).[40]

섭리에 기초한 칼뱅의 경건의 신학을 요약해 보면, 섭리는 하나님의 부성적인 돌보심이요, 성도에게 섭리만 있지, 운명은 없다. 따라서 섭리에 대한 지식은 성도의 최고의 행복이다.

자기 부정(십자가 지기와 내세 묵상): 그리스도인의 생활의 핵심(3.7)

이어서 칼뱅의 경건한 신학의 한 요소로 자기 부정을 생각해 보자. 그는 자기 부정을 그리스도인의 생활에 대한 내용으로, 십자가 지기와 내세 묵상으로 나눈다. 여기서 먼저 주목할 사실은 그리스도인의 생활의 모범 되신 그리스도이다. 이런 점에서 성도는 교리가 마음에 들어가고, 일상화 되고, 복음의 결과를 드러내야 한다.

칼뱅은 자기 부정이 "그리스도 생활의 핵심"으로 강조하는데(3.7), "우리는 우리 자신의 것이 아니고 하나님의 것이다."라는 확신이다(롬 14:8; 고전 6:18). 이를 위해 삼중적 측면이 필요하다. 첫째, 개인적으로 하나님께 헌신함을 통해서 자기를 부정한다. 디도서 2장에 나타난 것처럼, 경건한 생

---

39 이는 저가 너를 새 사냥꾼의 올무에서와 극한 염병에서 건지실 것임이로다.

40 "the ignorance of providence is the ultimate of all miseries; the highest blessedness lies in the knowledge of it."

활을 경주하며(딛 2:11-14), 올바른 예배를 위한 장애물의 두 가지인 불경건과 세상 욕심을 제거해야 한다. 둘째, 이웃과의 관계에서의 자기 부정의 원칙이다. 이웃과 교회를 섬기는데, 이 동기는 하나님의 형상이다(3.7.6). 셋째, 하나님과의 관계에서의 자기 부정의 원칙이다.

먼저 하나님께 대한 자기 부정은 그의 뜻에 대한 헌신이다. 경건한 사람들의 태도는 하나님께서 주시는 복으로만 산다. 시편 131편 1-2절처럼, 다윗의 모습은 교만하거나 과욕을 부리지 않고, 하나님께만 소망을 둔다. 그리고 칼뱅은 "명예나 부에 대해 엄격함"을 보인다(3.10.6).[41] 마지막으로, 자기 부정은 역경을 극복하게 한다. 어떤 상황에서도 하나님께 감사할 수 있기 때문이다.

십자가를 지는 것(3.8)

십자가를 지는 것은 자기 부정의 일부로서, 성도가 그리스도의 제자로서 각각 십자가를 지는 것을 의미한다. 이 점에서, 먼저 그리스도의 십자가와 우리의 십자가는 밀접하다. 이런 점에서 경건한 성도는 자기의 십자가를 진다(마 16:24).[42] 예수님의 삶 전체는 일종의 십자가였다.

그리고 둘째로, 십자가는 인내와 복종을 가르치기 위하여 필요하다. 이런 점은 성경에서 아브라함의 시험(창 22:1, 12)과 하나님의 연단(벧전 1:7)에서 증거한다. 칼뱅은 나아가 "십자가는 약"이라고 강조한다. 게으른 좋은 말에도 십자가가 필요하고, 하나님은 십자가의 치료법으로 치료하심을 확신했기 때문이다(3.8.5). 여기서 주목할 점은, 칼뱅 자신이 평생 고난을

---

41 윌리엄 에드거, "윤리: 칼뱅에 따른 그리스도인의 생활과 선행," 『칼빈의 기독교강요 신학』, 421; 이 점과 물질관에 대해 막스 웨버와의 관련성을 참고 비교하라. 즉 서로 다르다. 『강요』 3.10.6 참고.
42 마 16:24 이에 예수께서 제자들에게 이르시되 누구든지 나를 따라오려거든 자기를 부인하고 자기 십자가를 지고 나를 따를 것이니라.

경험한 인물이었다. 윌리엄 에드거(William Edgar, 1944-)는 다음과 같이 이점을 지적한다.

> 칼뱅은 한번도 건강한 적이 없었다. 그는 위에 질병을 갖고 있었다. 그는 불면증도 앓았다. 그에게는 담석도 있었고, 폐에도 결핵 같은 문제가 있었다. 그는 1558-1559년에 사일열(quartan fever)로 앓았는데 너무 아파 실려 갈 정도였다. 게다가 그는 종종 친구들과 친척들의 임종을 견뎌야 했다. 아들은 미숙아로 태어나 몇 달 만에 사망했으며, 그의 사랑하는 부인 이델레트(Idelette)는 만성적으로 앓다가 결혼한 지 9년이 되기 전에 사망했다. 칼뱅은 연관 짓기를 '참으로 나의 고통은 일반적인 것이 아니다. 친한 친구들을 떠나보내야 했다.' 또한 칼뱅은 많은 이들의 비난을 샀고 박해를 받았으며 제네바까지 쫓겨나기까지 했다. 그는 한 번도 반대파로 인해 결코 안전한 적이 없었다.[43]

셋째로, 십자가는 아버지의 징계와 같은 것이다(잠 3:11–12).[44] 또한 넷째로, 핍박의 십자가를 생각할 수 있는데, 십자가 밑에서 고통당하는 그리스도인은 하나님 안에서 위로를 얻는다. 성도는 십자가를 지는 것이 마땅하며, 결국 그리스도께 영광을 돌린다.

여기서 성도의 고난과 스토아적 고난의 차이점을 주의해야 한다. 성도는 고난을 하나님께서 부여하신 것으로 생각하며, 스토아 철학자들처럼 무감각하게 반응하지 않아야 한다.

---

43 에드거, 위의 책, 423.
44 대저 여호와께서 사랑하시는 자를 징계하심(징계와 아들).

내세 명상(3.9)

이것은 자기 부정의 긍정적 측면이다.[45] 이 점에서 먼저 성도는 허무한 현재에 집착하지 말고, 내세를 명상해야 한다. 왜냐하면 인생은 연기요, 그림자와 같기 때문이다(시 102: 3, 11). 동시에 성도는 지상 생활을 감사해야 한다. 왜냐하면, 하나님의 은혜요, 현세에서 하늘나라의 영광을 준비하기 때문이다. 그리고 칼뱅은, 영생에 대한 올바른 동경을 위해서는 현세를 무시하고 내세를 명상하라고 조언한다(3.9.4). 성도는 이런 점에서 늘 죽음과 내세를 명상하라는 것이다.

칼뱅은 내세 명상과 함께 균형잡힌 시각으로, 현재 생활을 향유하는 법으로서 "은사와 소명"을 제시한다(3.10). 먼저 현재 생활에서 좋은 것은 하나님의 선물로 생각하여 향유하지만, 동시에 두 가지 위험으로 잘못된 엄격한 금욕과 방종을 경계한다. 은사와 소명의 대원칙은 첫째, 은사(gifts)는 우리를 위한 것이라는 점. 둘째, 은사를 주신 목적의 두 가지가 필요성과 즐거움(need and delight)을 위한 것이라는 점이다(3.10.2).[46]

칼뱅은 은사와 소명과 관련해서, 성도는 하나님의 은혜를 무절제하지 말아야 하고, 소명(calling)을 따라 섬겨야 한다고 제시한다(3.10.3-6). 먼저, 현세를 멸시하고 영생을 갈망하는 법으로서 두 법칙을 제시하는데, 첫째는 있어도 없는 듯 사는 것이요, 둘째는 빈곤을 인내하고 부유함을 절제하는 것이다.

여기서 일종의 칼뱅의 소명론이 제시되는데, 그것은 "주의 부르심이 우리의 생활 양식의 기초"라는 것이다(3.10.6). 주께서는 우리 모든 사람이 모든 행동에서 각각 자기의 소명에 관심을 둘 것을 요구하신다는 것이다. 칼

---

45 십자가 지기는, 내세 묵상에 비해서 자기 부정의 부정적인 면일 수 있다.

46 이것은 칼뱅이 단순 효용성을 넘어선 초월적 가치를 강조한 것. 창 4:20의 주해 참고(3.10.2); 이것은 칼뱅의 문화와 예술론에 대한 중요한 태도이다. 다음을 참고하라. William Dyrness, *Reformed Theology and Visual Culture*, (Cambridge: Cambridge UP, 2004).

뱅에게 소명은 "초소와 같다"(a sort of sentry post). 왜냐하면 "각 개인에게는 주께서 지정하신 생활 방식이 있고, 그것은 일종의 초소와 같아서 사람이 생각 없이 인생을 방탕하지 않도록 하시려고 지정하신 것이기 때문이다."(상동) 따라서, 성도는 선행의 기초가 소명임을 알고 소명의 한계를 넘지 말아야 한다. 동시에 소명에는 귀천이 없다. "여기서 또한 소명임을 알고 순종하면, 아무리 낮고 천한 일일지라도 하나님 앞에서 빛날 것이며, 아주 귀한 것으로 인정받을 것이라는 유일한 위안이 생길 것이다"(3.10.6). 에드거에 의하면, 그의 이런 소명론은 이중적으로 "보수적이며 진보적이다."[47] 보수적임은 '초소론'으로 방탕을 방지함이요, 진보적임은 우열의 귀천이 없음이다.

요약하면, 칼뱅에게 경건의 신학은 그리스도를 본받아, 날마다 자기 부정을 실천하는 것이다. 이를 위해서 십자가를 지며, 동시에 내세를 묵상한다. 내세를 묵상할 때 동시에 현재 생활을 누릴 필요가 있는데, 이를 위해선 은사와 소명을 경주한다.

그리스도인의 자유(3.19)

칼뱅의 경건의 신학은 갈라디아서 1-3장을 기초한, 그리스도인의 자유에서도 잘 드러난다. 성도는 자유에 대한 교리를 바르게 이해해야 하는데, 이것은 정욕이나 무질서의 구실이 되어서는 안된다.

칼뱅이 제시하는 '그리스도인의 자유' 세 가지를 살펴보자. 첫째 자유는 율법으로부터의 자유(freedom from the law)이다. 인간은 율법으로는 의롭게 되지 못하기 때문에, 율법에서 해방되어야 한다. 물론 칼뱅은 율법의 긍정

---

47 에드거, 『칼빈의 기독교강요신학』, 430; 아울러 칼뱅의 소명관에 대해서, 3.10.6의 각주9를 참고하라.

적 가치를 인정한다(3.19.2).[48] 왜냐하면 율법은 경건의 실천을 위한 성도의 의무를 알려 주며 거룩에 대한 열의를 일으키기 때문이다(상동). 이런 율법에서의 자유는 갈라디아서 3장 13절에서 "그리스도께서 우리를 위하여 저주를 받은 바 되사 율법의 저주에서 우리를 속량하셨으니"라고 증거한다. 둘째 자유는 양심의 자유(freedom of conscience)이다(3.19.4). 즉 율법의 강요를 받지 않고 자발적으로 하는 순종의 자유다. 셋째 자유는 비본질적인 것에서의 자유(freedom in things indifferent, *adiaphoroi*)이다.

> 시이트, 내의, 냅킨, 손수건 등에 '린넨천'을 써도 좋겠는지를 의심하게 되면, 다음에는 대마포(hemp)에 대해서 불안을 느낄 것이고, 드디어 거친 삼베(tow)에 대해서도 의심이 생길 것이다(3.19.7).[49]

그리스도인의 자유에 대한 태도로서 우리는, 이를 하나님의 목적을 위해서 써야 하며, 탐식과 사치에 남용하지 말고, 언제나 자족해야 한다(빌 4:11-12).

여기서 그리스도인의 자유와 약한 형제들과의 관계에서는 덕을 세워야 한다(고전 8:9). 여기서 자유 행사의 원칙으로 "이웃의 덕을 세우는 결과가 될 때는 우리의 자유를 행사하고, 덕이 되지 않을 때에는 자유를 포기한다"(3.19.12). 여기서 주의할 점은 이웃 사랑을 핑계로 하나님께 죄를 지어서는 안 된다.

한편 전통과 정부에 대한 자유와 양심의 관계에서, 인간은 인간의 모든

---

48 율법의 긍정적 가치로 신자들의 선을 격려한다. 율법의 3중 용도로 죄 억제, 몽학 선생, 규범 중에, 루터는 몽학 선생을, 칼뱅은 규범으로서의 율법을 주목한다; 루이스 벌코프, 『벌코프 조직신학』 (서울: 크리스찬다이제스트, 2000), 875-6.
49 여기서 각주 9에서 보듯, 칼뱅은 아디아포라(adiaphora)에서의 자유를 강조한다.

법에 대하여 양심이 자유롭다(갈 5:1).[50] 여기서 칼뱅은 두 왕국 이론을 주장한다.[51] 그에 의하면 인간에게 이중의 통치(twofold government)가 있는데, 하나는 영적 통치로서 양심이 경건과 하나님을 경외하는 일을 배우고, 다른 하나는 정치적 통치로서 시민 사회의 의무를 배운다. 영적 통치는 영적 관할권이요, 정치적 통치는 임시적이다.

요약하면, 경건의 신학적 한 요소는 '그리스도인의 자유'이다. 성도는 삼중적 자유를 누리는데, 율법으로부터 자유, 양심의 자유, 비본질에서의 자유를 의미한다. 이를 위해서, 형제에게 덕을 세워야 하고, 영적 나라와 정치적 나라의 이중성을 알아야 한다.

지금까지 『기독교강요』에 나타난 경건을 추구하는 칼뱅의 신학, 즉 '경건의 한계 속의 신학'을 살펴보기 위해서, 믿음에 기초한 경건, 그리스도와의 연합(성화와 칭의)에 기초한 경건, 섭리에 기초한 경건, 경건의 구체적 요소인 자기 부정(십자가 지기와 내세 묵상), 그리스도인의 자유에 대해서 살펴보았다. 마지막으로 기도에 관하여 살펴보자.

기도, 믿음의 최고의 실천(3.20)

칼뱅에게 기도는 경건 신학의 최고봉이다. 왜냐하면 칼뱅은 "기도는 믿음의 최상의 실천"이며, "우리는 이것을 통해 매일 하나님의 은혜를 받는다."고 주장한다. 이런 점에서 T. H. L. 파커가 이 장은 부활 장과 함께 『기독교강요』의 절정으로 여긴 것은 과언이 아니다.[52]

칼뱅은 첫째로, 기도의 본질과 가치를 "하늘의 보고를 여는 일"로 정의

---

50 갈 5:1 그리스도께서 우리를 자유롭게 하려고 자유를 주셨으니 그러므로 … 다시는 종의 멍에를 메지 말라.

51 이 점은 제4 권의 20장 국가 통치를 참고하라. 중심 내용은 이 두 정치는 분리되었지만, 서로 긴밀하게 연관되어 있음을 강조(distinction yet co-operation)(Christocentric or Chacedonian), Wilhelm Niesel, *Theology of Calvin* (Philadephia: The Westminster P., 1956), 247-50.

52 파커, 위의 책, 153.

한다. 여기서 기도와 믿음의 상관성이 부각되는데, 하나님께서는 그리스도 안에서 풍성한 하늘 보고를 열어 보이시고 의지하는 기도를 원하신다(골 1:19[53]; 렘 33:3)는 것이다. 그는 성도가 기도해야 하는 몇 가지 이유를 제시한다. 1) 하나님 사랑의 열정 회복을 위해, 2) 더러운 욕망이 침입하지 못하도록, 3) 은혜에 감사해서, 4) 기도 응답의 확신과 인자하심에 관한 명상 위해, 5) 기도 응답으로 인한 더 큰 기쁨을 받기 위해, 그리고 6) 하나님의 섭리를 확인하기 위해서이다.[54]

둘째로, 그는 올바른 기도의 법칙 네 가지를 제시한다(3.4-16). 첫 번째 법칙은 경외의 마음이다. 이를 위해서 세상으로부터의 "경건한 초연성"(devout detachment)이 필요하다. 기도에서 중요한 점은, 성령이 기도의 교사라는 사실이다(롬 8:26).[55] 두 번째 법칙은 회개하는 마음이다(렘 11:7, 8, 11). 세 번째 법칙은 용서를 빌음이다. 죄의 용서를 비는 것이 기도의 가장 중요한 부분이다(시 25:7). 네 번째 법칙은 소망을 갖는 것이다. 여기서 믿음으로 기도해야 한다(막 11:244). 하나님의 명령과 약속이 기도의 원동력(시 50:15)이며, 확신을 가지고 기도해야 한다(사65:24).

셋째로, 칼뱅은 기도의 종류를 개인 기도와 공기도로 제시한다(3.20.28-30). 먼저 개인 기도에 대해, 모든 복의 근원이 하나님이심을 인정해야 하듯이, 성도는 항상 하나님께 감사해야 한다고 말한다. 또한 쉬지 말고 기도해야 함은(살전 5:17-8), 하나님께 우리 소원을 아뢰고, 하나님을 찬양하기 위함이다. 공기도의 필요성과 위험성에 대해서, 공기도는 교회에서 '적당하고 질서대로'(고전 14:40) 행하는 것이며, 중언부언하거나 외식하지 말

---

53 골 1:19 아버지께서는 모든 충만으로 예수 안에 거하게 하시고
54 관련 성경 본문: 벧전 3:12 주의 눈은 의인을 향하시고 그의 귀는 의인의 간구에 기울이시되; 시 145:18; 시 121:4.
55 롬 8:26 성령도 우리의 연약함을 도우시나니 우리가 마땅히 빌 바를 알지 못하나 오직 성령이 말할 수 없는 탄식으로 우리를 위하여 친히 간구하시느니라.

아야 한다. 그리고 기도의 본질은 정신과 마음이기 때문에 골방에서 기도해야 한다(마 6:6).

넷째로, 정해진 시간의 기도와 끈질긴 기도(3.20. 50-52)에 관하여 말하는데, 먼저 일정한 시간의 기도를 강조한다.

… 각각 이 기도의 실천을 위해서는 일정한 시간들을 지정하는 것이 합당하다. 그 시간들이 오면 반드시 기도를 드리며, 그 시간에는 우리의 마음과 정성을 완전히 기도에 바쳐야 한다. 그런 시간은 아침에 일어났을 때, 일과 시작하기 전, 음식 먹으려 할 때, 하나님의 복주심으로 먹고 난 때, 밤에 자려고 할 때이다.(3.20.50)

다섯째로, 칼뱅은 기도의 모범으로서 주기도문을 제시한다(3.20.34-49).[56] 주기도문은 성도의 기도에 도움을 준다. 이 기도문의 전체 주제는 하나님의 영광으로, 전반부는 하나님의 영광을 위한 것, 후반부는 우리의 유익을 위한 기원문이다. 칼뱅은 먼저 "하늘에 계신 우리 아버지"는 아버지 앞에서 확신을 갖고 기도하게 하며, 하늘 보좌에서 우주를 다스리심을 의미한다고 말한다. 구체적으로, 첫째 기원(이름이 거룩히 여김을 받으시오며)에서, 우리는 하나님께만 영광 돌려야 한다고 말하며, 둘째 기원(나라가 임하시오며)에서는, 하나님의 통치를 사모해야 한다고 말한다.[57] 셋째 기원(뜻이 하늘에서 이루어진 것같이 땅에서도 이루어지이다)에서는, 우주의 왕이 되심에 관한 기원인데, 이 첫째 부분의 결론으로 성도는 하나님의 영광만을 목표로 삼아야 한다고 말한다.

---

56 마 6:9 이하; 눅 11:2 이하를 기초로 한다.
57 하나님 나라의 두 의미: a)하나님께서 모든 육의 정욕을 바로 잡으심. b) 우리의 모든 생각을 그의 법도에 맞게 인도하심.

그리고 마지막 세 기원에 대한 해설에서, 먼저 넷째 기원(일용할 양식을 주시옵고)은 일상 생활에서의 철저히 하나님을 믿는 태도를 의미한다고 말하며(3.20.44), '오늘', '날마다', '일용할' 등의 형용사는 "무제한적인 욕망을 억제"한다고 말한다(상동). 여기서 일용할 양식은 "하나님의 거저 주시는 선물임"을 의미한다는 것이다. 다섯째 기원(우리 죄를 사하여 주시옵고)에서, 용서는 하나님의 자비에서 나온다고 말하며, 여섯째 기원(우리를 시험에 들게 하지 마시옵고)에서 성도는 성령의 은혜와 도움이 필요함을 의미한다고 말한다. 아울러 각종 유혹을 조심해야 한다고 하는데, 이 말은 성도의 삶이 시험이 없는 것을 의미하지 않는다고 말한다. 둘째 부분의 결론으로, "그리스도인의 기도는 공개적이고, 교회 일반의 덕을 세우고, 신자 상호 간의 관계의 교제를 촉진하는 것을 목표로 한다"(3.20.47). 칼뱅의 주기도문에 대한 결론으로, 주기도는 지켜야 할 표준이요, 주기도의 용어보다 내용을 지켜야 한다.

칼뱅의 경건의 신학의 요소인 기도를 요약해 보면, 기도는 믿음의 최고의 실천이며 하나님의 보고를 여는 일이다. 올바르게 기도하되, 특히 주기도문은 기도의 모범으로 여겨야 한다. 이런 점에서 칼뱅에게 기도가 믿음 실천의 최고요, 경건의 최고라면, 주기도문은 성도의 경건을 위한 표준인 셈이다.

소 결론: 칼뱅의 『기독교강요』에서 보여 준 경건의 한계 속에 있는 신학

이상에서 살펴보았듯이, 칼뱅의 『기독교강요』에 나타난 신학은 궁극적으로 '경건을 추구한 신학' 즉 '경건의 한계 속의 신학'이다. 칼뱅의 경건에는 거룩한 지식과 실천적 측면이 있음을 알 수 있다. 이 둘은 서로 불가분하고, 신학은 경건을 추구하며 나아가 신학의 한계 속에 있다. 칼뱅의 경건의 신학은 15가지 기독교의 핵심 진리를 기초로, 성령님의 사역으로서, 경건의 실천적 요소들, 즉 믿음, 그리스도와의 연합(칭의과 회개/중생/성화), 섭리에 기초하며, 동시에 자기 부정(십자가 지기와 내세 묵상), 그리스도인의 자유, 기도 등으로 구성된다.

조나단 에드워즈의『신앙정서론』(1746)에 나타난 교향곡적 '경건의 한계 속의 신학'[58]

『신앙정서론』에서 에드워즈는 … 18세기 뉴잉글랜드의 종교적 부흥이 종교 자체만큼 오랜된 문제를 제기한다고 과감하게 믿었다. 우리는 어떤 기준으로 참 경건과 거짓 경건을 구분할 것인가? 요한일서의 기자는 '영을 다 믿지 말고, 영들을 분별하라'고 경고한 바 있다. 에드워즈는 그 당시의 사람들에게 이 명령에 어떻게 순종할 것인가를 가르치고자 했다. _존 스미스

앞에서 장 칼뱅의『기독교강요』에서 경건을 추구하는 신학, 즉 '경건의 한계 속이 신학'을 살펴보았다. 이젠 에드워즈의 대표작 중 하나인『신앙정서론』에서 '경건의 한계 속의 신학'의 문제를 다루고자 한다. 왜냐하면 그의 경건한 신학은 이 작품에서 매우 잘 드러나기 때문이다.

58　이 부분은 필자의 2016년 서울 퓨리턴 컨퍼런스의 다음 논문을 발췌 수정함. "조나단 에드워즈의 교향곡적 신학적 지식론:『신앙정서론』에 나타난 에드워즈의 정서적, 삼위일체적, 실천적 인 삼중성의 신학적 지식론" (2016 서울 퓨리턴 컨퍼런스 논문집), 79-131.

『신앙 정서론』(1746)의 배경 및 특징[59]

먼저 『신앙정서론』의 시대적 배경으로, 이 저서는 대각성 이후의 참 신앙과 부흥을 분석한 것으로서, 1740년 1차 대각성 운동과 다음 해인 엔필드 집회 이후, 급속한 신앙적 쇠퇴를 분석한 것이다.[60]

당시 뉴잉글랜드 지역 교계의 새빛파와 옛빛파 간의 갈등에 대한 대안 제시로 균형 있는 부흥과 경건에 대한 성경적 답변을 제시한다. 당시 옛빛파(old light)와 새빛파(new light)목사들의 갈등이 표면화된다. 새빛파 목사들이 선언서를 통해 대각성의 중요성을 강조하며, 부절제는 주변적인 것임을 주장했다. 한편 옛 빛파의 대변인 격인 찰스 촌시(C. Chauncy, 1705-1787)는 대각성 반대파의 대변인으로, '명백한 진리는 항상 합리적인 지성과 부풀리지 않은 감정이 인간의 안내자가 되어야 한다는 것이다. 또한 이것은 다른 문제들뿐 아니라 신앙 문제에서도 마찬가지다'라고 주장했다.[61] 그는 감정이란 동물적 본성과 같아서 고등한 이성으로 통제해야 한다는 것이었다. 한편 에드워즈는, 정서란 의지와 불가분의 관계로 분리될 수 없고, 동일시함으로써 둘 다 고등 기능으로 보았고 이성과 정서의 균형을 강조한다.[62]

---

59 이 일반적 분석과 안내는 주로 두 권의 책을 참고했는데, 조지 마스턴의 『조나단 에드워즈 평전』, 한동수 역(서울:부흥과개혁사, 2006); George Marsden, *Jonathan Edwards: A Life* (New Haven: Yale UP, 2003)과 존 스미스의 『신앙정서론』의 서론격인 "신앙감정론 이해를 위한 길잡이글"을 참고했다. WJE 2: *Religious Affections*. Ed. John E. Smith (New Haven: Yale UP, 1969),1-83; 『신앙감정론』, 존 스미스 편집, 정성욱 역 (서울: 부흥과개혁사, 2005), 15-127. 이후부터는 전자는 『평전』으로, 후자는 "길잡이글"로 표기한다.

60 이 쇠퇴의 원인은, 부절제로 인해 탁월한 그리스도인의 성품을 보여 주지 못했다는 것이며, 교훈은 온유함과 진정한 자기 부인의 겸손이야 말로 단순한 체험보다 진정한 성화의 강력한 증거라는 것이다.(『평전』, 417)

61 『평전』, 413 재인용.

62 위의 책, 414; 마스턴에 의하면, 촌시의 이성주의와 에즈워즈의 전인주의의 갈등을 보였다. 촌시는 의지가 이성의 명령을 따라야 한다는 이성주의자(intellectualists)로 아리스토텔레스주의(토머스파) 전통을 지지했고, 반면 에드워즈는 의지의 감정이 전인적인 인간을 지배한다고 생각하는 어거스틴적 '주의론자(voluntarist) 진영을 지지했다(415). 두 진영 모두는, 영적인 사람은 성경과 이성으로 인도받아야 함에 대해 동의했다. 그러나 주의론자는 적절한 의지의 감정이 이성적인 진리와 병행되어야 했다. 반면 이성주의자들은, 정서란 불안정한 것이기

따라서 이 『신앙정서론』의 촛점은, 첫째 극단적인 은사주의자들인 새빛파의 잘못된 강조점이다. 에드워즈는 교회 내의 거짓 신앙의 사람들은 '신앙의 모조품'과 같은 존재이며 사탄의 전략 중 하나라는 것이다. 둘째는 극단적 지성주의자인 찰스 촌시에 대한 반론이다. 따라서, 이 책에서 에드워즈의 결론이자 주제는, '참된 신앙이란, 상당 부분에서 거룩한 정서로 이루어진다'는 명제와 변론이다.[63]

『신앙정서론』의 일반적 특징으로, 이 책은 무엇보다도 참된 신앙과 부흥적인 감정은 무엇인가에 관하여 역사적이고, 개인적인, 그리고 신학적이되 매우 목회적인 면에서 이를 다룬다. 18세기 뉴잉글랜드의 종교적 부흥을 배경으로, 어떤 기준으로 참 경건과 거짓 경건을 구분할 것인가에 대한 고민을 담고 있다.[64] 이 책은 부흥을 '전체적으로' 개관하고, 부흥의 '통일성'을 발견, 강조한다.[65]

『신앙정서론』의 구성으로, 일반적으로 참된 신앙과 부흥을 경험한 성령충만한 신앙의 특징에 관한 연구, 세 부분으로 나뉜다. 첫째로, 1부에서는 신앙과 감정의 관계를 설명하면서, 정서와 성령과의 관계를 설명하는데, 정서와 지성, 의지와의 관계를 다룬다. 비록 그는 이런 인격적 기능(지, 정, 의)을 세분화하면서도, '자아의 통일성' 즉 인격적 통일성을 강조한다.[66] 둘째로, 2부에서는 거짓된 신앙의 특징들 12가지를 다루고, 마지막이자 본서의 핵심인 3부에선 참된 신앙과 부흥의 특징 12가지, 특히 균형과 실천적인 측면을 강조한다.

에 지식을 구비한 이성에 복종해야 선하게 기능할 수 있다고 생각했다(415). 존 스미스에 의하면, 에드워즈의 정서란 데이브 포트의 감정주의(emotionalism)도 아니요, 찰스 촌시의 이성주의의 '중간 지대'(middle ground)라고 지적한다. "길잡이 글", 19; "Preface," 3.

63 위의 책, 418.
64 스미스, "길잡이글", 15.
65 위의 책, 24.
66 위의 책, 31.

『신앙정서론』의 의도는, 스미스의 지적대로 "첫째, 신앙에서 정서를 제거하고 싶어하는 사람들에게 맞서서 감정의 본질적 중요성을 변호하는 것이며, 둘째, 신앙이 정서적 광신주의와 거짓된 열광주의로 타락하지 않도록 정서들의 진위를 구별하는 기준을 제공하는 것이다."[67] 또한 『신앙정서론』의 목적은, 에드워즈의 지적대로 "참된 종교를 분명하게 분별하고, 참된 종교의 본질이 무엇인지를 해결하고 그것을 확립하는 것이다."[68]

『신앙정서론』에 나타난 교향곡적 '경건의 한계 속의 신학'

에드워즈의 『신앙정서론』에서 주목할 점은, 그의 경건의 신학은 이중적인 면에서 교향곡적인 측면을 보여 준다는 것이다. 그의 경건의 신학은 그의 미학과 윤리가 함께 어우러진 삼중적이고 교향악적 특징을 가진다.[69] 그리고 다른 한편으로는, 앞으로 다룰 『신앙정서론』에서 나타난 경건의 신학의 특징인 삼중성(정서, 삼위일체, 실천성)이 교향곡처럼 각기 독립적이면서 동시에 통일성을 보여 준다.

신앙 정서에 기초한 경건의 신학: 신앙 정서의 원리

에드워즈의 경건의 신학에서 그 첫 번째 특징은 그것이 '신앙 정서'에 기초한 것이라는 점이다. 이 점에 대해선 그의 정서의 의미와 경건과의 연관성에 주목할 필요가 있는데, 이런 정서의 기본적 경건은 『신앙정서론』의 제1부에서 잘 보여 준다.

---

67 위의 책, 38.

68 『신앙감정론』, 139; ···it greatly concerns us to use our utmost endeavors clearly to discern, and have it well settled and established, wherein true religion does consist'(RA, 89).

69 이 점에 대해선 상기 논문을 참고하라.

앞에서 언급했듯이, 이 책은 분열된 18세기 미국 뉴잉글랜드의 영적 부흥을 배경으로, "참된 신앙의 본질"과 "하나님께서 받으시는 미덕과 거룩함을 구별해 주는 표지"에 관한 연구서이다(133).

신앙 정서란 무엇인가: 정의와 특징

그렇다면, 과연 에드워즈의 경건과 부흥론과 본 연구의 핵심인 경건의 신학의 기초인 '신앙 정서'란 무엇인가? 그는 신앙에서 정서의 중요성에 주목했다. 그는 이런 정서적인 면을 강조하기 위해서 베드로전서 1장 8절을 주목한다.

예수를 너희가 보지 못하였으나 사랑하는도다 이제도 보지 못하나 믿고 말할 수 없는 영광스러운 즐거움으로 기뻐하니 _벧전 1:8

그러면서 이 본문의 교리이자 주제는, "참된 신앙은 대체로 거룩한 감정 안에 있다."라고 제시한다(147).[70]

… 분명한 것은 신앙은 대부분 '정서' 안에 있다는 것이다. 따라서 거룩한 '정서'가 없이는 참된 신앙이란 없다는 것이다. 그리고 마음 속에 거룩한 '정서'로 드러나지 않는 어떠한 진리의 빛도 선하지 않다. 그리고 마음 속에 거룩한 '정서'로 드러나지 않는 마음의 습관과 원리도 선하지 않다. 그리고 그런 '정서'적 작용에서부터 나오지 않는 어떠한 외적 열매도 선하지 않다(147).[71]

---

70 "True religion, in great part, consists in holy affections"(95).

71 "But yet it is evdent, that religion consists so much in affection, as that without holy affection there is no true religion; and no light in the understanding is good, which don't produce holy affection in the heart; no habit or principle in the heart is good, which has no such exercise; and no external fruit is good, which don't proceed from such exercises"(119).

그는 영혼의 두 기능을 두 개로 분류하는데, 인식과 사유 기능인 지성 (understanding), 그리고 사물에 대한 호감과 반감을 표하는 성향(inclination) 이다(148). 여기서 성향은 여러 가지로 불리는데, 행동과 관련해서는 '의 지'(will)로, 정신(mind)과 관련해서는 '마음'(heart)으로 각각 불린다. 이런 점 에서 에드워즈에게 정서란 "이 영혼의 성향과 의지를 보다 활력 있고 감지 하는 활동이다."라고 정의한다. 이와 관련해서, 그는 의지와 정서의 밀접 한 연관성을 주장한다.

> 의지와 정서는 두 개로 분리된 기능이 아니다. 정서는 본질적으로 의지와 구
> 분할 수 없을 뿐 아니라 의지와 성향의 단순한 활동과도 다르지 않고 단지 얼
> 마나 생기 있게 활동하는지, 얼마나 느낄 수 있는지에 따라서만 차이를 보일
> 뿐이다(149).[72]

따라서 에드워즈의 정서 개념을 요약해 보면, 정서란 매우 인격적이고 통합적이다. 즉 정서에는 단순한 감정만이 아니라 의지와 지성를 동시에 포괄하고 있다.[73]

---

[72] "The will, and the affections of the soul, are not two faculties; the affections are not essentially distinct from the will, nor do they differ from the mere actings of the will an inclination of the soul, but only in the liveliness and sensibleness of exercise"(97).

[73] 다른 표현으로, 그는 전통적인 심리학의 분류인 지성-감정-의지의 삼분법적이고 파편화된 구분이 아니라, "이분법적이지만 결코 분리되지 않은" 통합적 인격 심리학을 독특하게 제시 하고 있다. 이 점에 대해서는 마크 탤벗(Mark Talbert)의 다른 논문을 참고하라. "경건한 감 정"을 참고하라. 『하나님 중심적 세계관』(A God-Entranced Vision of All Things), 존 파이퍼와 저 스튼 테일러 편집 (서울: 부흥과개혁사: 2007), 334-390; 357. 탤벗은 전통적 기능주의 심리 학(지,정.의 구분)과 에드워즈의 통합적 심리학(통합적 인격―단일체적 인격과 자아 강조). 동시에 존 스미스가 지적했던 것처럼, 에드워즈의 정서란 결국 지성과 의지와 감정의 통합적 인 인격론을 보여 준다.

정서적 경건의 신학은 인격적 경건의 신학

이런 점에서 에드워즈의 경건한 신학은, 반부흥론자들처럼 단순히 사변적이지지 않고 극단적 부흥론자들처럼 열정적이지 않다. 이것은 신앙 정서에 기초한 '인격적인' 경건한 신학이라고 할 수 있다.[74]

이상에서처럼, 에드워즈의 경건의 신학은 신앙 정서에 기초했고, 나아가 인격적인 경건의 신학이라고 할 수 있다. 이런 정서에 기초한 그의 경건의 신학은, 다음에 다룰 삼위일체 하나님 중심적 경건의 신학을 보여 준다.

삼위일체 중심적인 경건의 신학: 삼위일체의 원리

이제 다룰 이 삼위일체적 경건의 지식에서는 에드워즈의 경건의 신학이 성령에 기초하고, 삼위일체 하나님 중심적이라는 특징을 보여 준다.

성령에 기초한 경건의 신학(적극 표지 첫째): 성령의 원리[75]

삼위일체적 경건의 신학의 첫째로, 에드워즈는 성령에 기초한 경건의 특징을 다룬다. 이 특징에서는 두 가지 측면을 다루는데, 성령에 의한 거듭남의 원리와 함께 영적 감각의 원리를 보여 준다.

성령과 거듭남의 원리

에드워즈는 참된 신앙의 표지로, 본서의 제2 부에서는 거짓 표지를 다

---

74 "인격론적 지식론"은 현대의 마이클 폴라이니(Michael Polanyi), *Personal Knowledge* (Chicago: U of Chicago P, 1974)와 파커 팔머(Parker Plmer), *The Courage to Teach* (San Francisco: Jossey-Bass, 1998) 등과 스미스의 "길잡이 글"을 참고하라.

75 에드워즈의 성령론에 대해선 다음을 참고하라. McDermott & McClymond의 "The Holy Spirit," *The Theology of Jonahan Edwards* (Oxford: Oxford UP, 2012), 262–272; 청교도 성령론은 다음을 참고하라. Geoffrey Nuttal, *The Holy Spirit in Puritan Faith and Experience* (Oxford: Blackwell, 1947).

루고, 제3 부에서는 핵심적인 참된 신앙의 표지를 다룬다. 그의 성령에 기초한 경건의 신학은 참된 표지 중 첫 번째에서 잘 드러난다. 그것은 초자연적인 성령의 내주에 관한 것이다.

> 참으로 영적이고 은혜로운 감정은 영적인, 초자연적인, 신적인 영향과 작용들이 그들 마음에 역사할 때 생겨나게 된다.[76]

이 표지는 "적극적 표지 12가지의 공통 배경"(스미스 49)으로 적극적 표지의 기초를 이룬다. 참된 성도는 영적 성도요, 육에 속한 사람은 거듭나지 않은 사람이다(고전 2:14-15). 다른 말로, 영적인 사람은 성화되고 은혜받은 성도요, 반면 육에 속한 사람은 성령의 일을 알지 못하고(고전 2:14; 요 14:17), 부패하고 성화되지 못한 사람이다(롬 7:25; 8:1, 4-7)(293).

이런 점에서 그는 성도가 영적인 이유 두 가지를 지적한다. 첫째, 성도는 성령의 내주하심과 초자연적인 영향력을 경험한다(고전 3:16; 296). 둘째, 성령께서 성령의 열매를 맺는다.

> 거룩함은 하나님의 영의 본성인데, 성경에서는 하나님의 영을 성령 또는 거룩한 영이라고 부른다. 거룩함은 말하자면 하나님의 본성의 아름다움과 달콤함이다. 열은 불의 본성이고, 모세의 신앙 체험에서 달콤함은 성령의 주된 모형인 거룩한 관유의 본성이었던 것처럼, 거룩함은 성령의 고유한 본성이다. 달콤함이 그 관유의 본성인 것처럼, 거룩함은 성령의 고유한 본성이라고 할 수 있다. 하나님의 영은 성도의 마음 속에 내주하시면, 거기에서 생명의 씨 또는 원천으로서 일하시고 자신을 전달하신다. 그렇게 함으로써 당신의 달콤하

---

76 "Affections that are truly spiritual and gracious, do arise from those influences and operations on the heart, which art *spiritual, supernatural and divine*"(197).

고 신적인 본성을 통해 영혼을 하나님의 아름다우심과 그리스도의 기쁨에 참여하는 자로 만드시고, 그 성도가 성령과 교통하며 성령에 참여하게 함으로써 성부 하나님과 성자 예수 그리스도도 참된 교제를 누리게 하신다(297-8).

이런 성령의 내주 사역은 성도가 신의 성품에 참여케 하는 것으로(벧후 1:4; 고후 6:16; 299), 에드워즈의 관점에서는 하나님의 가장 영광스러운 사역이다(300).

이처럼 에드워즈에게 거룩한 정서란 성령에 의한 거듭남과 내주하심을 기초로 한다. 이런 성령의 내주 사역은 『신앙정서론』 전체, 특히 적극적 표지의 기초를 이룬다.

에드워즈는 당대의 극단적 부흥론자들의 성령론에 대한 염려로써 성령의 증거란 직통 계시 등의 현상적인 측면이 아니라, 성경 안에서의 성령의 사역임을 명시한다. 그는 성령의 증거의 의미는 "성령이 하나님의 자녀임을 주장하려고 그들 마음에 행하시는 효과나 사역이요, 방식이 아니다."(334) 성령의 인치심이란 "직접적인 음성이나 떠오르는 현상이 아니라, 성령의 어떤 사역이나 감화를 의미한다."고 주장한다(336). 좀 더 구체적으로, 존 플라벨 목사의 성령의 인치심을 인용해서 다음처럼 설명한다.

그는 직통 계시가 성령의 증거라는 것을 부인한다. 아울러 성령의 인치심이란 성령께서 우리가 들을 수 있는 음성이나 직접적이고 비상한 계시로써 하는 것이 아니라, 우리 마음에 심겨진 당신의 은혜와 성경에 기록된 당신 자신의 약속으로 하신다. 이런 방법으로 성령은 보통 의심으로 흔들릴 수도 있는 신자의 마음에 안식과 약속으로 하신다. … 어떤 새로운 계시를 통해서가 아니라, 나의 지성을 기록된 하나님 말씀에 굴복시키고, 내 마음을 말씀에 비교하면서 확신하게 된다(338-9).

이런 에드워즈의 성령에 기초한 정서론은 또한 그의 경건한 신학을 기초한다. 이런 성령에 기초한 경건은 영적 감각의 원리와 밀접한다.

영적 감각을 통한 경건의 신학(첫째 표지): 영적 감각의 원리

경건의 신학과 성령의 관계에서 중요한 점은, 바로 에드워즈 경건의 신학에서 가장 독창적이라고 여겨지는 '영적 감각'이다. 성도는 은혜로운 정서로, "새 감각과 지각"(302)인 "영적 감각"이 생긴다(303). 이처럼 에드워즈의 영적 감각이란, 거듭난 성도가 누리는 새 감각이요 새 성향이요, 원리이자 토대인 것이다.[77]

에드워즈의 성령에 기초한 경건의 신학은 성령을 통한 거듭남과 영적 감각의 원리에서 잘 드러난다. 이런 성령에 기초한 경건은 그의 삼위일체 중심적 경건의 신학과 밀접하다.

삼위일체 하나님 중심적 경건의 신학: 삼위일체 중심의 원리[78]

에드워즈의 경건의 신학에서 삼위일체 중심성의 특징은 네 개의 적극적 표지에서 잘 드러난다. 즉 적극적 표지 **둘째**(하나님 중심성 인식), **셋째**(하나님의 거룩함에 대한 인식), **넷째**(하나님 아는 지식), **다섯째**(이성적 확신)에서 잘

---

77 이 영적 감각에 관한 논의는 매우 중요하고 다양하다. 존 스미스에 의하면, 에드워즈의 영적 지식의 교리는, 아우구스티누스와 청교도 전통 즉 '광명한 빛' 안에서 그리고 그 빛을 통해 하나님의 행하신 일을 이해할 수 있다는 전통을 이어 간다("길잡이 글", 79). 동시에, 에드워즈는 단순히 순수한 빛의 이성주의적 접근을 반대하고, 존 로크와 케임브리지 플라톤주의자인 존 스미스의 영향을 받아 지식에 감각적 요소를 차용, '영적 감각, 영적 파악, 새로운 감각'의 개념으로, 참된 신앙을 구별해 주며, 하나님의 탁월성을 맛보게 한다고 강조한다(79). 특히 이 감각의 출처에 관한 논의에 대해서 전반적으로 학자들은 3가지로 다룬다. 페리 밀러를 중심으로 한 존 로크의 영향설, 노만 피어링(Norman Fiering)등의 개혁주의설(칼뱅 등의 영향을 받았다고 주장하는), 조지 마스던을 중심의 절충주의설 등이 있다. 자세한 논의는 필자의 2014 서울 퓨리턴 컨퍼런스 논문 "다성악적 에드워즈 연구와 수용론을 향하여: 현대 에드워즈 연구의 지도그리기 및 한국의 수용론."176-236; 203-3 을 참고하라.

78 여기서의 하나님 중심성이란 엄밀한 의미에서는 성부, 성자, 성령의 삼위일체 하나님이지만, 성령에 대해서는 첫째 표지에서 중심적으로 다루었기에, 에드워즈는 성부와 성자를 중심으로 다루는 듯하다.

드러난다. 둘째와 셋째 표지는 하나님 중심성이, 넷째와 다섯째는 그의 하나님 중심성과 함께 영적 지식론의 특징을 보여 준다.[79]

하나님 중심적 경건의 신학(둘째 표지): 하나님 중심의 원리

먼저, 에드워즈의 삼위일체적 경건의 신학의 특징은 하나님 중심적이다. 이것은 적극적 표지의 둘째 표지인 하나님의 하나님 되심에 대한 인식이다.

> 은혜로운 감정이 생기는 가장 객관적인 근거가 신적일 일들이 가장 탁월하며 그 자체로 사랑스럽다는 데 있어야지, 그 일들이 자기 이익과 관련되었다는 데 있어서는 안 된다(346).[80]

그에게 하나님에 대한 사랑의 기초는 하나님의 탁월한 본성이다. "하나님에 대한 참된 사랑의 가장 주된 기초는 하나님 본성이 지고하게 사랑스럽다는 사실, 즉 하나님 자신이 사랑스러운 분이시고 사랑받으실 가치가 있으신 분이시라는 것을 생각지 않는 것은 말도 안 된다."(349) 참된 정서와 경건의 신학의 근거는 자기 자신이나 이익이 아니라, 하나님과 그분의 사역이다. 그는 지적하길, "하나님께서 행하신 사역들에서 볼 수 있는 가장 탁월한 본질은 참된 성도에게 있는 영적인 '정서'에서 제일 중요하고 근본적인 객관적 기초가 된다."(346) 왜냐하면 "하나님께서 행하신 일들이 성도나 그 자신의 특별한 이익과 관련되었다는 사실 때문에, 그들에게 은혜

---

79 적극적 표지 넷째와 다섯째는 에드워즈 지식론의 핵심이지만, 필자가 주목하는 바는 단순히 이 두 표지가 지식론에 그치지 않고, 결국은 그의 삼위일체적 하나님 중심성에 기초한 지식론이기에 삼위일체 중심의 경건의 신학 범주에 넣는다.

80 "The first objective ground of gracious affections, is the transcendently excellent and amiable nature of divine things, as they are in themselves; and not any conceived relation they bear to self, or self-interest"(240).

로운 감정이 생길 수 있다고 생각하기 때문이다. 또한 이런 관계가 참으로 거룩하고 영적인 '정서'를 일으키는 데 이차적이고 간접적인 영향을 주기 때문이다."라는 것이다(346). 참된 성도는 "하나님의 탁월성과 하나님의 영광, 예수 그리스도, 하나님의 말씀, 하나님의 사역 그리고 하나님의 길 등을 최우선적 이유"로 사랑해야 한다. 에드워즈에게 참된 정서는 하나님과 시작되고, 거짓 정서는 자아와 함께 시작된다(355). 따라서 성도의 사랑의 기쁨의 기초는 하나님께서 행하신 일의 탁월함 때문이요, 반면 위선자의 기쁨의 근거는 자기 중심적이요 자아 기쁨 중심적이다(361-2). 이런 점에서, 참 성도와 위선자의 신앙의 기초는 다르다.

이처럼 하나님 중심의 정서는, 결국 그의 경건의 신학의 하나님 중심성을 제시한다. 이런 하나님 중심의 경건의 신학의 특징은 바로 다음과 같은 하나님의 탁월성과 밀접하다.

하나님의 탁월성에 기초한 경건의 신학(셋째 표지) - 하나님의 아름다움의 원리

에드워즈의 삼위일체적 경건한 신학의 또 다른 특징은 하나님의 탁월성과 아름다움에 기초한 경건이다. 이것은 존 스미스의 지적대로, 그의 미학적인 측면을 보여 주기도 하는데,[81] 이 점은 적극적인 셋째 표지에서 잘 드러난다.

참으로 거룩한 '정서'들은 주로 신적인 일들에서 드러나는 도덕적 탁월성을 사랑하는 데서 비롯된다. 달리 표현하면, 신적인 일들에서 드러나는 도덕적 탁월성이 아름답고 향기롭기 때문에, 신적인 것들을 사랑하는 것이 모든 거룩한 '정서'들의 시작이며 원천이다(365).

---

81 스미스, "길잡이 글", 50.

이처럼 모든 정서, 좁게는 경건의 신학의 기초는 바로 하나님의 거룩하심이다. 에드워즈는 참된 하나님 사랑의 기초는 도덕적 속성인 하나님의 거룩하심이라고 생각했다.

하나님을 사랑하는 것은 하나님의 거룩하심을 기뻐함과 더불어 시작되어야지, 다른 속성에 대한 기쁨으로 시작되어서는 안 된다. 왜냐면 거룩함이 없이는 어떤 속성도 참으로 아름다울 수 없으며, 다른 속성의 사랑스러움 역시 거룩함에서 나와야 하기 때문이다. 따라서 거룩함 없이는, 다른 속성들도 자체에 있는 참된 아름다움이 아름답게 보일 수가 없으며, 거룩함을 사랑하지 않고는 하나님의 본성에 어떤 완전성도 참되게 사랑할 수 없다(370).

무엇보다도, 예수 그리스도의 아름다우심은 그의 거룩하심에 있다. 그의 인성과 신성의 아름다움의 요체는 그의 거룩함이다(371). 이런 이유로, 하나님의 거룩하심은 바로 성도와 기독교의 아름다움의 이유요, 성경과 복음이 아름다운 이유이다(371-2). 복음의 영광은 거룩함인데, 무엇보다도 복음 안의 "하나님과 그리스도의 거룩한 아름다움의 유출"이다(372).[82] 복음의 가르침이나 그리스도를 통한 구원의 길이 아름다운 이유는 모두가 거룩하기 때문이다.

이처럼 에드워즈에게 참된 신앙 정서는 하나님의 도덕적 탁월성이요 아름다움인 '거룩함'을 기초로 한다. 동시에 이런 하나님의 거룩함은 그의 삼위일체 경건의 신학의 중심이자 토대이기도 하다.

---

[82] 여기서 사용된 유출(emanation)은 에드워즈의 『천지 창조의 목적』에서 중요한 개념인데, 하나님의 사랑의 유출로서 천지 창조를 설명한다.

하나님을 아는 경건의 신학(넷째 표지): 영적 지식의 원리

만일 거룩함의 아름다움을 이해하지 못한다면 지성이라는 고상한 감각 기능으로 알 수 있는 어떤 것도 이해하지 못한 것이다. 거룩한 아름다움은 하나님의 본체의 아름다움이며, 신성 가운데 신성이며, … 선의 무한한 원천이다. … 그러므로 거룩함의 아름다움을 모르는 사람은 사실상 아무것도 모르는 것이다(392).

에드워즈의 삼위일체적 경건의 신학의 또 다른 특징은, 『신앙정서론』에서 그의 경건의 신학의 핵심인 '하나님 아는 지식'으로 충만하다. 이 점은 적극적 표지 넷째(하나님을 아는 지식)와 다섯째(이성적 확신)에서 잘 드러난다. 필자가 이 두 표지에서 주목하는 할 점은, 이 표지들에서 나타난 그의 경건의 신학은 삼위일체 하나님(특히 둘째와 셋째 표지)에 기초하고 있다는 점이다.

에드워즈의 삼위일체적 경건의 신학의 특징의 하나는, 넷째 표지와 같이 하나님을 아는 지식이다.

은혜로운 정서는 지성이 밝아져서 하나님의 일들을 바르게 이해할 때 생긴다(382).[83]

이 표지에서 그는 두 가지를 다루는데, 빛과 열의 총체성의 문제와 동시에 영적 지식의 특징이다.

---

83 "Gracious affections do arise from the mind's being enlightened, rightly and spiritually to understand or apprehend divine things"(266).

빛과 열의 통합

참된 성도는 하나님에 대한 지식으로 충만하다. 이런 점에서 그는 "거룩한 정서는 빛 없는 열이 아니다"라고 주장한다(382).[84] 여기서 주목할 에드워즈의 탁월성은 거룩한 정서는 빛과 열의 총체성을 통해서, 신학적 지식의 총체성도 지적한 것이다. 따라서 신앙 정서에서 지식이 없다면 공허할 수 밖에 없다.

비록 참된 신앙에는 정서 외에 다른 것들이 반드시 있어야 하지만, 참된 신앙은 대부분 정서에 내재하기 때문에, 정서가 없이는 참된 믿음도 없다. … 다른 것은 없이 정서만 있는 곳에 참된 믿음이 없는 것처럼, 신앙 정서가 없는 곳에 참된 믿음은 없다. 진리를 이해시키는 곳에는 심령 속에 열정적인 정서가 작용하나, 차가운 빛은 없이 뜨거운 열정만 있는 심령에는 신령하거나 하늘에 속한 것이 있을 수 없다. 마찬가지로 뜨거운 열정이 없이 차가운 빛만 있는 곳, 곧 머리는 개념들과 사변들로 가득 차 있지만 심령은 뜨거움이 없이 차디찬 상태로 있다면, 그 빛 속에는 신적인 것이 존재할 수가 없다. 왜냐하면 그런 지식은 신적인 것들에 대한 참된 영적 지식이 아니기 때문이다. 만일 신앙에 속한 위대한 일들을 바르게 이해하면, 심령은 반드시 감정적으로 영향을 받게 된다.[85]

---

84 "Holy affections are not heat without light"(266).

85 "…yet true religion consist so much in the affections, that there can be no true religion without them. He who has no religious affection, is in a state of spiritual death, and is wholly destitute of the powerful, quickening, saving influences of the Spirit of God upon his heart. As there is no true religion, where there is nothing else but affections; so there is no true religion where there is no religious affections. As on the one hand, there must be light in the understanding, as well as an affected fervent heart, where there is heat without light, there can be nothing divine or heavenly in that heart; so on the other hand, where ther is a kind of light without heat, a head stored with notions and speculations, with a cold and unaffected heart, there can be nothing divine in that light, that knowledge is no true spiritual knowledge of the divine things. If the great things of religion are rightly understood, they will affect the heart"(120)(「만약 사람들이 성경을 읽고도 정서적 영향을 받지 못하면, 영적으로 눈멀었기 때문이다」. 신앙 정서에 대한 부정적인 편견은 매우 두려운 결과를 초래한다.

이처럼, 참된 신앙 정서에서 영적 지식은 매우 중요하다. 에드워즈적 정서론에 기초한 참된 지식은 사변적인 지식이 아니라, 열정과 통합적이다.[86] 종교적 정서는 영적인 빛인 지성과 동행하기 때문에, 심지어 그는 지식은 천국으로 인도하는 열쇠라고 강조한다.

지식은 먼저 굳어진 마음을 열어 주고 정서를 풍요롭게 해 주는 열쇠다. 그리고 지식은 사람들에게 하늘나라로 가는 길을 열어 준다. "너희가 지식의 열쇠를 가져가고"(눅 11:52)(383).

"영적 지식"(spiritual knowledge)의 특징

빛과 열의 통합성과 함께, 에드워즈의 하나님을 아는 경건의 신학의 핵심은 "영적 지식"의 개념이다. 그는 이에 대해서 몇 가지의 특징을 지적한다. 먼저 이 영적 지식은 초자연적이다(고전 2:11; 387). 둘째로, 이 지식은 하나님의 거룩함을 아는 지식이다. 여기서 필자가 강조한 삼위일체에 중심을 둔 삼위일체적 경건의 신학의 특징을 볼 수 있다. 왜냐하면 "참된 믿음의 합당한 토대가 되는 지식은 반드시 신적인 일들이 아름답다는 것을 아는 지식이어야" 하기 때문이다(388-9).[87] 이 영적 지식은 "일차적으로 신적인 일들의 도덕적 아름다움에 대한 감각 또는 미각에 내재한다. … 하지만 이차적으로 영적인 지식은 그런 감각에 의존해 있고, 그런 감각에서 나오는 모든 인식과 지식을 아우른다."(390) 에드워즈에게는, 이 거룩함을 보지 못하는 지식은 헛된 지식에 불과하다.

---

86 이런 의미에서 그는 성경적 근거로 "사랑하는 자마다 하나님으로부터 나서 하나님을 알고"(요일 4:7), "새 사람을 입었으니 이는 자기를 창조하신 자의 형상을 따라 지식에까지 새롭게 하심을 입은 자니라"(골 3:10), "길에서 우리에게 말씀하시고 우리에게 성경을 풀어 주실 때에 우리 속에서 마음이 뜨겁지 아니하더냐 하고"(눅 24:32) 등에 주목한다.

87 물론 에드워즈는 여기서 적극적 표지 두 번째와 세 번째를 포괄하는 하나님의 도덕적 탁월성인 거룩함의 아름다움을 지적하고 있다(388-9 참고).

거룩한 아름다움은 하나님의 본체의 아름다움이며, 신성(divinity) 가운데 신성이며(Divinity), 선의 무한한 원천이기 때문이다(392). 이런 의미에서, 믿음에 대한 참된 체험적 지식은 영적 아름다움을 아는 데서 생긴다. 믿음에 대한 체험적 지식은 그 자체로 새로운 지식의 세계다(392–3).

셋째로 영적 지식은 "마음의 감각"(a sense of the heart)에 내재한다.

영적 지식은 신적인 일들에 있는 거룩함이나 도덕적 완전성의 지고한 아름다움과 달콤함을 느끼는 마음의 감각에 내재한다는 것이다(389).

이 지식은 주로 영적인 아름다움을 아는 마음의 지식에 존재하는데, 그가 마음의 지식이라고 말하는 이유는 "영적인 지식에 속한 것이 단지 사변만이 아니며, 영적인 지식을 지성과 의지라는 두 기능을 서로 분리해서 작용하듯이 명확하게 구분할 수 없기 때문"이라는 것이다. 따라서 이 영적 지식은 마음의 지식으로, 의지와 지성의 통합을 보여 준다.

넷째로, 영적 지식은 "감각적 지식"으로 사변적인 지식과 반대된다. 이런 감각적 지식을 잘 보여 주는 전형적인 예로 '꿀이 달다'는 것이다. "꿀의 달콤한 맛을 느낀 사람이 단지 꿀을 바라보고 만져 보기만 한 사람보다 꿀에 대해 더 많은 것을 알게 되는 것과 같기" 때문이다(388–89).

이상에서 살펴본 것처럼, 에드워즈의 경건의 신학은 빛과 열의 총체성과 영적 지식을 통해 드러난다. 이것은 초자연적이다. 하나님의 거룩함을 아는 지식이요, 마음의 감각이요, 감각적 지식이다. 그러나 이 경건의 신학은 철저히 성경 말씀에 복종된 것이다.

이성적 확신의 경건의 신학(다섯째 표지): 이성적 확신의 원리

하나님은 하나님이시고 모든 다른 피조물과 구별되시며, 그들보다 높으신 분이시다. 왜냐하면 모든 아름다움과 무한히 다른 하나님만의 신적인 아름다우심 때문이다. 따라서 복음에서 이 영광의 형상을 보는 사람은, 그곳에서 신성을 보는 것이며, 그 속에 계신 하나님을 보는 것이다. 이는 결국 복음의 내용이 신적인 것들임을 알게 되는 것인데, 왜냐하면 그들은 복음 안에 가장 참된 신성이 있는 것을 보기 때문이다(423).

에드워즈의 삼위일체적 경건의 신학의 또 하나의 특징은 진리에 대한 확신이다. 이 점은 다섯 번째 표지에서 드러난다.

은혜로운 감정은 신적인 일들에 대한 실재성과 확실성을 합리적이고도 영적으로 확신할 수 있게 해 준다(414).[88]

이 점에서 주목한 성경 구절은 바로 『신앙정서론』의 주제 절인 "예수를 너희가 보지 못하였으나 사랑하는도다 이제도 보지 못하나 믿고 말할 수 없는 영광스러운 즐거움으로 기뻐하니"(벧전 1:8)이다. 신앙 정서를 가진 사람은 복음의 진리에 확신하고 심지어 이 복음을 위해서 모험을 감행한다.

참으로 하나님의 은혜를 입은 모든 사람들은 복음에 있는 위대한 진리를 견고하고, 온전하며, 철저하고 효과적으로 확신한다. … 참으로 하나님의 은혜를 입은 사람들에게 복음의 위대한 가르침들은 의심할 여지가 없고, 논쟁할 여지

---

88 "Truly gracious affections are attended with a reasonable and spiritual conviction of the judgment, of the reality and certainty of divine things"(291).

가 없는 것으로 확립되고 확정된 것들이다. 그래서 그들은 복음에 속한 위대한 가르침에 자신들의 모든 것을 걸기를 두려워하지 않는다. … 그들의 심령은 참으로 이 복음의 진리가 중요하며 능력이 있다는 것을 알고 있으며, 이 복음의 진리는 전 생애 동안 그들의 감정을 통치하고 지배한다(414).

물론 이런 확신은 하나님 말씀에 근거한 것이어야 한다(418). 분명히 중생한 자는 영적 믿음, 즉 복음의 진리에 대한 확신이 있다(요일 4:15).[89]

에드워즈에 의하면, 참 성도는 두 가지 방식으로 복음에 나타난 신성을 확신하는데, 직접적인 방식과 간접적인 방식이다.[90] 주목할 점은 직접적인 방식, 말 그대로 이성적이되 직관적인 확신이다. 이것은 복음을 통한 하나님의 영광의 확신이다.

이 하나님의 영광 자체가 복음의 신성함을 직접적이고, 분명하고, 확실하게 증거하기 때문이요. … 복음에 드러난 하나님의 영광을 분명하게 봄으로써 복음의 신성을 직접적으로 확신하고, 그 확신에 기초하여 판단하는 사람은 이성적으로도 확신하게 된다. 그의 믿음과 확신은 전적으로 이성과 합치한다. 왜냐하면 복음에 있는 하나님의 영광과 아름다움은 그 자체로 복음이 거룩하다는 증거이며, 가장 직접적이고 강력한 증거이기 때문이다.

말하자면, "복음에서 하나님의 초월적이고, 지고의 영광을 참으로 보는 사람은 복음의 거룩함을 직관적으로 알게 된다."(422) 여기서 에드워즈는

---

89 요일 4:15 누구든지 예수를 하나님의 아들이라 시인하면 하나님이 그의 안에 거하시고 그도 하나님 안에 거하느니라
90 간접적인 방식으로는 첫째로, 선입관을 제거한다. "신적인 영광에 대한 시각은 복음이 진리라는 사실에 대립하는 마음의 선입견을 제거하고, 증거되는 말씀에 설득되어 마음이 녹아지게 함으로써 그런 확신을 심어 준다."(434) 둘째로, 적극적으로 이성을 돕는다.

삼위일체 하나님의 아름다움과 확신에 대한 관계를 강조한다.

> 하나님은 하나님이시고 모든 다른 피조물과 구별되시며, 그들보다 높으신 분
> 이시다. 왜냐하면 모든 아름다움과 무한히 다른 하나님의 신적인 아름다우심
> 때문이다. 따라서 복음에서 이 영광의 형상을 보는 사람은, 그곳에서 신성을
> 보는 것이며, 그 속에 계신 하나님을 보는 것이다. 결국 복음의 내용이 신적인
> 것들임을 알게 되는 것이다. 왜냐하면 그들은 복음 안에 가장 참된 신성이 있
> 는 것을 보기 때문이다(423).[91]

무엇보다도 그리스도를 믿고 영적 감각이 있을 때, 복음 전체의 아름다
움을 식별하게 되고, 성경은 진리임을 알 수가 있다(429).

이처럼, 참된 신앙정서에서 나타난 경건의 신학은 이성적인 확신을 가
져온다. 하나님의 거룩하심을 맛본 모든 성도는 이런 이성적인 확신을 경
험할 수 있기 때문이다. 이런 확신은 결국 복음을 위해 인생을 던질 정도
의 헌신과 모험을 가진다.

따라서, 에드워즈의 경건의 신학은 삼위일체 하나님 중심적이며, 성령
에 기초하고, 하나님 본성과 아름다움과 거룩함에 중심하면서, 이런 하나
님 본성에 대한 지식과 확신을 포함한다. 이런 정서적, 삼위일체적 경건의
신학은 마지막으로 실천적 특징을 드러낸다.

---

91 "God is God, and distinguished from all other beings, and exalted above 'em, chiefly by his
divine beauty, which is infinitely diverse from all other beauty. They therefore that see the
stamp of this glory in divine things, they see divinity in them, they see God in them, and so
see 'em to be divine; because they see that in them wherein the truest idea of divinity does
consist"(298). 참고로 이 구절은, 필자의 견해로는 에드워즈의 신학적 미학을 보여 주는 핵심
구절 중 하나라고 할 수 있다.

실천적 경건의 신학(여섯 번째~열두 번째 표지): 균형과 실천성의 원리

마지막으로 에드워즈의 경건의 신학의 특징은 매우 실천적이다. 이런 특징은 적극적 표지 중에서, 여섯 번째부터 마지막 열두 번째 표지에서 잘 드러난다.[92] 먼저 여섯 번째인 '참된 겸손'(441)[93]와 일곱 번째 표지인 '성품의 변화와 회심'이다(480).[94] 성품의 변화와 관련해서, 영적 각성은 변화를 동반한다. 이것은 "영혼의 본성 자체를 변화"시키고(480), 영혼의 회심은 본성의 변화를 가져온다. "회심은 사람을 죄에서부터 하나님께로 돌아가게 하는 크고도 전반적인 변화다"(481). 이것은 "영속적인 변화"를 가져오는데, 주목할 점은 "비록 은혜는 악한 본성적 기질을 완전히 뿌리뽑지는 않지만, 은혜의 강력한 능력과 효과로 본성적 기질을 고칠 수는 있다. 회심에서 일어나는 변화는 전반적인 변화이다. 은혜는 사람 안에 있는 죄스러운 모든 것을 변화시킨다"(481). 이런 변화는 결국 지성의 변화를 초래하는 것이다. 여덟 번째 표지는 그리스도의 성품을 닮아 가는 것이요(484),[95] 아홉 번째 표지는 온유한 마음을 동반하는 것이다(505).[96] 열 번째 표지는 균형과 조화요, 열한 번째 적극적 표지는 하나님을 향한 갈망이다(531).[97] 마지막으로 열두 번째 표지는 실천성이다. 주목할 점은, 에드워즈의 실천적 경건의 신학은 열 번째 표지(균형과 조화)와 열두 번째 표지(실천성)에서

---

92 지면상 여섯 번째에서 아홉 번째와 열한 번째는 제목만 다루고 열 번째와 열두 번째 표지를 중심으로 다룬다.

93 "은혜로운 감정은 복음적인 겸손을 동반한다."

94 "은혜로운 감정을 다른 감정들과 구별해 주는 또 하나의 표지는 은혜로운 감정은 본성의 변화를 동반한다는 것이다."

95 "참으로 은혜로운 감정들은 예수 그리스도의 양같고 비둘기 같은 심령과 기질을 가지도록 돕고 그것을 동반한다."

96 "은혜로운 감정은 마음을 부드럽게 하며, 기독교적인 온유한 마음을 동반하고 산출한다."

97 "은혜로운 감정들과 다른 감정들 사이의 차이점을 크고 뚜렷하게 구분해 주는 또 하나의 다른 표지는 은혜로운 감정들이 더 높이 고양되면 될수록, 영적인 만족을 위한 영혼의 영적인 욕구와 갈망이 더욱 커진다는 것이다. 반면에 거짓된 감정들은 그 자체로도 만족해한다."

잘 드러난다는 것이다. 따라서 이 두 표지를 중심으로 그의 실천적 특징을 살펴보려 한다.

균형의 경건의 신학(열 번째 표지): 균형의 원리

에드워즈의 실천적인 경건한 신학의 특징 중 하나는 균형과 조화이다. 물론 이 표지는 에드워즈의 미학적 특징을 잘 보여 주는 것이지만, 그의 경건의 신학에서도 중요하다.

> 참으로 은혜로운 거룩한 정서가 거짓된 정서들과 다른 점 한 가지는 그것들이 아름다운 균형과 조화를 이루고 있다는 점이다(515).[98]

그에 의하면, 위선자는 "괴물 같은 불균형"(monstrous disportion)을 보이지만, 반면 참된 성도는 균형과 조화를 보여 준다. 왜냐하면 성도는 "전인적으로 성화를 이루어 가기" 때문이요, 그리스도의 형상이 있기 때문이다.

> 성도들에게는 그리스도의 은혜로운 형상이 있으며, 이 형상은 그리스도 안에 있는 은혜이다. 그 형상은 참된 형상이다. 따라서 그 형상 안에는 원형 안에 있는 것과 같은 아름다운 균형과 조화가 있다. … 하나님의 작품에는 대칭과 아름다움이 있다(516).

---

[98] "Another thing wherein those affections that are truly gracious and holy, differ from those that are false, is *beautiful symmetry and proportion*"(365). 이 표지는 제3 표지와 함께 에드워즈의 신학적 미학의 특징을 잘 보여 준다. 아울러 이런 균형과 조화는 가장 에드워즈의 신앙과 신학, 목회의 특징을 잘 드러내는 점이다. 이런 점에서 에드워즈의 신학과 목회의 특징이 철저한 균형이라고 지적한 로이드존스의 지적은 매우 적절한 평가라고 할 수 있다. Martyn Lloyd-Jones, "Jonathan Edwards and the Crucial Imporatance of Revival", *The Puritans: Their Orignas and Successors*. M. Lloyd-Jones (Carlisle: Banner of Truth, 2002), 348-371; 356..

이런 균형의 관점에서, 에드워즈에게는 참된 성도와 위선자의 신앙에 차이가 있다(518). 세 가지 측면이 있는데 첫째, 타인에 대한 사랑의 차이점이다. 위선자는 다른 사람에 대한 사랑이나 자비의 마음이 없다. 반면, 참된 성도는 편애하지 않고 모든 사람을 사랑한다(막 6:34).

둘째는 신앙의 시기의 차이점이다. 위선자는 시기에 따른 불균형을 보인다(524). 이들의 신앙은 불안하고 변덕스럽다. 반면 참된 성도는 신앙에서 일관적이고 지속적인 균형과 조화를 보인다. 성도의 신앙은 샘물과 푸른 나무 같은 은혜다(요 4:14; 526). 무엇보다도 주목할 점은 별자리의 비유이다. 에드워즈는 유다서 13절을 인용하면서, "위선자들은 불꽃이나 금방 사라져 버리는 유성과 같고, 반면에 참된 성도는 고정된 별과 같다."고 강조한다(527).[99] 이런 점에서 에드워즈는 신앙의 습관성을 강조한다. 그리고 『신앙정서론』의 주제를 "참된 믿음과 경건은 대부분 감정에 있다."라고 하면서, 동시에 이 "거룩한 정서는 습관적이다."라고 지적한다(178).[100]

셋째로 신앙의 장소의 차이점을 보인다. 위선자들은 장소에 따른 불균형을 보인다. 사람들과 함께 있을 때는 정서가 뜨거워지나, 혼자 있을 때는 그렇지 못하다. 하지만 참된 성도는 일관적이며, 특히 개인적으로 하나님과의 대화에 힘쓴다.[101] 이처럼 참된 성도는 '골방 신앙'인 영적 고독에 집중한다.

내가 지금까지의 이야기에서 말하려고 하는 것은 아무리 참된 은혜가 그리스

---

99 "Many hypocrites are like comets, that appear for a while with a mighty blaze; but are very unsteady and irregular in their motion(and are therefore called wandering stars, Jude 13, and their blaze soon disappears, and they appear but once in a great while. But the true saints are like the fixed stars, which, though they rise and set, and are often clouded, yet are steadfast in their orb, and may truly be said to shine with a constant light."(373)

100 "···holy affection is habitual."(118)

101 에드워즈는 이 점에 대한 성경상의 예를 열거하는데, 아브라함, 이삭, 야곱, 모세, 엘리야와 엘리사, 예수님, 마리아, 부활 후 무덤 앞의 여인들, 밧모섬의 요한 등이다(528-9참고).

도인이 집단적인 사귐을 선호한다고 해도, 특별한 방식으로 혼자 떨어져서, 하나님과 비밀스러운 대화를 나누는 것을 즐거워하는 것이 참된 은혜의 본질이라는 것이다. 따라서 만일 사람들이 신앙적인 교제에는 큰 열심을 내지만, 신앙의 골방에는 열심이 적고, 다른 사람들과 함께 있을 때에는 종종 감정적으로 높이 고양되지만, 그들이 단지 하나님과 그리스도와 대화할 때는 감화를 적게 받는다면, 그들의 믿음은 매우 어두운 것이다(529).

참된 성도는 골방 신앙을 사모했지만, 위선자는 집단적인 곳에서만 은혜를 받는 불균형의 '회당 신앙의 사람'이다.[102]

이처럼 참된 성도와 그의 정서는 균형과 조화를 보여 주듯, 에드워즈의 경건의 신학 또한 균형과 조화를 보여 준다. 사랑의 범위와 신앙의 시기나 장소에서 균형을 가진다. 그의 경건의 신학은 참된 정서에 기초하기 때문에, 사랑에서도 모든 이를 사랑하는 지식으로 충만하며, 신앙의 시기와 장소에서도 변덕스럽지 않다. 시기적으로는 마치 하늘의 별처럼 변함없고, 장소에서도 변함이 없되 특히 골방의 신앙, 골방의 지식으로 충만하다.

실천적 경건의 신학의 정점(열두 번째 표지): 실천성의 원리

이러한 균형의 특징과 함께, 실천성과 관련하여 가장 주목해야 할 표지는 열두 번째 표지인 '행위로 나타나는 경건의 신학'이다.

은혜로운 거룩한 정서들은 그리스도의 행위로 드러나고 열매를 맺는다. 거룩한 정서들은 그 정서들을 경험하는 주체인 성도에게 영향력과 효력을 미치게

---

102 존 플라벨 목사는 "위선자들은 골방 사람이 아니라 회당 사람이다."라고 지적한다. 마 6:5-6 참고; 에드워즈, 『신앙정서론』, 527, 주 211 참고("religion of temple" and "religion of the closet").

되며, 그 결과로 기독교의 원리와 전체적으로 일치하고, 그 원리에 따라 규정되는 행위는 성도가 일생 동안 실천하고 마땅히 행해야만 한다(540).

『신앙정서론』의 서론에서 이미 다룬 것처럼, 신앙과 윤리가 일치하는 점에 주목해서 에드워즈는 "정서는 행동의 발원지요, 참된 믿음은 본질적으로 실천적이다."라고 했다(155). 또 "종교적 정서란 종교적 행동의 원천"이라고 했다(156). 동시에 "거룩한 정서는 습관적"인 점을 다루었다.

에드워즈는 중생과 실천의 밀접한 관계에 대해 에베소서 2장 10절을 주목한다.[103] 즉, 은혜와 중생의 궁극적 목적이 실천이라는 것이다.

> 은혜를 주입하는 하나님의 역사인 중생은 실천과 직접적인 관계가 있다. 왜냐하면 실천이 바로 은혜의 목표이기 때문이다. 모든 사역이 실천을 목적으로 이루어진다. … 그리고 그 변화는 직접적인 실천을 지향한다. … 즉 실천은 그리스도 구속의 목표이다(559).[104]

따라서 실천은 성도의 목적이라고 주장한다. "하나님께서 당신의 성도를 위해 행하시는 모든 일의 목적이다." 또한 "모든 은혜, 모든 깨달음 그리고 그리스도인의 체험에 속하는 모든 것은 직접적으로 이 거룩한 실천이라는 열매를 지향한다."(560)[105]

---

103 엡 2:10 우리는 그가 만드신 바라 그리스도 예수 안에서 선한 일을 위하여 지으심을 받은 자니

104 "The tendency of grace in the heart to holy practice, is very direct, and the connection most natural close and necessary… Godliness in the heart has as direct a relation to practice, as a fountain has to a stream,… Regeneration, which is that work of God in which grace is infused, has a direct relation to practice; for 'tis the very end of it, with a view to which the whole work is wrought."(398)

105 "Holy practice is as much the end of all that God does about his saints… This fruit of holy practice, is what every grace, and every discovery, and every individual thing, which belongs to Christian experience, has a direct tendency to."(399)

이런 점에서, 그는 실천은 표지 중에서 최상의 표지라고 강조한다. 꽃과 열매가 분리되지 않듯이, 은혜와 실천은 밀접하다(561). 따라서, "그리스도인의 실천 또는 거룩한 삶은 참되고 구원을 가져다 주는 은혜의 크고 확실한 표지이며", 나아가 "그리스도인의 실천 혹은 거룩한 삶은 은혜의 모든 표지 가운데 최상의 표지"이다(568).[106]

그의 경건의 신학은 결국 실천을 지향한다. 모든 신앙의 목적이 실천을 지향한다면, 모든 경건의 신학 또한 실천을 지향하는 것이어야 한다. 따라서 그의 경건의 신학은 사변성의 한계에 머물지 않고, 실천적인 경건의 신학을 보여 준다.

이런 실천성은 바로 에드워즈가 공공 신학의 중요한 모델이자, 미국 신앙의 "행동주의의 모범"을 보인다. 이런 점에서 존 스미스는 에드워즈야말로 공적 신앙과 신학의 주동자로서, "미국 개신교가 실천적인 공적 신앙을 추구할 수 있는 계기와 기초를 다졌다."라고 주장한다.[107]

---

[106] "From what has been said it is manifest, that Christian practice or a holy life is *a great and distinguishing sign* of true and saving grace. But I may go further, and assert, that it is *the chief* of all the signs of grace, both as an evidence of the sincerity of professors unto others, and also to their own consciences. But then it is necessary that this be rightly taken, and that it be well understood and observed, in what sense and manner Christian practice is the *greatest sign of grace*. Therefore, to set this matter in a clear light, I will endeavor particularly and distinctly to prove, that Christian practice is the *principal sign* …."(406)

[107] 『신앙정서론』, 73; "Public Theology, Society & America," McClymond & McDermott, *The Theology of Jonathan Edwards*, 513-527. 이런 의미에서 제럴드 맥더머트는 에드워즈야 말로 말그대로 '공적 신학자'라고 강조해 왔다. "Public Theology, Society & America," McClymond & McDermott, *The Theology of Jonathan Edwards*, 513-527. 공공성에 관련에서 에드워즈는 일련의 작품들을 통해서 '가시적 교회와 성도'(visible church and saint)에 대해 평생을 주목했다. 에드워즈는 『신앙정서론』, 『사랑과 그 열매』, 『참된 미덕의 본질』, 『창조의 목적』 등에서 신앙의 공공성에 대해서 집요하게 전개하고 있다. 다시 말해서, 에드워즈의 신학은 개인의 영성의 측면을 넘어서, 대인과 대사회, 대국가적인 측면을 고려한 말 그대로, '공적 신앙과 신학'의 패러다임을 제시했던 것이다.

소결론: 에드워즈의 '경건의 한계 속의 신학'

이상에서 살펴 본 것처럼, 에드워즈의 경건의 신학은『신앙정서론』에서 잘 드러나는데, 정서적, 삼위일체적, 실천성의 삼중적이고 교향곡적인 균형잡힌 이상적 경건의 신학으로 꽃피게 된다.

칼뱅과 에드워즈의 '경건의 한계 속의 신학'과 그 교훈

이상에서 본 논문은 칼뱅의『기독교강요』와 에드워즈의『신앙정서론』을 통해서 '경건의 한계 속의 신학', 즉 경건의 신학의 특징을 살펴보았다.[108] 이제 이 두 작품에서 나타난 경건의 신학에서 한국 교회와 성도들을 위한 교훈과 적용점은 무엇인가 생각해 보자.

성경 중심적 경건의 신학

'오직 성경'의 원리. 칼뱅과 에드워즈는 철저히 성경 중심적 경건의 신학을 보였다. 칼뱅은 당시 가톨릭과의 성경론에서 차별적인 '오직 성경'의 원리를 주장하면서(1.7-9), 성경 중심적인『기독교강요』를 제시한다. 에드워즈의『신앙정서론』또한 철저히 성경에 기초했다. 이것은 그가 평생 성경의 사람으로서 설교하고 연구하고 살았던 경건한 성도이자 목회자-신학자의 면모를 잘 보여 준다.[109]

---

108 물론 칼뱅의『기독교강요』와 에드워즈의『신앙정서론』에서 경건의 측면에서 차이점이 있다. 예를 들면 칼뱅은 그리스도와의 연합, 섭리론, 그리스도의 자유를 강조했다. 그러나 에드워즈는 보다 하나님의 거룩과 아름다움(미학적 부분)과 실천적 부분을 강조했다. 본 논문에서는 이런 차이보다 두 작품을 통한 경건의 신학의 특징과 교훈이 초점이기에, 차이점보다는 유사점과 배울 점을 다룬다.

109 성경의 사람이자 목회자-신학자으로서의 에드워즈는 그의 여백 성경(Blank Bible)과 성경 노트(Notes on Scripture), 신학 노트(Miscellanous) 등에서 잘 드러난다. 그의 모든 저술에는 매우 정밀한 성경의 주석적 기초를 두고 있음에 주목해야 할 것이다. 이런 목회자-신학자

모든 성도를 위한 경건의 신학

칼뱅과 에드워즈에게는 경건의 신학이 특정 계층만을 위한 것이 아니라 모든 성도를 위한 것이다. 앞에서 살펴보았듯이 『기독교강요』의 목적이 판별로 변모가 있다. 초판인 1536년 판에서는 『기독교강요』의 목적 중의 하나가 "프랑스 사람들의 참된 경건의 생활을 이루도록 돕기 위한" 것이었고, 1539년 판에서는 "거룩한 신학을 배우는 분들을 위한 신학 안내서요, 체계적인 신앙 지식을 추구한다."고 했고,[110] 1559년 판에서는 "신학생들을 위한 입문서요, 성경 안내서요, 기독교의 개요"라고 했다.[111] 비록 이것이 점차 일반 성도에서 신학생들을 위한 입문서로 변모했지만, 기본 취지는 일반 성도들의 참된 경건을 돕기 위한 것임을 우린 알 수 있다. 에드워즈에게도 경건의 신학이란 모든 성도를 위한 것이다.[112] 특히 『신앙정서론』에서 보여 주는 참된 경건과 부흥에 대한 분별의 신학은 반드시 모든

의 모델은 본 컨퍼런스의 취지이기도 하다. 이런 에드워즈와 성경의 관계에 대해 다음을 참고하라. Robert E. Brown, *Jonathan Edwards and the Bible*(Bloomington: Indiana UP, 2002), Douglas A. Sweeney, *Edwards the Exegete: Biblical Interpretation and Anglo-Protestant Culture on the Edge of the Enlightenment*(New York: OUP, 2016). 또한 에드워즈의 목회자-신학자에 대해서는 다음을 참고하라. Patricia J. Tracy, *Jonathan Edwards, Pastor*(Eugene: Wipf & Stock, 2006), John E. Smith, *Jonathan Edwards: Puritan, Preacher, Philospher*(Notre Dame: U of Notre Dame, 1992), George Marsden, *Jonathan Edwards: A Life*(New Haven: Yale UP, 2003). Iain H. Murray, *Jonathan Edwards: A New Biography*(Calisle, Banner of Truth, 1988). 아울러 목회자-신학자에 대해서는 다음을 참고하라. John Piper & D. A. Carson, *The Pastor as Scholar and the Scholar as Pastor: Reflections on Life and Ministry*(Wheaton: Crossway, 2011), Kevin Vanhoozer, *The Pastor as Public Theologian*(Grand Rapids: Baker, 2015), Ellen T. Charry, *By Renewing of Your Minds: The Pastoral Function of Christian Doctrine*(Oxford: OUP, 1997), Gerald Hiestand & Todd Wilson, *The Pastor Theologian: Resurrecting an Ancient Vision*(Grand Rapids: Zondervan, 2015), J.I. Packeer, *Puritan Portraits*(Fearn: Christian Focus, 2012).

110 파커, 앞의 책, 7 재인용.

111 『기독교강요』, 13 재인용.

112 이런 "성도-신학자"의 모델은, "목회자-신학자"의 모델과 함께, 본 서울 에드워즈 컨퍼런스와 C. S.루이스 컨퍼런스의 기본 취지이기도 하다. 이런 점에서, 서울의 두 컨퍼런스는 에드워즈와 퓨리턴 신학, 나아가 종교 개혁의 핵심 중의 하나인 '신학의 대중화'에 대한 취지를 이 시대에 고취하고 적용하고자 하는 것이다. 이런 신학의 대중성에 대한 저서를 다음의 것을 참고하라. R.C. Sproul, *Everyone's A Theologian* (Sanford: Reformation Trust, 2014), C. S. Lewis, *Mere Chrstianity* (NY: Touchstone, 1996), Alister McGrath, *Theology: The Basics* (Oxford: Blackwell, 2008), *Christian Theology: Introdction* (Oxford: Blackwell, 2001), Martyn Lloyd-Jones, *Great Doctrines of the Bible* (Wheaton: Crossway, 2003).

성도가 필수적이기 때문이다.[113]

정서적, 인격적 경건의 신학

칼뱅에게 경건의 특징으로서, 참된 믿음은 경건성과 밀접하다. 그는 가톨릭의 사랑 없는 신앙인 '무형의 신앙'(unformed faith)에 반대하여, 사랑이 포함된 '유형의 신앙'(formed faith)를 주장한다.[114] 그는 "믿음은 지성보다 감성에 속하며", "지식과 성화, 그리고 경건한 성향에서 분리할 수 없다."라고 주장한다. "믿음은 그리스도를 아는 지식을 기초로 삼는다고 말할 수 있다. 그리고 그리스도의 영으로 말미암아 성화되지 않고는 그리스도를 알 수 없다. 그러므로 믿음을 경건한 성향(disposition or affctus)에서 분리한다는 것은 도저히 불가능한 일이다."(3.2.8) 이 점은 에드워즈도 잘 드러난다. 앞에서 살펴보았듯이, 그는 신앙 정서를 통해서 정서적이고, 사랑이 충만하고, 인격적인 경건의 신학을 제시했다.

성령론적, 부흥론적 경건의 신학

성령론과 부흥론적 측면은, 칼뱅과 에드워즈에게 성령의 목회자 · 신학자로서의 면모를 잘 드러낸다. 이들의 경건의 신학은 부흥과 경건과의 불가분성을 제시한다. 일반적으로 신학이란 부흥과 무관한 듯 여겨질 수 있으나, 칼뱅은 성령과 경건의 측면을 통해서, 에드워즈는 정서라는 개념을 통해서 성령론적이고 부흥론적인 경건의 신학을 제시했다.[115] 이런 점에

---

113 아울러 에드워즈의 신학이 성도의 소명과 같이 우선적이요 절대적임은 그의 설교 "거룩한 지식에 대한 필요성과 중요성"에서 잘 드러난다.

114 파커, 『칼빈 신학 입문』, 117–8.

115 이런 점에서 갓프리는 『기독교강요』의 구조상 제3 권은 성령론에 관한 내용으로 『기독교강요』 전체의 32%를 다룬다는 점에서, 칼뱅이 성령을 강조한다고 하면서, 워필드가 칼뱅의 '성령의 신학자'라고 불렸던 것이 당연하다고 지적한다. 로버트 갓프리, 『칼빈: 순례자와 목회자』 (서울: 부흥과개혁사, 2009), 235.

서 칼뱅과 에드워즈는 성령과 경건의 신학자라고 해도 과언이 아니다.

경건을 추구하는 신학: 경건의 한계 속의 신학 추구

『기독교강요』와『신앙정서론』에서 드러난 이들의 경건의 신학은 경건과 신학이 결코 분리할 수 없는 매우 불가분의 관계이다.[116] 이들에게는 경건이 없는 신학도, 신학이 없는 경건도 각각 불가능하다. 참된 경건은 바른 신학에 기초하고, 바른 신학은 궁극적으로 경건을 추구하며, 나아가 경건의 한계 속에 위치하기 때문이다. 칼뱅은 "종교 혹은 경건이 없는 하나님에 관한 지식은 있을 수 없다."라고 하면서 경건이 신학의 필수 조건이라고 강조한다(1.2.1). 이런 의미에서『기독교강요』는 "신학의 종합이라기보다 경건의 종합"이라고도 부른다. 칼뱅의 경건의 신학은, 앞에서 살펴보았듯이 중요한 신학적 요소인 믿음, 그리스도와의 연합(칭의와 성화), 하나님의 섭리 등에 기초하면서, 동시에 자기 부정(십자가 지기와 내세 묵상), 그리스도인의 자유, 기도 등을 포함한다.

에드워즈의 경건의 신학은 마틴 로이드존스의 표현을 빌어서, "불타는 신학"(theology on fire)을 추구한다.[117] 에드워즈가 "거룩한 정서는 빛없는 열이 아니"라고 했듯이 참된 정서와 영적 지식의 상관성을 강조한다. 여기서 주목할 에드워즈의 탁월성은, 거룩한 정서는 빛과 열의 총체성을 통해서, 경건한 신학의 총체성도 지적한 것이다. 따라서 신앙 정서에서 지식이 없다면 공허할 수밖에 없다(120).

이처럼, 칼뱅과 에드워즈에게 있어 신학이란 사변적이지 않고, 경건과

---

116 칼뱅의 신학과 경건의 밀접성에 관해서는 Joel Beeke, "Calvin on Piety," 125, 145를 참고하라.

117 물론 로이드 존스는 에드워즈의 설교론에 대해서 이런 '빛과 열'의 통합성을 설명했지만, 궁극적으로 에드워즈의 경건의 신학과 그것의 실천 무대인 설교에서 이런 '불붙는 신학'의 특징이 잘 드러난다.

신학이 불가분하며, 궁극적으로 경건을 추구하는 '경건의 한계 속에 있는 신학'을 지향한다.

전방위적 경건의 신학: 개인과 공공신학의 총체성(holism)

칼뱅과 에드워즈의 경건의 신학의 특징의 결정적 특징으로 전방위적 총체성이다. 이런 점에서 칼뱅의『기독교강요』는 신학과 신앙만이 아니라, 개인 신앙과 공공 신학의 총체성이 드러난다.[118] 또한 에드워즈의『신앙정서론』에서도 이중적인 총체성을 보여 준다. 먼저 삼중적 경건의 신학을 보여 주는데, 정서적이고 삼위일체적이고, 실천성을 드러낸다. 또한 단순히 경건의 신학에 머물지 않고, 미학과 윤리를 아우르는 교향곡적(삼중적)이고 총체적인 경건의 신학을 보여 준다. 이런 점에서 그의 경건의 신학은 "실천적이고 열정적인 신학"을 보여 준다고 할 수 있다.[119] 한마디로, 두 인물의 경건의 신학은 성도의 경건의 전방위적·총체성을 추구한다.

삼위일체 하나님 중심적이며 송영적 경건의 신학

칼뱅의『기독교강요』는 사도신경을 뼈대로 하는 삼위일체 구조이다. 아울러 칼뱅에게 경건의 최고 목적은 하나님 영광과 주권이다. 에드워즈 경건의 신학도 성령에 기초하며(적극적 표지 첫 번째), 성부 하나님과 성자 예수님 중심이며(적극적 표지 두 번째), 하나님의 아름다움과 거룩하심에 기초하는 경건의 신학을 보여 준다(적극적 표지 세 번째, 열 번째). 또한 이런 삼위일체적인 경건의 신학은 에드워즈 자신이 인격적으로 만난 자서전적 고백

---

118 Joel Beeke, "Calvin on Piety" ; McKee, "Spirituality."
119 이것은 에드워즈의 '빛과 열'의 균형과 통합의 원리다. 이런 신앙과 지성의 통합에 대한 모델로 다음을 참고하라. Alister McGrath, *The Passationate Intellect : Christian Faith & the Discipleship of the Mind* (Dowers Grove: IVP, 2010); Ellen T. Charry, *By Renewing of Your Minds: The Pastoral Fucntion of Chritian Doctrine* (Oxford: OUP, 1997).

이기도 하다.[120] 주목할 점은 이런 삼위일체적 측면은 결국 삼위일체 하나님에 대한 송영의 측면을 동시에 보여 주기도 한다는 것이다.[121]

지혜(sapiential)의 경건의 신학[122]

마지막으로, 칼뱅과 에드워즈의 두 작품에서 나타난 경건의 신학의 특징은 분별과 지혜이다. 단순히 사변적인 신학에 그치지 않고, 성경에 기초하는 실제적인 적용에 주목한다. 먼저 칼뱅은 당시 종교개혁 시대의 성도들에게 가톨릭과 이단이 가르치고 있는 당시 시대 상황 가운데 『기독교강요』를 통해서 '경건의 신학의 종합이자 안내서'를 제공하여, 분별과 실천의 '지혜의 신학'을 제시한다. 또한 이런 지혜의 신학은 에드워즈도 18세기 미국 뉴잉글랜드의 교계의 참된 부흥과 경건에 대한 혼돈과 분열 속에서, 성도들에게 분별의 지혜를 제시했던 에드워즈의 통찰이자 영속적 공헌이기도 하다. 이런 의미에서 『기독교강요』와 『신앙정서론』에서 나타난 경건의 신학은, 성도들이 제자로서 경건과 분별을 위한 지혜의 경건의 신학이다.

---

120 그는 디모데전서 1장 17절의 말씀("영원하신 왕 곧 썩지 아니하고 보이지 아니하고 홀로 하나이신 하나님께 존귀와 영광이 영원 무궁하도록 있을지어다 아멘")을 통해서 인격적으로 하나님을 만나고, 자주 개인적 묵상과 기도 중에 이런 은혜를 체험한다. "Personal Narrative," *A Jonathan Edwards Reader*, eds. John Smith et al(New Haven: Yale UP, 1995), 283-4. 그의 삼위일체론에 대해 다음을 참고하라. Michael McClymond & Gerald McDermott, "God as Trinity," *The Theology of Jonathan Edwards*(Oxford: Oxford UP, 2012), Michael McClymond & Gerald McDermott, 193-206; William Danaher, Jr., *The Trinitarian Ethics of Jonathan Edwards*(Louisvill: Westminster John Knox, 2004), Amy Plantinga-Pauw, *The Supreme Harmony of All: The Trinitarian Theology of Jonathan Edwards*(Grand Rapids: Eedermans, 2002).

121 신학의 송영(doxology)과의 관계에 대해서는 다음을 참고하라. "Every dogmatics ought to be in full accord with and a part of the doxology sung to God by the church of all ages." Herman Bavinck, *Reformed Dogmatics: Prolegomena* (Grand Rapids: Baker, 2003), Vol.1, ed. John Bolt, 86; Kevin Vanhoozer, *Pictures at a Theological Exhibition: Scenes of the Church's Worship, Witness and Wisdom* (Downers Grove: IVP Academic, 2016).

122 이 점에 대해서는 다음을 참고하라. Kevin Vanhoozer & Dan Treier, *Theology and the Mirror of Scripture: A Mere Evnagelical Account* (Downers Grove: IVP, 2015), K. Vanhoozer, *Pictures at a Theological Exhibition: Scenes of the Church's Worship, Witness and Wisdom*.

이상에서, 본 논문는 장 칼뱅의『기독교강요』와 에드워즈의『신앙정서론』을 통해서 경건을 추구한 '경건의 한계 속의 신학'을 살펴보았다. 칼뱅의『기독교강요』는 "신학의 종합이기보다 경건의 종합"이라 불린 것처럼, 그의 경건의 신학은 중요한 신학적 요소인 믿음, 그리스도의 연합(칭의와 성화), 하나님의 섭리 등에 기초하면서, 동시에 자기부정(십자가 지기와 내세 묵상), 그리스도인의 자유, 기도 등을 포함한다. 한편 에드워즈는『신앙정서론』에서 교향곡적 삼중성의 경건의 신학, 즉 정서와 삼위일체 하나님 중심성, 실천성을 보였다. 본 논문에서 주장된 칼뱅과 에드워즈의 '경건의 한계 속의 신학'이 영적 혼란의 시대에 분별과 지혜를 제공하는 이중적 치유제의 역할을 제시한다. 한편으로는 종교개혁 500주년을 지나면서 기독교 본질에 다시 주목하는 세계 교계와, 다른 한편으로는 가까이 21세기 한국 교계의 신앙과 신학의 골룸화 현상을 치료하는 해독제요 안내자가 되길 바란다.

제롬이 말했듯이, 그가 바울의 서신서를 읽을 때마다 천둥을 들을 수 있었다고 했다. 똑같은 천둥이 종교개혁자들의 작품 속에도 울린다. 현대 신학자들은 이러한 용기 있는 그리스도인들의 메시지를 새롭게 경청해야 할 것이다. _

티모시 조지[123]

---

[123] Timothy George, *Theology of the Reformers* (Nashville: Broadman Press, 1988), 7; 번역은 필자의 것.

참고문헌

1. 장 칼뱅 관련

칼빈, 존. 『기독교 강요』(상. 중. 하). 김종흡 외 공역. 생명의 말씀사, 2009; Calvin. John. *Institutes of the Christian Religion*, 1. 2. Editor John McNeill, Trans. by Ford Battles, Philadelphia: Westminster P.

Beeke, Joel. "Calvin's Piety." *The Cambridge Companion to John Calvin*. Cambridge: Cambridge UP, 2004, 125–152

Hesselink, John. "Calvin's Theology." *The Cambridge Companion to John Calvin*. 74–92

McKee, Elsie. "Spirituality." *The Calvin Handbook*, ed. by Herman Selderhuis. Grand Rapids: Eerdmans, 2009, 465–472.

Wallace, Ronald S. Calvin, *Geneva & the Reformation: A Study of Calvin as Social Reformer, Church Pastor, and Theologian*. Eugene: Wipf & Stock, 1998.

갓프리, 로버트. 『칼뱅: 순례자와 목회자』. 서울: 부흥과개혁사, 2009.

린드버그, 카터, 편집. 『종교개혁과 신학자들』. 서울: CLC, 2012.

에드가, 윌리엄. "윤리: 칼뱅에 따른 그리스도인의 생활과 선행." 『칼뱅의 기독교강요 신학』. 데이비드 홀과 피터 릴백 편집. 서울: CLC, 2009, 410–443.

파커, T.H.L. 『칼뱅 신학 입문』. 서울: 크리스찬다이제스트, 2004.

호튼, 마이클. 『칼뱅이 말하는 그리스도인의 삶』. 서울: 아바서원, 2016.

2. 조나단 에드워즈 관련

WJE 2: Religious Affections. Ed. John E. Smith. New Haven: Yale UP, 1969; 『신앙 감정론』. 존 스미스 편집. 정성욱 역. 서울: 부흥과개혁사, 2005.

Jenson, Robert W. American Theologian: A Recommendation of Jonathan Edwards. New York: Oxford UP, 1988.

Lee, Sang Hyun. The Princeton Companion to Jonathan Edwards. Princeton: Princeto UP, 2006.

Marsden, George M. Jonathan Edwards: A Life. New Haven: Yale UP, 2003; 『조나단 에드워즈 평전』. 조지 마스던. 한동수 역. 서울: 부흥과개혁사, 2006.

McDermott, Gerald R. & M. McClymond. Eds. The Theology of Jonathan Edwards. Oxford: Oxford UP, 2012.

Miller, Perry. Jonathan Edwards. Amherst: U of Massachusetts P, 1981.

Ortlund, Dane C. Edwards on the Christian Life: Alive to the Beauty of God. Wheaton: Crossway, 2014.

Stein, Stephen J. Ed. The Cambridge Companion to Jonathan Edwards. Cambridge: Cambridge UP, 2007.

스미스, 존. "『신앙감정론』 이해를 위한 길잡이 글". 『신앙감정론』. 존 스미스 편집. 정성욱 역. 서울: 부흥과개혁사, 2005. 15-129.

심현찬. "아름다움의 관점에서 본 조나단 에드워즈의 경건과 부흥의 삼중성. 『퓨리 턴 신학과 한국교회의 전망』 (2015 퓨리턴 컨퍼런스 발제 논문). 90-149.

_____. "조나단 에드워즈의 교향곡적 신학적 지식론: 『신앙정서론』에 나타난 에드 워즈의 정서적, 삼위일체적, 실천적인 삼중성의 신학적 지식론". (2016 서울 퓨리턴 컨퍼런스 논문집). 79-131.

Appendix 1

Jonathan Edwards:
A Theologian for the Academy
and the Church

Prof. Alister McGrath

Jonathan Edwards:
A Theologian for the Academy and the Church

Prof. Alister McGrath[1]

Abstract : After considering the development of Edwards' career, especially his involvement in the Great Awakening, this lecture considers the renewed theological interest in Edwards in the last forty years, focussing on his doctrine of the Trinity, his engagement with 'religious affections', and his strong sense of the pastoral importance of theology. The lecture then turns to consider the renewed interest in Puritan writers in contemporary preaching and spirituality, focusing on writings such as J. I. Packer's classic work *Quest for Godliness*, before looking at the importance of Edwards in this respect, focussing on the writings of John Piper.

It is a great pleasure to be with you in Korea, and to speak to you about the continuing significance of the great American Puritan writer Jonathan Edwards. There is a continuing high level of interest on the part of scholars and ministers in the writings of Edwards, which have much to offer us as we reflect on the nature and vitality of the Christian faith, and its application to ministry, preaching, spirituality,

---

1 Andreas Idreos Professor of Science and Religion, University of Oxford, UK; Director of the Ian Ramsey Centre for Science and Religion; Fellow of Harris Manchester College; This paper was presented in '2019, 7th Jonathan Edwards Conference, Korea' as a keynote speaker.

and apologetics. In this lecture, I hope to explore some themes of interest in those writings, and make some connections with the challenges and opportunities that we face. But first, I need to reflect a little on what it means to speak of Edwards as a 'Puritan' writer.

As I am sure you know, the term 'Puritan' is notoriously difficult to define, this difficulty reflecting the fact that it originated as a term of stigmatization used uncritically in a wide variety of social contexts over a long period of time. As early as 1565, Catholic exiles from Elizabethan England were complaining of the 'hot puritans of the new clergy.' Intensive study of Puritanism in the period preceding the English Civil War have generally concluded that Puritanism was not a well-defined movement, consisting of a loose association of overlapping groups of people who had various degrees of hostility to the Church of England, and various reasons for feeling alienated. Perhaps the most important of these was a sense that their moral and spiritual concerns were inadequately fulfilled by the state Church of England.

Many scholars now see English Puritanism as a form of Reformed theology which laid particular emphasis upon both the experiental aspects of faith and the divine sovereignty in election – in other words, what some scholars would call an 'experiential predestinarianism'. There were, of course, close connections between English Puritans and continental Reformed theology is well known. Nevertheless, the English context appears to have given rise to a specific form of the Reformed theological vision with an emphasis on pastoral practice and the correlation of theology and human experience. This aspect of Puritanism led some earlier scholars to treat it as if it were a form of Pietism. It is certainly true that Puritan writers such as William Perkins had a concern for the development of an authentic piety through a 'religion of the heart' – but this must not be allowed to imply any theological alignment with those formally known as 'Pietists', whose experiential theology and emphasis on a 'living faith' often led them to react against Orthodox theological formulations.

Although English Puritanism never quite recovered from the failure of the

Puritan Commonwealth under Oliver Cromwell and the restoration of the monarchy under Charles II, it remained a significant presence in England during the 1660s and 1670s. Richard Baxter remarked that half of London's population attended nonconformist services on Sundays in the late 1660s. While Puritanism was a significant force in England in the late sixteenth century and throughout the seventeenth, however, many would argue that it would have its greatest impact in North America. The tensions between Anglicanism and Puritanism in England led to an exodus of pilgrim fathers to the American colonies. In 1620 the Pilgrim Fathers sailed from Plymouth. Before they left, the great Puritan theologian John Robinson preached a sermon to those about to leave for the New World aboard the *Mayflower*, depicting the pilgrims as spiritual and theological pioneers, exploring the new world of the Americas on the one hand, and the new insights they would find in the Bible as they sought to plant the kingdom of God there. 'I am verily persuaded the Lord hath more truth yet to break forth out of His Holy Word.'

Between 1627 and 1640 some 4,000 individuals made the hazardous crossing of the Atlantic Ocean, and settled on the coastline of Massachussets Bay. For them, America was the promised land, and they were the chosen people. They saw themselves as having been expelled from their Egypt by a cruel Pharaoh and led by God to settle in a new land flowing with milk and honey. Unhindered by an established forms of religion, Puritanism was able to achieve a substantial presence and social influence in Massachussets and Rhode Island, developing its own distinct ecclesial practices. Whereas the 'evangelical revival' in England largely arose out of the Pietist tradition, Puritan preachers such as Jonathan Edwards – the subject of this lecture – played a significant role in the 'Great Awakening' in North American around the same time.

By the end of the first quarter of the eighteenth century, however, it seemed to many that New England Puritanism had lost its way. Growing material prosperity in the American colonies brought with it an indifference to faith. One of the most distinctive features of North American Protestant Christianity is the phenomenon of the 'Awakening'. To date, three waves of 'Awakenings' have been documented (although some scholars recognize a fourth), each leading initially to religious renewal, and subsequently to social change. In this lecture, I will focus on the first and most famous of these waves of renewal, widely known as the 'Great Awakening', which took place in New England in 1734. Sociologists have noted how such religious revivals revitalization often originate in times of cultural stress and uncertainty, and lead to radical social reform and transformation. An 'Awakening', though primarily religious in nature, had the capacity to energize culture as a whole.

Introducing Jonathan Edwards

So let us consider the background against which the 'Great Awakening', took place, and the role that Jonathan Edwards played in it. By 1700, American Protestantism appeared to be stagnant. The first generation of Puritan immigrants from Europe had strong religious motivations which were not always shared by their children. Church membership began to decline. Increased immigration from Europe led to the middle Atlantic states become religiously diverse to an extent without parallel anywhere else, raising awkward questions about earlier Puritan visions of a 'holy commonwealth'. More significantly, a series of scandals rocked the credibility of Puritan institutions. The worst of these was the Salem Witch Trials of 1693, instigated by the clergy of that town, which led to the execution of 19 people. Governor Sir William Phips eventually put an end to the hysteria, which had seriously diminished the standing and reputation of the clergy of the area.

To appreciate the significance of the 'Great Awakening', we need to realize how Protestantism in New England in the early eighteenth century seemed to be in terminal decline. Tensions began to emerge within New England Puritanism over the question of church membership. In the early seventeenth century New England congregations generally had a policy of admitting to full membership only those individuals who could provide a narrative of personal conversion. As the century progressed, fewer and fewer individuals could testify to such an experience. Yet most individuals wanted some connection or association with the church, not least on account of the close ties between church membership and citizenship in many communities. They wanted, for example, to have their children baptized, or to have a Christian burial service.

As church attendance began to decline, tensions emerged between those who wanted to maintain religious purity at any cost, and those who believed that the churches could only survive by broadening their membership base through adopting less strict criteria. A compromise was reached in the form of a 'half-way' covenant, by which those prepared to accept formally the truth of Christianity and the moral discipline of the church could have their children baptized. The result of this idea of a 'half-way covenant' was perhaps inevitable. By the beginning of the eighteenth century a large proportion of church members were 'nominal' or 'half-way' Protestants. They might attend church, and have their children baptized; they might recognize Christianity as true and morally helpful – but they were basically unconverted. Identifying as Christian and attending church were viewed as routine aspects of American society. Being baptized and attending church were seen as social and cultural duties.

The pastors of such congregations themselves often seemed to lack any personal faith. Although generally well-educated, they lacked any sense of the real relevance of the gospel. Increasingly, Christianity came to be viewed in purely moral and social terms. The English preacher George Whitefield, while visiting North America in the 1720s, summarized the situation as he saw it in the following terms:

I am greatly persuaded that the generality of preachers talk of an unknown, unfelt Christ. And the reason why congregations have been so dead is because dead men preach to them.

It seemed that Puritanism was in the process of becoming what we would now call the 'civil religion' of New England, whose primary functions were social and moral, rather than theological or spiritual. Yet signs of change began to emerge as early as 1727. Theodore Freylinghausen, a Dutch pastor ministering to a congregation in the Raritan Valley of New Jersey, began to notice evidence of revival. Signs of new growth began to appear in a broad sweep of territory from New Jersey to Pennsylvania and Virginia. Yet our attention focusses on the year 1734, in which an extraordinary series of events took place in Northampton, Massachussets, in response to the preaching of the man now widely regarded as one of the greatest and most influential American theologians – Jonathan Edwards.

So let me remind you of the main landmarks in Edwards' life. Edwards was born at East Windsor, Connecticut, on 5 October 1703. His father was a local pastor, under whose ministry a series of revivals would take place in the 1720s. In September 1716 Edwards entered Yale College, New Haven (now Yale University), where he later served as tutor from 1724 to 1726. When he was around seventeen years of age, Edwards underwent a conversion experience. As he read 1 Timothy 1:17, he was overwhelmed by a sense of God's greatness and glory. 'As I read the words', he wrote later in his personal journal, 'there came into my soul, and it was, as it were, diffused through it, a sense of the glory of the divine Being; a new sense quite different from anything I ever experienced before.'

In 1726 Edwards resigned his post at Yale to become a pastor at Northampton, serving as the colleague of his maternal grandfather, Solomon Stoddard. Stoddard was widely regarded as the leading spiritual authority in the Connecticut Valley – so much so, in fact, that people were prone to call him 'Pope Stoddard' behind his back. Edwards was ordained on 15 February 1727, aged 23. In July of the same year, he married Sarah Pierrepont, with whom he had been in love for some considerable time. Stoddard died in February 1729, leaving Edwards in charge of one of the most important churches in the area. Reflecting on his ministry during those two years, Edwards noted a general lack of interest in religion in Northampton which, like virtually all of colonial North America, 'seemed to be at that time very insensible of the things of religion and engaged in other cares and pursuits.'

That situation changed at Northampton, radically and suddenly, in the winter of 1734-5. The final weeks of 1735 witnessed several suddent conversions.The revival continued into the new year, reaching its peak during the months of March and April 1735. Most households in the town were affected, with perhaps as many as three hundred individuals experiencing conversion. Christianity, once something strange, distant and external, became something inward, vital and real. Edwards published accounts of the events at Northampton in the form of a book, which drew international attention to the awakening. Between 1737 and 1739 the book went through three editions and twenty printings.

In a letter of December 12, 1743, Jonathan Edwards wrote to Thomas Prince in Boston, relating his memories of the events of that remarkable period, including a series of four sermons preached by George Whitfield, recently arrived from England. Let me read you a few lines from this letter.

He preached here four sermons in the meeting-house (besides a private lecture at my house)-one on Friday, another on Saturday, and two upon the Sabbath. The congregation was extraordinarily melted by every sermon; almost the whole assembly being in tears for a great part of sermon time.

As the evangelical revival gathered momentum in North America and England, the happenings at Northampton were seen as the harbingers of that dawn. As the revival continued in New England, it was given a new sense of direction by Whitefield and others. Edwards found that he was no longer at the forefront of the revival movement. He was also troubled by divisions within his congregation at Northampton, particularly over matters of church discipline. He moved to minister to a congregation at Stockbridge, where relatively light parish duties allowed him to write a series of major theological works which gave intellectual muscle to New England Puritanism. In 1757, his reputation as a scholar firmly established, in 1757 Edwards was invited to become the third president of the College of New Jersey, Princeton (now Princeton University). Following an unsuccessful inoculation against small-pox, he died at Princeton on March 22, 1758. I am sure that some of you here today have visited his grave in the local cemetery.

The Significance of Edwards: The Trinity

That, then, is a brief account of Edwards' life. Much more needs to be said, but I think I have given you a good idea of his historical context. So why is Edwards so significant? What can we learn from him? As the large number of academic monographs and articles published on Edwards makes clear, he is seen as being of significant theological importance – especially within the Reformed theological tradition, even though his influence extends far beyond that tradition. Yet Edwards has secured a wider readership. Influential North American popular writers such as J. I. Packer and John Piper have developed sophisticated approaches to preaching, spirituality, and personal spiritual growth which are clearly based on Edwards' approaches. In this lecture, I want to honor these two constituencies, and consider Edwards' importance for both the academy and the church.

Intellectual historians recognize the complexity of Edwards' ideas, and often present him as offering a synthesis of traditional Puritan piety, an Enlightenment belief in the potential of the human will, and an almost mystical appreciation of natural beauty. Edwards' unusual combination of scientific rationalism and a living faith has generated a scholarly debate about whether Edwards should be understood as the last great Puritan or the first American Romantic. It is as if Edwards holds together aspects of seventeenth-century Puritan culture and eighteenth-century Enlightenment ideals. I personally do not think that Edwards is being inconsistent in doing so. I think he has a richer vision of both Christian theology and cultural engagement than many at the time, and that we can learn from engaging him. Edwards placed an emphasis on the importance of religious affections; yet he also stressed the rationality of faith, and did much to encourage theological engagement with the forms of philosophy that were influential in America at this time. Some scholars see this as an historical accident. Edwards happened to minister at a time when a Pietist emphasis on a religion of the heart was being displaced by a rationalist emphasis on a reasonable faith. He combined both because of his historical location. I do not consider this to be persuasive. Edwards saw these aspects of the Christian faith as interconnected, and mutually enriching – in much the same way as C. S. Lewis held together reason and the imagination in a rich and deeply satisfying synthesis.

So let me begin with a thoroughly theological topic: the doctrine of the Trinity. This doctrine plays a central role in Edwards' theology, preaching, and spirituality. In the twentieth century, of course, we have seen a revival of interest in this doctrine, partly as a result of the theological program of Karl Barth, which continues in the twenty-first century. It is too easy for us to forget that the doctrine of the Trinity was generally seen as a theological and pastoral irrelevance by many in the eighteenth and nineteenth centuries. Most leading English theologians of the seventeenth century seem to have held on to the doctrine of the Trinity out of respect for tradition, while privately conceding that it seemed irrational in the light of the growing emphasis upon the 'reasonableness of Christianity', and that it seemed to provide little in the way of spiritual or theological benefits. While simplifications are dangerous, defence of this doctrine seems to have been seen as being little more than a formal expectation on the part of orthodox theologians.

Why is this observation important? Because the doctrine of the Trinity provided an intellectual framework that safeguarded an active conception of God, providing a bulwark against a reduced generic notion of divinity which limited God's action to the creation and ordering of the world. The twentieth-century theologian

Emil Brunner spoke of the Trinity as a 'security doctrine (*Schutzlehre*)', protecting Christian theology against deficient notions of God. Protestant theologians of the late seventeenth and early eighteenth century tended to adopt an essentially deist notion of God in their public defence of Christianity. Having set to one side an incarnational notion of God entering into the world, and any notion of the Holy Spirit as God's activity within the world, they were left with the notion of a God who designed and created the world, and thereafter ceased to be involved in it. These views were widespread at Harvard College – later to become Harvard University – which trained Reformed clergy for ministry in the New England area.

A disinterest in the doctrine of the Trinity seems to be linked with a focus on God as creator. This is perhaps seen most clearly in the writings of the English theologian William Paley. In his *Natural Theology* (1802), Paley speaks of God as someone who designs and creates – but had no further involvement with the natural order. Paley was fascinated with the intricate structures of the human body and other biological organisms; nevertheless, he interpreted this in terms of God's past activity, which was taken to imply God's continuing existence. Paley's lack of interest in the concept of the Trinity – which, it must be noted, was representative of his age – reflected his concept of God, which minimized any ongoing divine presence and activity within the world. Edwards, in contrast, knew of God's work of conversion and revival in the 'Great Awakening', and realized the need for an alignment of our intellectual reflection about God with the evidence of divine activity and presence in those great events of 1734, as well as the biblical witness to the nature and action of God.

While the Trinity was not the primary focus of any of Edwards's major polemical treatises, Trinitarianism was nonetheless evident throughout both his theological and philosophical works. In common with many Reformed theologians of his age, Edwards recognized that the Bible did not explicitly develop the concept of the Trinity, nor did it develop an extensive Trinitarian vocabulary. Yet Edwards argued that it was necessary to go beyond the Bible's vocabulary in order to do justice to the rich vision of God it unfolds.

Today, of course, the doctrine of the Trinity has again become central to Christian theological discourse. The work of theologians such as Karl Barth and Karl Rahner has led to a major exercise of theological retrieval, in which the doctrine of the Trinity has been reaffirmed, along with its implications for divine action and presence within the world. Christianity has always known and affirmed God as one who acts within the world. The emergence of the Pentecostal movement in the twentieth century represents a further correction of inadequate ways of conceiving God.

So how does Edwards help us here? As writers such as Robert Jenson and others have shown, Edwards offers us an important resource as we continue to reflect on the biblical foundations of the doctrine of the Trinity, its importance in theological reflection today, and above all the importance of the doctrine for preaching and spirituality. Later in this lecture, I will reflect on John Piper's high regard for Edwards, focussing on the theme of 'desiring God'. But let me quote from Piper's little book *Think*, published in 2011, in which he speaks about the way in which Edward's theology of the Trinity spoke to him.

One of the gifts Edwards gave to me, which I had not found anywhere else, was a foundation for human thinking and feeling in the Trinitarian nature of God. I don't mean that others haven't seen human nature rooted in God's nature. I simply mean that the way Edwards saw it was extraordinary. He showed me that human thinking and feeling do not exist arbitrarily; they exist because we are in the image of God, and God's 'thinking' and 'feeling' are more deeply part of his Trinitarian being than I had realized.

I want to emphasize the importance of holding on to a Trinitarian vision of God, and affirming Jonathan Edwards as a pastorally-engaged thinker who has much to say on this theme. In the United States, there are good reasons for thinking that a generalized and generic deism – similar to that of the eighteenth century 'Age of Reason' – is gaining a new acceptability, for political reasons. The American sociologist Robert Bellah's observations about the emergence of 'American civil religion' during the 1960s should be noted here. The phenomenon of civil religion requires maximum commonality, which in turn leads to an emphasis on the 'lowest common denominator' of religions and a corresponding de-emphasis of the distinctive features of – for example – a Trinitarian concept of God. This 'civil religion' allows Christianity, Judaism, and Islam to be positioned within a common theological matrix that maximizes. social inclusivity.

This is not a cultural innovation, in that one of the original motivations for embracing a minimalist deism in seventeenth and eighteenth-century Europe was its potential for maximizing religious and social cohesion within religiously divided contexts. This 'civil religion' prefers to think of God as a moral legislator, rather than as someone who actively intervenes in the natural or social processes. The situation in Korea is not the same as in the United States at this point. However, there is another development within American popular culture which I think is important to you here in Korea – the growing trend towards what some have called a 'moralistic therapeutic deism' on the part of some younger Christians. This phrase was introduced by the American sociologists Christian Smith and Melina Lundquist Denton in 2005 to refer to an understanding of religion as a positive moral and therapeutic factor in life tends to marginalize the creedal and theological dimensions of faith, and speaks of God primarily in terms of enhancing the quality of life. Edwards, as we shall see, was a passionate advocate of God's role in transforming and fulfilling human existence – but saw this as being linked with a robust and distinctive vision of the nature of God, which was safeguarded and expressed in the doctrine of the Trinity.

Edwards and the Challenges of Modernity

Of Edwards' many contributions to Christian theology, I want to single out for discussion here his response to the challenge posed to the proclamation of the gospel by the rise of modern culture. Eighteenth-century New England saw the birth of attitudes which are now commonplace among many in North America and beyond, including Korea. One of those is the phenomenon of the 'self-made man'. In his *Americanization of Benjamin Franklin* (2004), the historian Gordon Wood identifies Benjamin Franklin, who lived a generation after Edwards, as second only to George Washington in shaping the cultural norms of this new nation. So what was Franklin's 'big idea'? For Wood, it was simply this: the idea that a man could make his own fortune in the world, regardless of his social origins or status, if he worked hard enough. Franklin's own description of his rise to fame and prominence left ample room for the contribution of other people and even God. But later editions of Franklin's autobiography altered his statements to make Franklin an image of the self-made man. Here is the edited sentence, which captured the imagination of countless people in America, and remains iconic for many throughout the world today. It presents Franklin as someone who set out, unaided, to transcend himself.

> From the poverty and obscurity in which I was born, I have raised myself to a state of affluence and some degree of celebrity in the world.

Jonathan Edwards could discern this outlook developing, even in his own day. It left no room for the grace of God. It did not acknowledge our sinfulness. It was a Pelagian ethic of self-achievement. You know this attitude today in Korea! So what does Edwards do to counter such an attitude? I shall pick up on some points that Edwards made during his sermons preached around the time of the 'Great Awakening,' in which he offers theologically-informed criticism of cultural attitudes

– such as the phenomenon of civil religion, and the concept of the self-made man..

Let's begin with the issue of civil religion, which began to emerge (though not by that name) in America around this time. This arose in part from the 'half-way' covenant, which encouraged congregations to admit nominal Christians. In his church at Northampton, Edwards encountered a large number of individuals who had been baptized for the sake of social convention, and who viewed attending church as a civil duty. The idea that they were somehow 'sinners' seemed offensive to such upright citizens. They were 'half-way' to faith. But how could they be taken the remainder of the way? How could they be convinced of sin, and of the need for repentance and conversion?

In a series of sermons, Edwards mounted a vigorous attack on the religious pragmatism of his day. God is not impressed by human achievements. He does not take them into account in his verdict of justification. The judgement of the world, of American society (whether it happens to be that of eighteenth-century Northampton or modern New York), must give way to the judgement of God. For in the end it is what God makes of us that counts, not what the prevailing social or moral conventions affirm. God judges the believer to be righteous, not on account of the *believer's* achievements, but on account of what *Christ* achieved on the cross.

Edwards thus insists upon the reality of human sin, a theme he would return to and develop at length in his major writing *Original Sin*. To 'half-way' Christians, the very idea of sin was offensive. Many members of Edwards' Northampton congregation seem to have confused conformity to social expectations with 'righteousness'. For such people, being described as 'a sinner' meant 'being a bad neighbor', 'being caught in an adulterous relationship', or 'adopting unacceptable business practices'. Sin had degenerated into a social flaw; its reference to a relationship with God was lost.

Edwards protests powerfully against this trend. All human beings, he argues, have fallen short of the glory of God. They may conform to social conventions (at least some of the time) – but that is not the same thing as being righteous before God.

It is perfectly possible to be an upright and respected citizen (or at least to be thought of in this way), while at the same time being deeply alienated from God. All of us, he insists, share an 'innate sinful depravity of the heart'. Without this awareness of the reality and power of sin, redemption loses its relevance. The weaker your idea of sin, the more impoverished is your understanding of salvation. If sin is understood socially, redemption comes to mean little more than being enabled to take a proper place in society. God is left out of the matter altogether. Society and its values come to take the place of God. Edwards' Northampton congregation had a seriously deficient understanding of sin, with a correspondingly inadequate understanding of redemption.

Theological Retrieval: Reclaiming the Riches of the Past

Let me turn now to a theme which is important in relation to Edwards – the concept of theological retrieval. This phrase is now widely used to refer to the project of drawing on the church's historical theology and practice for contemporary constructive purposes. It is about reaching into our past, and finding ideas and practices that can inform and enrich theology and ministry today. Many today have found that the Puritan legacy has the capacity to bring a new quality and depth to their theology and pastoral ministry. So I am going to speak for a while about this interest in retrieving the Puritan legacy in general, considering how the theologian J. I. Packer developed an interest in this field, with particular reference to his well-known books Knowing God and A Quest for Godliness; and then consider how Packer and John Piper use Edwards in particular in developing their approaches to preaching and spirituality.

Let me begin with J. I. Packer, who was converted while a student at Oxford University in October 1944. Packer was an intelligent and reflective person, who soon began to encounter difficulties in growing in his faith. He was unable to deal with the ongoing presence of sin in his life. So what should he do? Packer realized that needed a theological framework within which he could position and understand his spiritual struggles – and so find a solution to them. Packer's answer came to him unexpectedly a year after his conversion, when he was asked to curate a collection of old books that had been given to the Oxford Inter-Collegiate Christian Union by C. Owen Pickard-Cambridge, a former missionary in Japan, which includes the works of the leading Puritan thinker John Owen.

Two of Owen's treatises seemed to address and illuminate his own spiritual anxieties: 'On Indwelling Sin' and 'On the Mortification of Sin'. As Packer read these works, he realized that they seemed to speak to his condition. Here, he believed, was a theologically serious and pastorally rooted approach to the problems of the Christian life, which could be part of his emerging evangelical vision of faith. It was a theological epiphany, which opened his eyes and his mind to a viable and defensible way of understanding and living out the life of faith. It has remained at the heart of Packer's spirituality and theology ever since. His Oxford doctorate explored the theology of salvation of the Puritan writer Richard Baxter, which Packer found particularly interesting.

Packer's 1945 discovery of the personal spiritual value of the writings of John Owen clearly came as a surprise to him. Confronted with an inadequate twentieth-century response to an age-old problem, his initial instinct might have been to look around for another recent response that seemed more palatable or workable. Yet Packer's accidental encounter with the Christian past helped him to realize that most questions arising from the Christian faith have been engaged in the past. So might some of those classic responses remain helpful today, capable of guiding and informing our own thinking? Packer maintained and developed this strategy of critical appropriation and retrieval throughout his career, seeing himself as someone who garnered riches from the pasturelands of the past in order to make them intelligible and accessible to a new readership today. Here is how he described his own approach to theology in 1996:

I theologize out of what I see as the authentic biblical and creedal mainstream of Christian identity, the confessional and liturgical 'great tradition' that the church on earth has characteristically maintained from the start.

For Packer, 'keeping regular company with yesterday's great teachers' – such as the Puritans – helps us to open our eyes to wisdom that might otherwise be denied to us.

Packer's understanding of the ongoing relevance and value Puritanism for contemporary Christian living was set out in his landmark work *A Quest for Godliness: The Puritan Vision of the Christian Life* (1990). This important and influential work is based on lectures Packer delivered to the Puritan and Reformed Studies Conferences in London, mainly during the late 1950s and early 1960s, in which he set out to describe the Puritan vision of the Christian life, and to embed this in today's church. Packer identified the essence of Puritanism as lying primarily in its vision of the transformation of humanity leading to spiritual 'maturity' – an amalgam of wisdom, goodwill, resilience, and creativity. It was at heart 'a spiritual movement, passionately concerned with God and godliness.' Although this vision was rigorously grounded in theology, it was essentially an experiential (or, to use the language of that past age, an experimental) religion. 'Puritanism was essentially an *experimental* faith, a religion of 'heart-work', a sustained practice of seeking the face of God, in a way that our own Christianity too often is not.'

Packer's own spirituality – expressed in writings such as *Knowing God* (1973) – echoes some of the themes that he finds in the Puritans. As he later reflected, the Puritans 'made me aware that all theology is also spirituality, in the sense that it has an influence, good or bad, positive or negative, on its recipients' relationship or lack of relationship with God.' Although Puritan spirituality is sometimes portrayed by its critics as other-worldly, inattentive to the problems and concerns of everyday life, Packer points out that this judgement is somewhat hasty and unperceptive. 'The Puritans' awareness that in the midst of life we are in death, just one step from eternity, gave them a deep seriousness, calm yet passionate, with regard to the business of living.' While insisting that we should have heaven 'in our eye' throughout our earthly pilgrimage, they insisted that this 'hope of glory' must both inform and sustain our earthly life, affecting our relationships with others, and our attitudes to the world around us. They viewed this life as 'the gymnasium and dressing room where we are prepared for heaven,' teaching us that preparation for death is the first step in learning to truly live.

Packer was especially appreciative of the strong links between theology and spirituality which he found in Puritan writers, including Jonathan Edwards. Packer, like many spiritual writers, welcomed Edwards' emphasis on the religious affections as a necessary corrective to any form of dry, cerebral orthodoxy. In my view, Packer's finest and most focused statement of his views on the relation of spirituality and theology is to be found in his inaugural lecture as the first Sangwoo Youtong Chee Professor of Theology at Regent College, Vancouver. This lecture, delivered in the college chapel in December 1989 was entitled 'An Introduction to Systematic Spirituality'.

Yet Packer had earlier pointed out that many of those who admire Edwards tended to overlook his 'most original contribution to theology: namely, his pioneer elucidation of biblical teaching on the subject of revival.' Happily, this has changed. Edwards' theology of revival is now considered by many to be a significant resource for placing contemporary phenomena of revival within a theological context.

Let us turn to consider another recent writer who has found Edwards theologically and spiritually transformative – John Piper, author of the outstanding work *Desiring God*, which sets out some of the leading themes of Edwards' spirituality. Piper grasped some core themes of Edwards' theology – above all, his holding together of the religious affections and reasoned argument – and then proceeded to expound its wider spiritual importance on the basis of a rigorous academic engagement, bringing out the remarkable ability of the Puritan heritage to illuminate and inform contemporary concerns and issues. For both Packer and Piper, wise *retrieval* of the past leads to individual and communal *renewal* in the present.

So let us consider Piper's book Desiring God, and ask what we can learn from it. Piper served as the senior pastor of Bethlehem Baptist Church, Minneapolis, Minnesota, for thirty-three years from 1980 to 2013. Piper studied at Fuller Theological Seminary in Pasadena, California, and was introduced to the writings of Jonathan Edwards by Daniel P. Fuller, the school's professor of hermeneutics. After reading Edwards, Piper realized his potential for preaching and ministry. As he later remarked: 'No one outside Scripture has shaped my vision of God and the Christian life more than Jonathan Edwards.' Today, Piper is often referred to as the 'best-known populariser of Edwards in America today,' a description which I believe to be justified. In his later writings, Piper made a connection that I think is interesting, defensible, and potentially productive – seeing a link between C. S. Lewis and Edwards, especially in relation to the joy of faith. Piper discovered Lewis's works while a student at Wheaton College, Illinois, and was especially drawn to Lewis's sermon 'The Weight of Glory' (1941).

So let me explore with you what Piper found in Edwards. Why am I exploring this question? There are two reasons. First, our own appreciation and understanding of any thinker – whether C. S. Lewis, John Calvin, or Jonathan Edwards – can be stimulated and developed by considering what others have found in his writings. But secondly, Piper models a strategy of retrieval that we can also use in engaging with Edwards – and extend to other writers as well. So let us consider Piper's reflections on Edwards.

Piper studied for his doctorate in New Testament studies at the University of Munich in Germany, and went on to become Associate Professor of New Testament Studies at Bethel College, Minnesota. Yet while in Munich, Piper was busy devouring Edwards' *Religious Affections*. As he read this book slowly, savoring its insights, he found that he was being challenged and changed by its vision of the Christian life. Listen to these words from Piper's 1998 book *God's Passion for His Glory*:

This book convicted me of sinful lukewarmness in my affections toward God and inspired in me a passion to know and love God as I ought.

Edwards, he realized, brought together two worlds which were so often separated, yet rightly belonged together: 'revival fervor and the reasonable apprehension of truth.'

In my view, Piper is entirely right in this judgement. Yet he saw in Edwards someone who could be used with great pastoral and spiritual effect – an application that lay beyond the world of scholarship, and extended to the ministry of the church. In 1978, Piper published an academic article on Edwards in the *Scottish Journal of Theology*, entitled 'Jonathan Edwards on the Problem of Faith and History.' I personally do not see this article as illuminating Piper's spiritual application of Edwards; it does, however, make it clear that Piper knew and respected Edwards.

Piper chose to leave Bethel College after six years on its faculty, and became a pastor in downtown Minneapolis. What led him to make this decisive change? Piper had come to believe that the methods and values of the academic world did not allow the gospel in all its riches to be fully grasped or proclaimed. Listen to these words from Piper's own account of his decision to leave the academic world:

The Lord seemed to be saying: 'I will not simply be analyzed; I will be adored. I will not simply be pondered; I will be proclaimed.'

Piper set out what he discovered in the writings of Edwards in his hugely influential *Desiring God*. Although acknowledging the importance of C. S. Lewis and Pascal, it is clear that the dominant presence and influence is Jonathan Edwards. Listen to these words, taken from the opening section of the work:

I must pursue joy in God if I am to glorify Him as the surpassingly valuable Reality in the universe. Joy is not a mere option alongside worship. It is an essential component of worship.

Although Piper presents his Christian hedonism as 'predominantly a meditation on Scripture', it is fair to suggest that it is a meditation on Scripture which is particularly informed by Edwards.

Now this is not a lecture about John Piper! Yet you can understand why I have chosen to focus on Piper for the last few moments. He is an excellent example of someone who has seen something in Edwards which he believes to be important, biblical, and applicable to the Christian life. I am confident that there will be many in this audience here today who also believe that they have found something in Edwards' writings that is theologically generative or pastorally relevant. My advice is to follow through on this! You can enrich our discussions and reflections in doing so, and serve the Christian church.

Jonathan Edwards and the Beauty of Nature

Now I have not yet mentioned what I myself find so interesting in Edwards – namely, his emphasis on the beauty of nature. In bringing this lecture to a close, I will highlight what I find to be so interesting about Edwards in this respect. The British scholar Patrick Sherry has argued, with excellent reason, that Edwards made beauty more central to his theology than anyone else in the history of Christian thought, including Augustine of Hippo and Hans Urs von Balthasar. So why was beauty so important to him?

The short answer, which I shall expand in this section, is that Edwards appeals to God's works – including the work of creation – as a way of grasping the beauty of God more firmly. Let me begin by quoting from Edwards' *Miscellanies*, a collection of early notes that were never intended for publication, but have proved fascinating to Edwards scholars. Note the emphasis on how God's works are able to disclose something of God:

> It is very fit and becoming of God who is infinitely wise, so to order things that there should be a voice of His in His works, instructing those that behold him and painting forth and shewing divine mysteries and things more immediately appertaining to Himself and His spiritual kingdom. The works of God are but a kind of voice or language of God to instruct intelligent beings in things pertaining to Himself.

Let me locate Edwards within the Reformed tradition, so that we can understand the basic framework within which he is working. A leading theme in the early sections of the 1559 edition of the *Institutes of the Christian Religion* of the great Genevan Protestant theologian John Calvin is that God created the world, and that signs of its divine origin can be found in both the beauty and complexity of the world, as well as our own personal consciousness of a presence of God. I want to focus here on Calvin's comments on the witness of the natural world around us to what Calvin terms the 'wonders of God's wisdom'. Why? Because Calvin wants to make it clear that an appreciation of the beauty and wisdom of the creation leads to an enhanced and deepened appreciation of God as their creator. Here is what Calvin has to say.

> There are innumerable witnesses in heaven and on earth that declare the wonders of his wisdom. Not only those more arcane matters for the closer observation of which astronomy, medicine, and all of natural science are intended, but also those which force themselves upon the sight of even the most unlearned and ignorant peoples, so that they cannot open their eyes without being forced to see them.

The Reformed tradition within which Edwards stood followed Calvin in thinking of the natural world as the 'theatre of God's glory.' Nature reveals God as creator, which is an important first step leading to a saving knowledge of God as redeemer. This idea is developed further in the Reformed tradition. Reformed confessions of faith – such as the Belgic Confession – affirmed that 'the universe is before our eyes like a beautiful book,' designed to encourage us to 'ponder the invisible things of God,' while simultaneously emphasizing that the Bible both clarified and extended this knowledge of God, setting it on a more reliable foundation. This image of the natural world as a 'beautiful book' proved highly significant, particularly in encouraging the development of the natural sciences within Protestantism. It is clearly reflected in Edwards himself. Listen to this quotation from the Miscellanies:

> The book of Scripture is the interpreter of the book of nature in two ways, viz., by declaring to us those spiritual mysteries that are indeed signified and typified in the constitution of the natural world; and secondly, in actually making application of the signs and types in the book of nature as representations of those spiritual mysteries in many instances.

The metaphor of the 'Two Books' was widely used within Protestantism in the late sixteenth and throughout the seventeenth centuries to affirm and preserve the distinctiveness of the natural sciences and Christian theology on the one hand, yet to affirm their capacity for interaction on the other. Calvin encouraged a dialogue between the natural sciences and theology, recognizing both the parallels and divergences between these Two Books.

> The knowledge of God, which is clearly shown in the ordering of the world and in all creatures, is still more clearly and familiarly explained in the Word.

The metaphor of 'God's Two Books' rests on a fundamental belief that a God who created the world is also the God who is disclosed in and through the Christian Bible. Without this underlying and informing assumption, the 'Two Books' need be seen as nothing more than two disconnected entities. The link between them is established and safeguarded by the Christian theological assumption of a creator God who is revealed in the Bible.

A similar point is made by the modern American theologian Robert Jenson in his book *America's Theologian: A Recommendation of Jonathan Edwards*. Jenson notes with approval the way in which Edwards connected God's holiness and God's beauty, with highly significant implications for Edwards' encounter with (and reading of) the 'book of nature.' For Edwards, Christians are able to perceive the glory or beauty of divine things, which the Bible calls 'the beauty of holiness' (Psalm 29:2; 96:9).

Edwards' vision of Christian theology affirms the beauty of God on the one hand, and God's desire to be known on the other. God is distinguished from all other things by his divine beauty; yet God is not content with self-absorption or self-contemplation. Emphasising the role of Christ as the agent of creation, Edwards argues that the world mirrors the divine beauty. Let me read you a section of the *Miscellanies* in which this point is clearly made.

When we are delighted with flowery meadows and gentle breezes of wind, we may consider that we only see the emanations of the sweet benevolence of Jesus Christ; when we behold the fragrant rose and lily, we see his love and purity. So the green trees and fields, and singing of birds, are emanations of his infinite joy and benignity; the easiness and naturalness of trees and vines are shadows of his infinite beauty and loveliness; the crystal rivers and murmuring streams have the footsteps of his sweet grace and bounty.

God desires his beauty to be known and enjoyed by his creatures, and thus chooses to communicate that beauty through the creation, that all might see, acknowledge, and respond to it. Again, listen to Edwards reflecting on nature as a 'type' of God – the word 'type' here meaning a form of representation of God that can only be fully understood and appreciated from within the standpoint of the Christian faith:

> I believe that the whole universe, heaven and earth, air and seas, and the divine constitution and history of the Holy Scriptures, be full of divine things as language is of words.

Nature is meant to disclose the beauty of God, functioning as a school of desire in which humanity may learn how to perceive God's glory, and respond in faith and awe.

So what are the apologetic implications of Edwards' emphasis on the beauty of God? For Edwards, rational argument has a valuable and important place in Christian apologetics. But it is certainly not the only, and perhaps not even the most important, resource for the apologist. What really matters is an apprehension of divine glory, which arises through a perception of the beauty of God, whether this is disclosed through Scripture or the beauty of the natural world. Listen to this important statement in Edwards' *Treatise on the Religious Affections*.

> Though great use may be made of external arguments . . . there is no spiritual conviction of the judgment, but what arises from an apprehension of the spiritual beauty and glory of divine things.

Edwards' argument is significant, and merits close consideration. The heart of his analysis is that rational arguments do not convert. They may remove obstacles to conversion, but in themselves and of themselves they do not possess the capacity to transform humanity. Instead, we must aim to convey or bring about 'an apprehension of the spiritual beauty and glory of divine things'. Divine revelation is about capturing the human imagination with glimpses of glory, not simply persuading the mind with impressions of rationality. Edwards' appeal to the beauty of nature as an apologetic strategy has much to commend it – especially as a culture dominated by the forms of rationalism associated with the Enlightenment begins to fade, and lose its appeal.

I need to say more about this point, as it is important in itself, as well as to understanding the contemporary significance of Edwards. I need to emphasize that, while Edwards never wrote a formal work on apologetics, his *Miscellanies* are packed full of apologetic reflections and explorations. Edwards develops two at least two streams of apologetic engagement. First, a rational approach, which resonates well with the views that were becoming commonplace in the American states in the 1720s. Edwards often engages with philosophical concerns arising, for example, from the works of the leading English philosopher John Locke. He also affirms the importance of rational argument in challenging the views of atheism, and in reinforcing the faith of believers. I believe that Edwards remains an important resource in this approach to apologetics.

Yet there is a second strand to his apologetic approach, which I believe needs to be appropriated and developed further in our changing cultural situation. Just as C. S. Lewis held together reason and the imagination, so Edwards holds together the reason and the heart. His appeal to what we might call a 'sense of the human heart' has real importance for us today. So let me make it clear that I am not denying or devaluing Edwards excellent rational apologetics. I am simply pointing out that there is another strand to his approach which I believe has especial significance and utility in today's cultural situation. It is clear that Edwards believed apologetics needed to help people to grasp the glory of Christ – and that this glory itself had the capacity to transform and convert sinners.

For Edwards, this glory is revealed most clearly in the gospel, and carries its own evidence of truth. Edwards puts it like this in the *Religious Affections*: 'The mind ascends to the truth of the gospel but by one step, and that is its divine glory.' Edwards thus commends the preaching of the gospel, as I do as well. But Edwards has a second line of approach. Since nature is God's creation, something of God's glory can be discerned within the world of nature. Listen to this passage from the *Miscellanies*.

> The immense magnificence of the visible world in inconceivable vastness, the incomprehensible height of the heavens, etc., is but a type of the infinite magnificence, height and glory of God's world in the spiritual world: the most incomprehensible expression of His power, wisdom, holiness and love in what is wrought and brought to pass in the world, and the exceeding greatness of the moral and natural good, the light, knowledge, holiness and happiness which shall be communicated to it, and therefore to that magnificence of the world.

The beauty of nature is thus a gateway to discovering the great beauty of God. Edwards develops this further in his important work *The Nature of True Virtue*. Listen to what he says

> God is the foundation and fountain of all being and all beauty, from whom all is perfectly derived, and on whom all is most absolutely and perfectly dependent; of whom and through whom and to whom is all being and all perfection; and whose being and beauty is as it were the sum and comprehension of all existence and excellence: much more than the sun is the fountain and summary comprehension of all the light and brightness of the day.

Now some will want to raise a question here. Surely we ought to be drawn to the rational persuasiveness of the gospel, rather than the beauty of God? I can understand this concern. But we are called to love God, and we love what we find to be beautiful.

To discover the beauty of God is to find something about God that makes us long to be with him, to relate to him, and to draw close to him. Beauty is, if I could put it like this, self-authenticating. I don't need to prove that something or someone is beautiful; rather, I find them to be beautiful, and am drawn to them for that reason. God draws himself to us by his beauty, reflected reliably but not completely by the beauty of the creation. We see something similar happening in the way beautiful music and works of art draw us closer and closer. Once we hear and see their beauty, we want more and more. We are drawn to them – not by reason, but by something deeper and more profound.

And that affects the way we do apologetics. We can *argue* the truth of the gospel. But we can *show* the beauty of God. Do you see the difference here? Nature is like a mirror, reflecting God's beauty in a way that is adapted to our limits and capacities. We can point to the beauty of nature, and invite people to discover the even greater beauty of its creator. This, Edwards argues, eventually leads to conversion, and the renewal of our natures.

So let me read you Edwards' description of the converted believer, and invite you to reflect on the remarkable and striking imagery that Edwards uses to depict the believers' life of trust in God, receiving his benefits and grace as a flower in a field receives the warmth and light of the sun. In writing this passage, Edwards recalled his younger days, in which he spent time in fields and meadows, savouring the beauty of their flowers, and realizing their total dependence on the light and warmth of the sun echoed the total dependence of the Christian on the grace of God.

> The soul of a true Christian, as I then wrote my meditations, appeared like such a little white flower, as we see in the spring of the year; low and humble on the ground, opening its bosom to receive the pleasant beams of the sun's glory; rejoicing as it were, in a calm rapture; diffusing around a sweet fragrancy; standing peacefully and lovingly, in the midst of other flowers round about; all in like manner opening their bosoms, to drink in the light of the sun.

I think that is a wonderful image with which to close this lecture. We are flowers in the garden of God, drinking in the light of God's radiance.

So I must end this lecture – not because I have even begun to do justice to the richness and range of Edwards' Christian theology, but because I have run out of time! I hope, however, that this brief engagement with Edwards will encourage you to explore him still further. He has much to offer both the theologian and the preacher!

Thank you so much for listening!

Appendix 2

Abstract

The Preaching Theology of Jonathan Edwards:
A Preaching Theology of a Symphony of Salvation for the Saint

Prof. Hyunchan Lloyd Shim[1]

The purpose of this paper is to explore the preaching theology of Jonahtan Edwards(1703-1758) in light of a symphony of salvation for the saint. For this purpose, this paper consists of four parts. First, as an introduction, this essay examines the current situation of preacing in Korea, and why we need his praching now and who he is. Second, this paper closely looks at his preaching theology in terms of a symphony of salvation for the saint. In this regard, 1) this takes a close look at the general features of his preaching such as influencial works and mentors to him, his sermon periods, and the importance of his preaching; 2) this paper also anlysizes the main features of his preaching as a symphony of salvation in view of his form, themes, and elements. In his preaching, there are excellent harmonies in both the form of text-doctrine-application of the puritan sermon, and the themes of unity-holism-cosmology along with the elements of reason-affection-image. Third, this essay introduces and examines his three best sermons. Finally, this paper concludes with some lessons and applications from the preaching theology of Edwards for the Korean Church and saints of the 21st century.

1 Founder & president, Trintiy Institute of Washington, USA; Director & co-founder, Jonathan Edwards Conference and C. S. Lewis Conference, Korea; Professor, Washington University of Virginia.

Edwards' Ecclesiology and Its Significance for Contemporary Korean Church

Prof. Sung Wook Chung[1]

This paper explores several characteristics of Edwards' ecclesiology and examines their significance for contemporary Korean church. Edwards attributed the origin of the church to eternity through the concept of the pactum salutis, the covenant of redemption. In contemporary church, the knowledge that the origin of the church conisists in the eternal economy of the triune God should be spread all over the Korean church. We should remember that the true people of God is not physical Israel but the church, God's own people from eternity to eternity. We need to remember that the church is the bride of Christ and the glory and responsibility of the church. We need to also remember that the church is the body of Christ and the intimate relationship with Jesus Christ is very important. The qualifications of the church membership must be reinforced and we should elevate the level of moral and spiritual life.

---

1 Professor, Denver Seminary, USA; Co-founder, Jonathan Edwards Conference, Korea.

Jonathan Edwards's Doctrine of Justification and Korean Churches

Prof. Kevin Woongsan Kang[1]

This article is to analyze Jonathan Edwards's doctrine of justification by faith and to demonstrate that union with Christ was employed as a framework and methodology for discussion and elaboration of the doctrine. Union with Christ, for Edwards, makes possible to understand personal salvation(ordo salutis) with reference to the work of Christ(historia salutis). Through the analysis we learn, first, how the righteousness of Christ may be the ground for the believers's justification and, second, how faith defined as an act of union with Christ denies all works to be the ground for justification besides the work of Christ alone.

Our take of Edwards's doctrine is not just motivated by theological precision in his elaboration of the doctrine but for the reflection on Korean churches whether they have successfully fulfilled the responsibility of protecting the Reformation doctrine. The effectiveness of Edwards's perspective of union with Christ was already proven through the history—making revival event of Northampton, when he preached justification by faith in Christ alone. In this regard, Edwards's doctrine of justification not only defended the Reformation but saved the church from the false teachings.

---

1 Professor, Chongshin University, Seoul, Korea.

John Calvin and Jonathan Edwards:
A Dialogue between the Two Theologians

Prof. Sung Wook Chung[1]

This paper aims to explore the theologies of John Calvin and Jonathan Edwards in a comparative manner. There are many parallels between these two theological giants such as theocentrism, Trinitarianism, Christocentrism, emphasis upon the supreme authority of Scripture and pneumatological character of the Christian life. In spite of many commonalities between these two theologians, there are some divergences because of the difference of their historical and cultural context. This paper concludes with an advice that contemporary Korean Christians should make every effort to learn from them and apply their profound insights for the renewal and reformation of Korean Protestant Christianity.

---

[1] Professor. Denver Seminary, USA; Co-founder, Jonathan Edwards Conference, Korea.

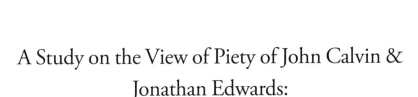

A Study on the View of Piety of John Calvin & Jonathan Edwards:

Focusing on the Theology within the Limit of Piety in Institutes of Christian Religion & Religious Affections

Prof. Hyunchan Lloyd Shim[1]

The purpose of this paper is to examine the view of piety of John Calvin and Jonathan Edwards by focusing on *Institutes of Christian Religion* and *Religious Affections* in terms of the theology within the limit of piety. For this purpose, the paper consists of three parts. First, this analyzes Calvin's view on piety in the *Institutes*. Second, this explores Edwards's view on piety in *Religious Affections*. Third and finally, this paper concludes with some lessons from their views on piety for the Korean Church and saints of the 21st century on the 500th anniversary of Reformation.

---

1   Founder & president, Trinity Institute of Washington(in Washington DC area, USA) and director, & co-founder, Jonathan Edwards Conference and C. S. Lewis Conference, Korea.